CLUESO
VON UND ÜBER

Schwarzkopf & Schwarzkopf

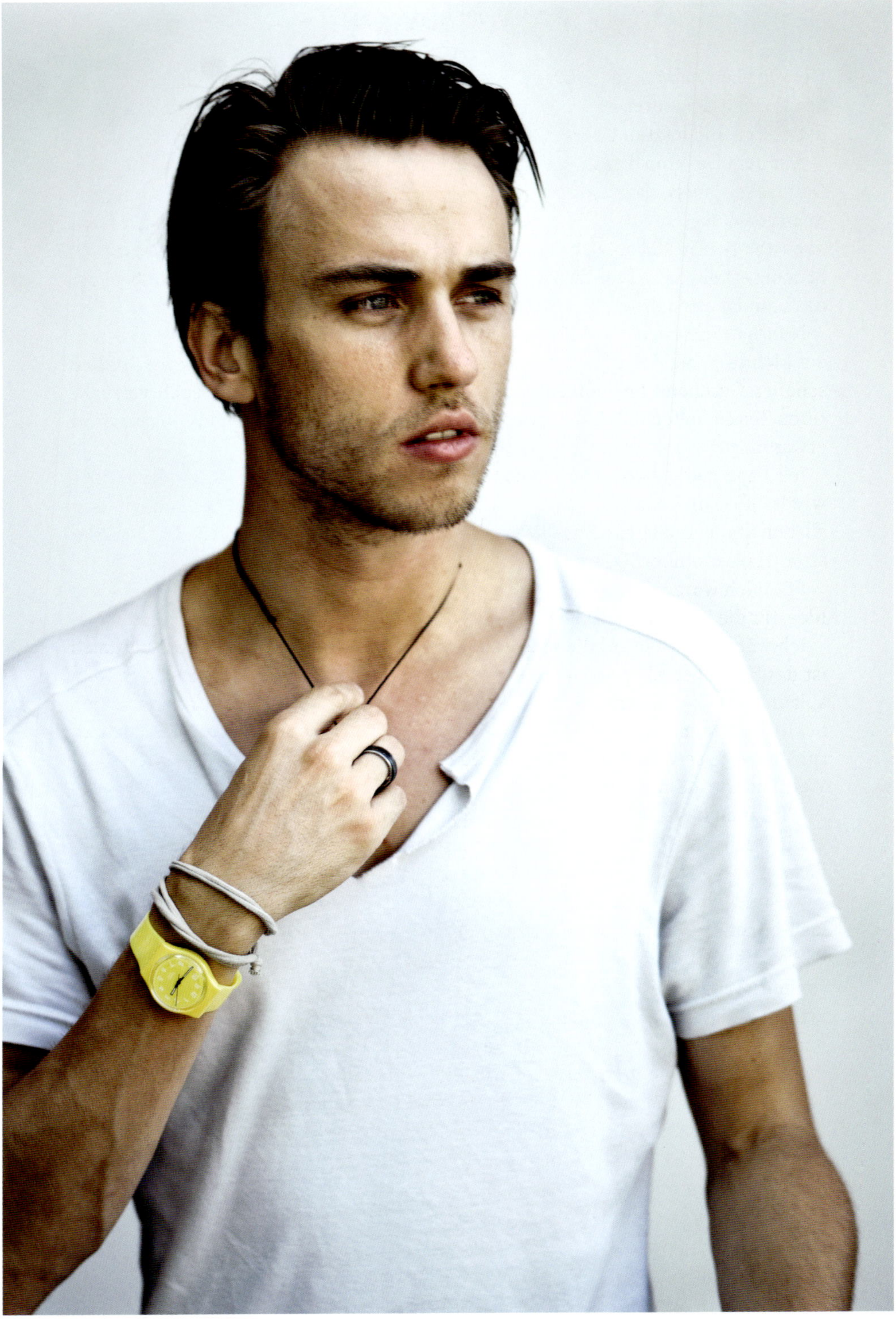

FAST-VORWORT

Gerade eben hab ich die letzten Details für das Buch besprochen, nun sitz ich im Studio, der Computer ist an, vor mir auf dem Monitor blinkt der Cursor am Ende der ersten und letzten Überschrift – Vorwort.

Auf dem Desktop darunter liegen 17 Songs, die ich in den nächsten Wochen fertig machen muss, dazu Entwürfe für das nächste Video, eigene Notizen und Namensvorschläge für das kommende Album sowie eine kleine Erinnerung, in den nächsten beiden Nächten zeitig schlafen zu gehen, damit sich meine angeschlagene Stimme erholt, denn Montag ist der letzte Termin, die erste Single einzusingen, um das schon mehrfach verschobene Timing zu halten.

Nun halte ich den Vordruck meines Buches in den Händen und sitze hier wie ein kleines Kind, das an einem ganz gewöhnlichen Tag plötzlich ein unbegreiflich schönes Geschenk bekommen hat. Solche verrückte Vorhaben in noch verrückteren Zeiten helfen mir immer wieder zu verstehen, wer wir sind und warum wir so etwas machen, und ich merke, wie sehr ich diese Art doch liebe.

Ich habe mal gehört, dass es genau in der Mitte eines Wirbelsturms praktisch windstill ist und dass man theoretisch dort stehen und zuschauen könnte, wie in all dem Staub und Dreck ringsherum ganze Bäume, Autos, abgezogene Dächer oder sogar Häuser umherfliegen.

Für mich waren dieses Buch und die Ruhe, die ich mir nehmen musste, um diese Idee, für die ich gebrannt habe, zu verwirklichen, irgendwie genau wie diese Mitte.

Ich wäre selbst nie auf die Idee gekommen, ein Buch herauszubringen. Für mich ist das Schreiben eher wie in einem alten Haus das Wasser aufzudrehen, den Rost ablaufen zu lassen, um von dem kalten und klaren, was danach kommt, einen Schluck zu nehmen. Doch meine Freunde meinten: »In deinen kleinen Geschichten spiegeln sich so viele Erlebnisse, unsere Art, Dinge zu tun, und deine Sicht auf die Welt wider – das muss raus.«

Wir saßen in der Küche mit nur wenigen Fotos und begannen, uns zu fragen, wie so ein Buch mit all den Bildern und Texten wohl heißen könnte. Bis Baris so vor sich hin sagte: »Von und über Clueso« – so als dächte er darüber nach, von wem und über was – und wir alle schauten auf und wussten: *Von und über*, das war der Titel! Wir lachten und das Buch war praktisch geboren.

Was die Texte angeht, war mir Authentizität wichtig. Ich bin kein Romanautor, sondern Songwriter. Aber ich schreibe gern und mag es, wenn ein Satz auch mal krumm klingt, die Worte nicht aus der Luft gegriffen sind und auch mal etwas Slang durch die Sätze kriecht. Ich wollte keine Interviewform, keinen Ghostwriter, sondern so klingen wie in meinen Songtexten, so aussehen wie auf diesen Fotos – ungeschminkt, mit meinen Freunden lachend oder auch mal müde und nachdenklich, wie so oft auf dem Weg zu einer Idee.

Dieses Buch ist keine Autobiografie, kein Songbook, sondern ein Gewächs aus dem Schönsten und Bewegendsten, was mein Team und ich in unseren Archiven finden konnten, und was sich auf allen Festplatten innerhalb und außerhalb meines Hirns und in meinen Erinnerungen angesammelt hat.

Viel Spaß bei diesem Einblick
Clueso

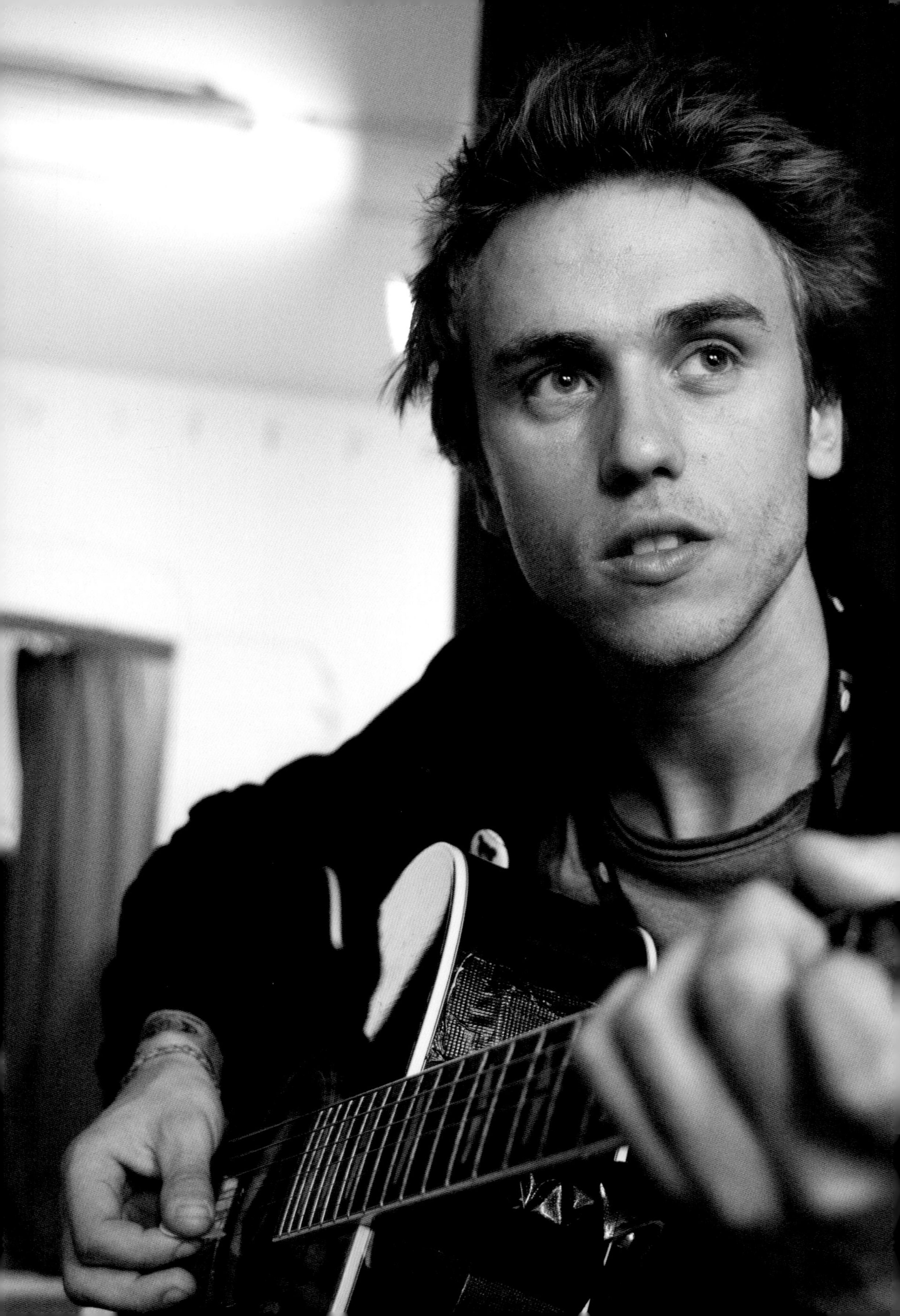

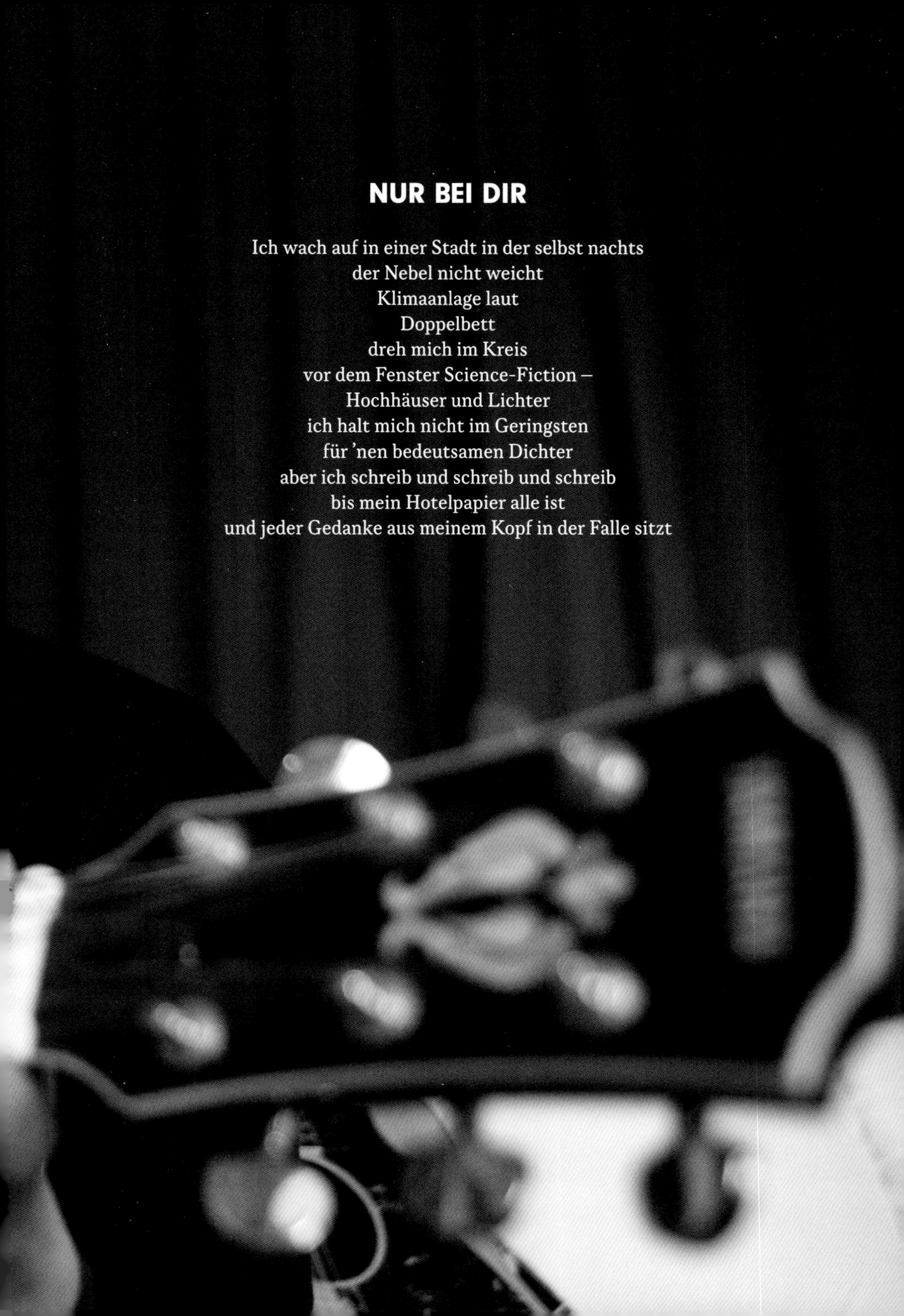

NUR BEI DIR

Ich wach auf in einer Stadt in der selbst nachts
der Nebel nicht weicht
Klimaanlage laut
Doppelbett
dreh mich im Kreis
vor dem Fenster Science-Fiction –
Hochhäuser und Lichter
ich halt mich nicht im Geringsten
für 'nen bedeutsamen Dichter
aber ich schreib und schreib und schreib
bis mein Hotelpapier alle ist
und jeder Gedanke aus meinem Kopf in der Falle sitzt

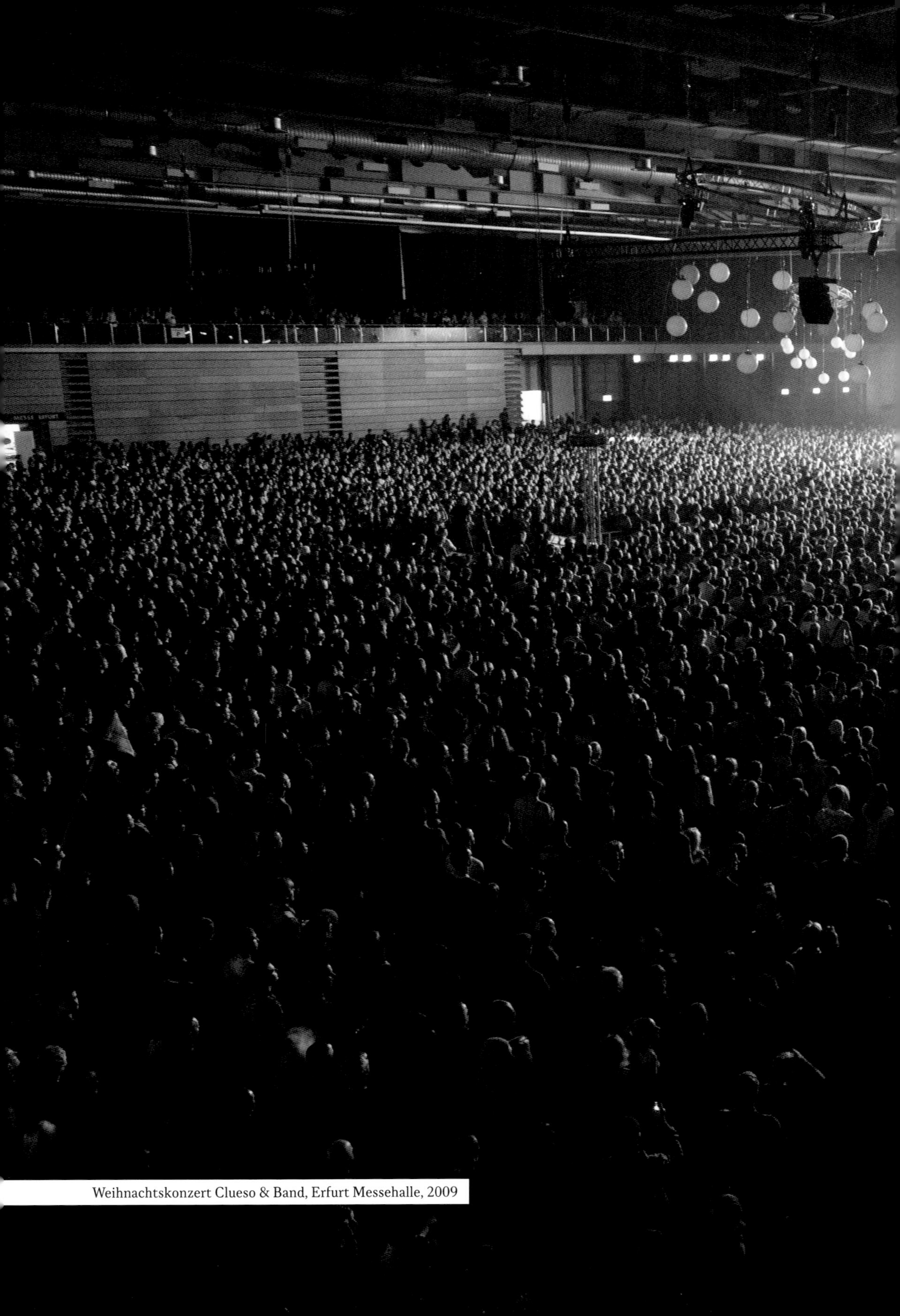

Weihnachtskonzert Clueso & Band, Erfurt Messehalle, 2009

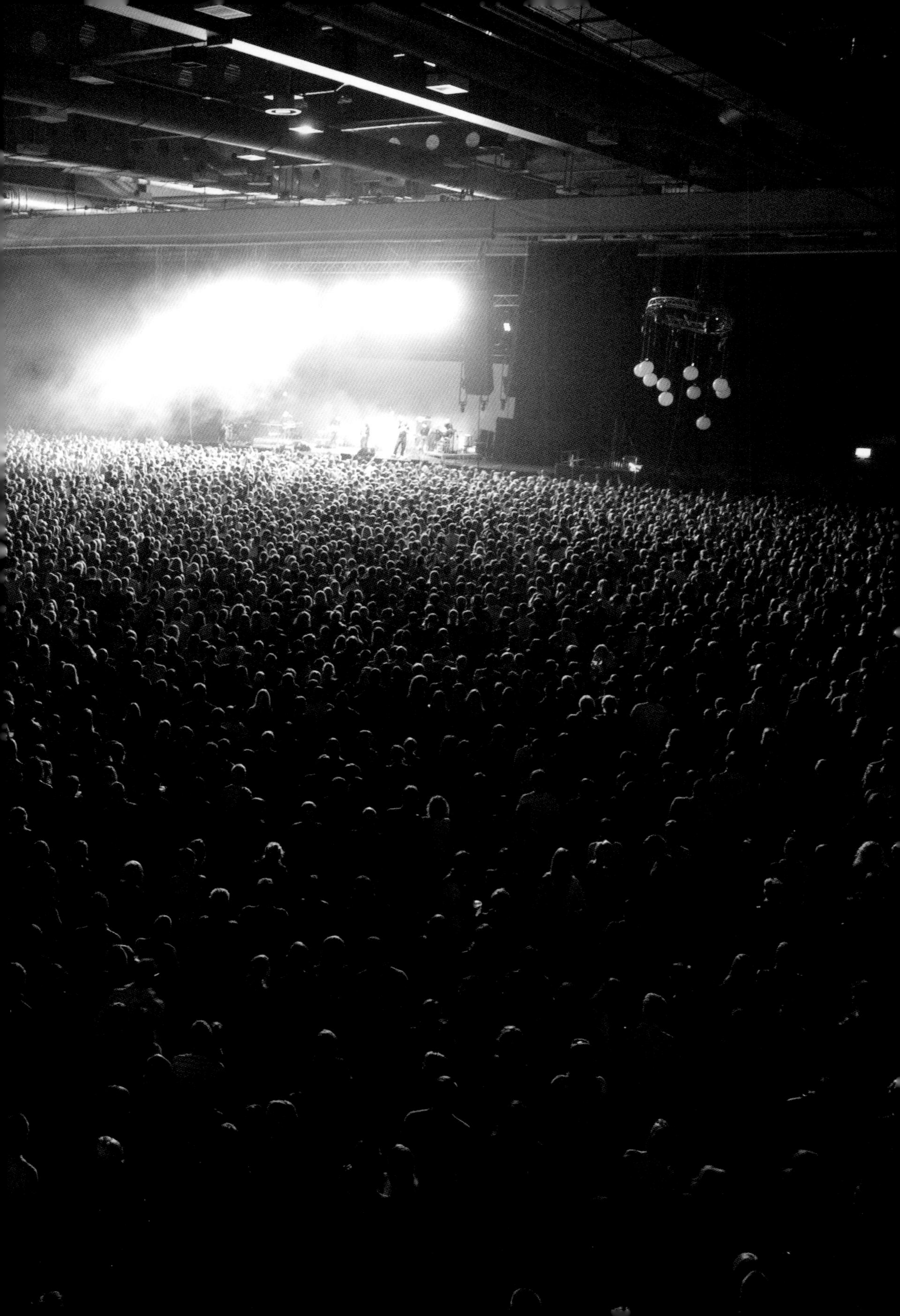

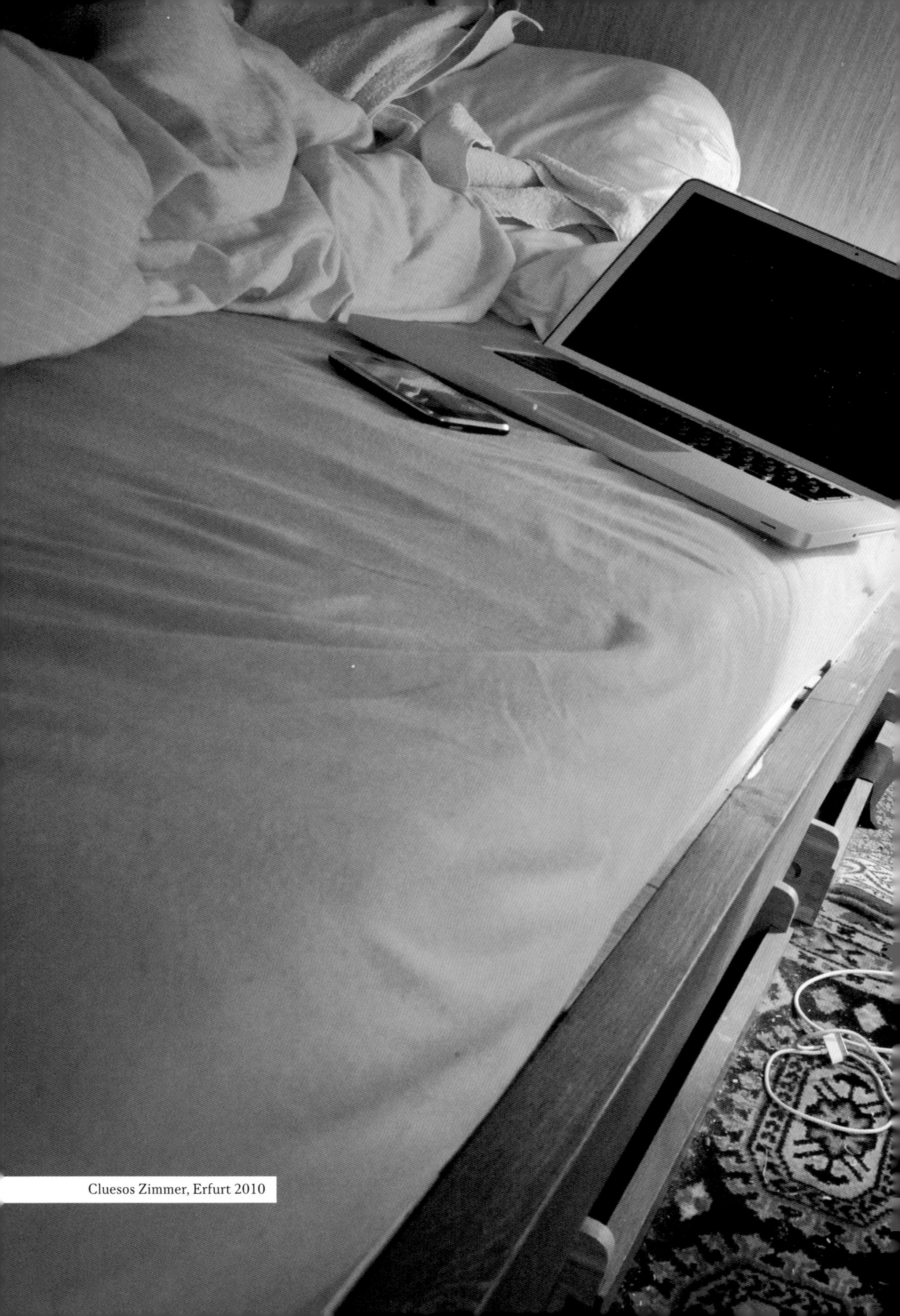

Cluesos Zimmer, Erfurt 2010

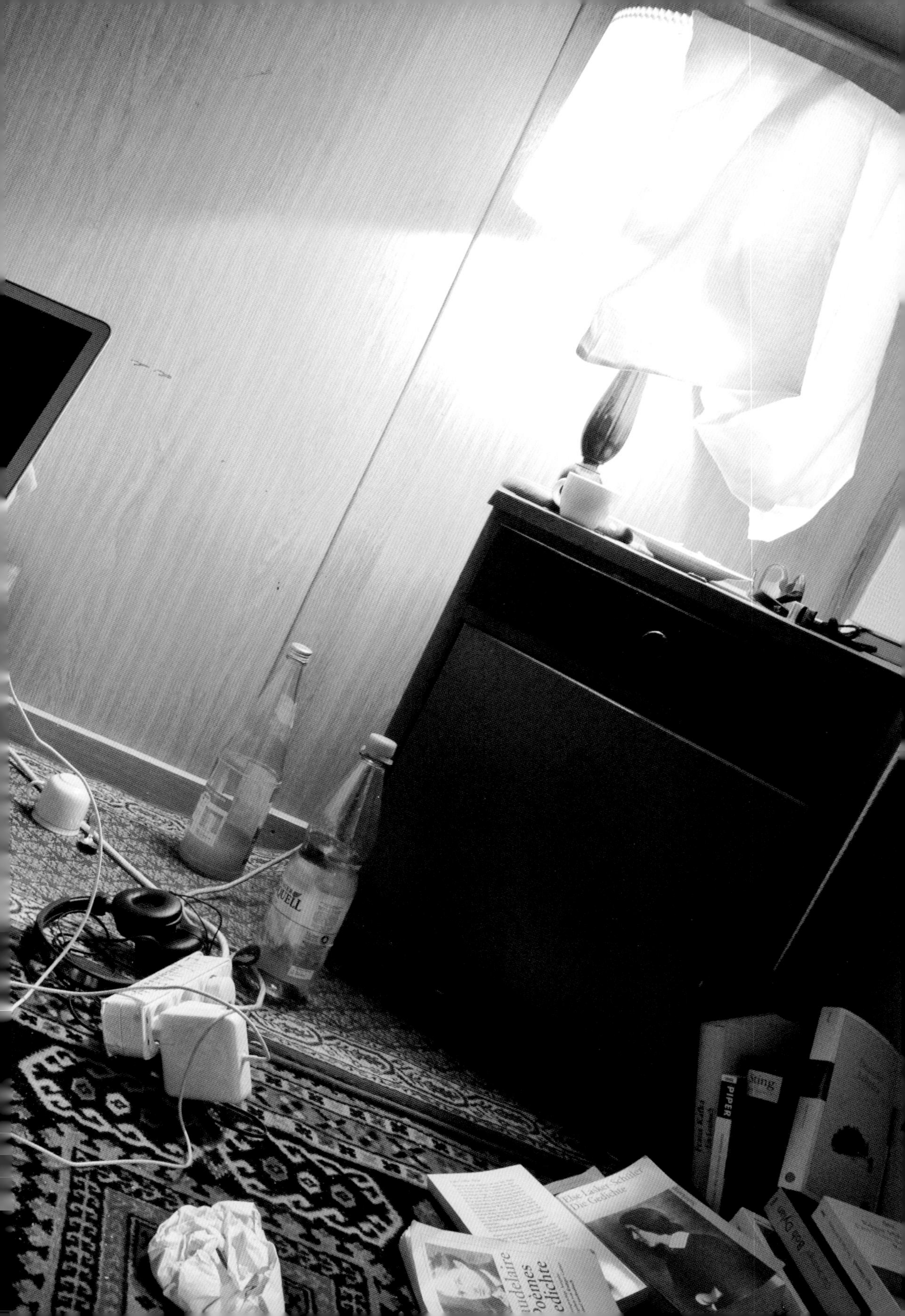
PIPER
Else Lasker-Schüler
Die Gedichte

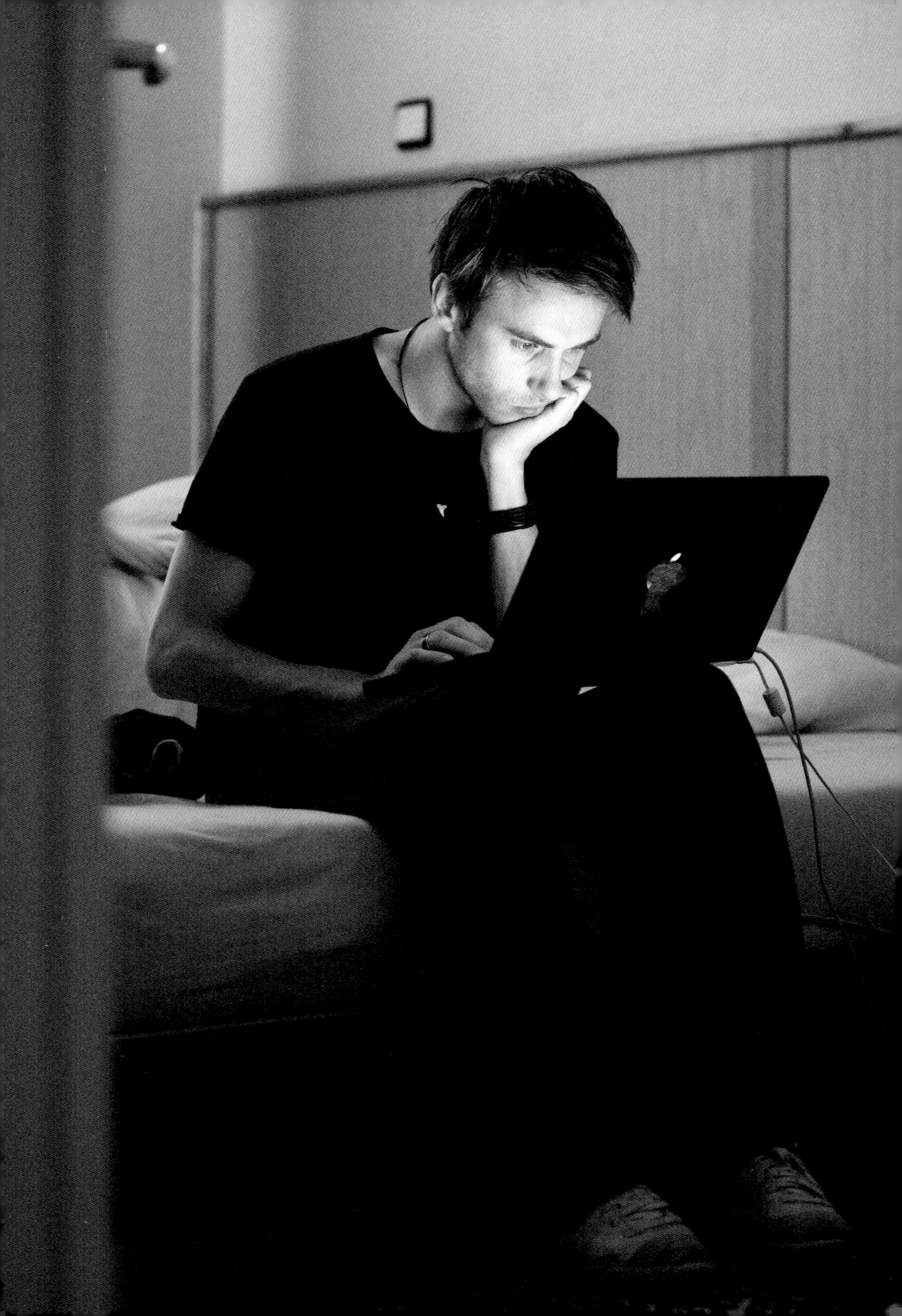

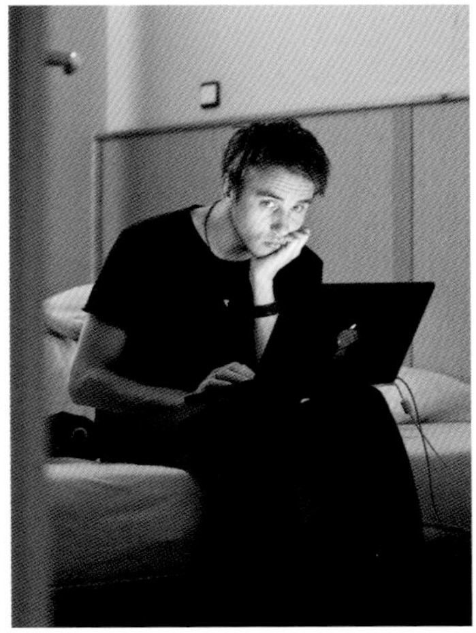

DER FAN, DIE PIZZA UND DU (NEIN, NICHT DU)

Heute habe ich einen ... nein ... heute hat mich ein Fan in der Stadt getroffen. Ich saß gerade bei meinem Italiener, es ist nicht schwer, mich dort zu finden. Ich kenne alle mit Namen und manchmal kommen Norman* und ich heimlich durch die Küche rein, um das Personal zu erschrecken.

Doch heute saßen wir draußen, da die Sonne schien. Ich bekam gerade einen Espresso und der silberne Tisch vor mir blendete so stark, dass ich ihn wegdrehen musste.

Links neben dem Tisch stand diese kleine Palme, bei der ich mir jedes Mal denke: Irgendwann klaust du das verdammte Ding mal. – Wenn jemand dafür Verständnis hat, dann bestimmt meine Italiener.

Hinter diesem (meinem) begehrten Objekt warf das alte Erfurter Rathaus seine dunklen Schatten, an denen, fast immer, wenn man hinschaut, die Straßenbahn vorbeischleicht.

Genau wie heute. Doch kaum war der letzte Wagen vorbeigefahren, stand dieser Typ vor dem Rathauseingang wie Egon Olsen, der grad aus dem Knast entlassen wurde. Er kam winkend auf uns zu, als hätte er uns schon lange entdeckt. Fan-Alarm, dachte ich und rührte erst mal unauffällig in meinem Espresso, während Norman etwas von einem Song mit dem unbeschreiblichen Klang der Seele und Fischen in einem zerbrochenen Glas faselte.

Da stand er auch schon neben uns – er musste geflogen sein, so schnell ging das. Ich kannte sein Gesicht von irgendwoher. Auf seinem T-Shirt stand »Clueso & Band« – nichts Ungewöhnliches eigentlich, die übliche, meines Erachtens schon veraltete Schreibweise, aber anscheinend selbst gedruckt. Na, toll, unsere Shirts gefallen ihm wohl nicht, dachte ich. Er hob nur aufgeregt, und ohne etwas zu sagen, den Zeigefinger, drehte sich um und präsentierte stolz seinen Rücken.

Inzwischen kam die Pizza. Pedro, der Kellner, wunderte sich, dass wir ihm keine italienischen Schimpfwörter oder sonst eine blöde Bemerkung entgegenwarfen. Denn wir schauten wie gebannt auf den Rücken von Egon. Der Typ hatte die kompletten Tourdaten für das nächste Jahr auf seinem Rücken stehen. Wow.

Ich wusste zwar, dass die Info gestern rausgegangen war, hatte die Mail aber nur kurz überflogen. Also bat ich ihn, so stehen zu bleiben, damit ich mal sehen konnte, wo wir überall spielen.

»Manchmal komm ich einfach nicht mehr ganz mit«, sagte ich lachend. Er schien nicht ganz zu begreifen. Wir unterhielten uns noch kurz und ich sagte ihm, dass ich mich freue, dass er so sehr dabei ist, was auch stimmte.

Als er weg war, meinte ich: »Was für eine verrückte Zeit, jetzt gibt es schon Shirts für eine erst gestern bestätigte Tour und einen Releasetag zu einem Album, das noch lange nicht fertig ist. Das ist ungefähr so, als wüsste man den Geburtstag seines Kindes, bevor man einen passenden Partner gefunden hat, mit dem dann zufällig ein Kind entsteht.«

Denn Musik ist für mich nichts Planbares, überhaupt ist meine Kunst nichts Geplantes. Das bringt manche Leute auf die Palme, denn sie würden gerne bestimmte Fakten von mir wissen, um wiederum ihr eigenes Leben zu planen. Sie fragen mir ständig Löcher in den Bauch, wie lange dies und das noch dauert ... I don't know.

Das erinnert mich an das Buch, das ich vor Kurzem zugesagt habe. Ich fand das eine super Idee, aber ich hab ehrlich gesagt noch 'ne Menge zu schreiben und keinen rechten Schimmer, was ich in den nächsten Wochen schreiben soll.

Aber in einem Artikel im Internet habe ich letztens gelesen, dass es bald rauskommt und dass man es – witzigerweise – sogar schon bestellen kann. Amazon garantiert dir beim Kauf, dass es pünktlich zum Erscheinungstag in deinem Briefkasten liegt. Hm ..., dann sollte ich hier jetzt wohl besser weiterschreiben, damit das auch was wird. Ich bin gerade Single und außer Musik und Kunst hab ich eh nichts im Kopf, das sollte ja wohl hinhauen.

Eigentlich find ich das alles schon fast witzig und es bringt mich auf einen Gedanken: Meine zukünftige Ex läuft ja schon irgendwo da draußen rum, und es könnte sein, dass das mit uns wahrscheinlich nichts geworden sein wird, da ich die meiste Zeit mit solchem Kram verbracht habe. Also könnte ich die letzten Zeilen nutzen, um ihr, falls sie dieses Buch hier liest, etwas zu sagen: »Hallo Süße, ich habe dir ein Gedicht geschrieben. Es steht auf Seite 39.«

* *Norman Sinn ist einer der besten Freunde von Clueso und selbst auch Musiker. Er hat Clueso jahrelang auf Touren und Workshop-Reisen für das Goethe-Institut begleitet.*

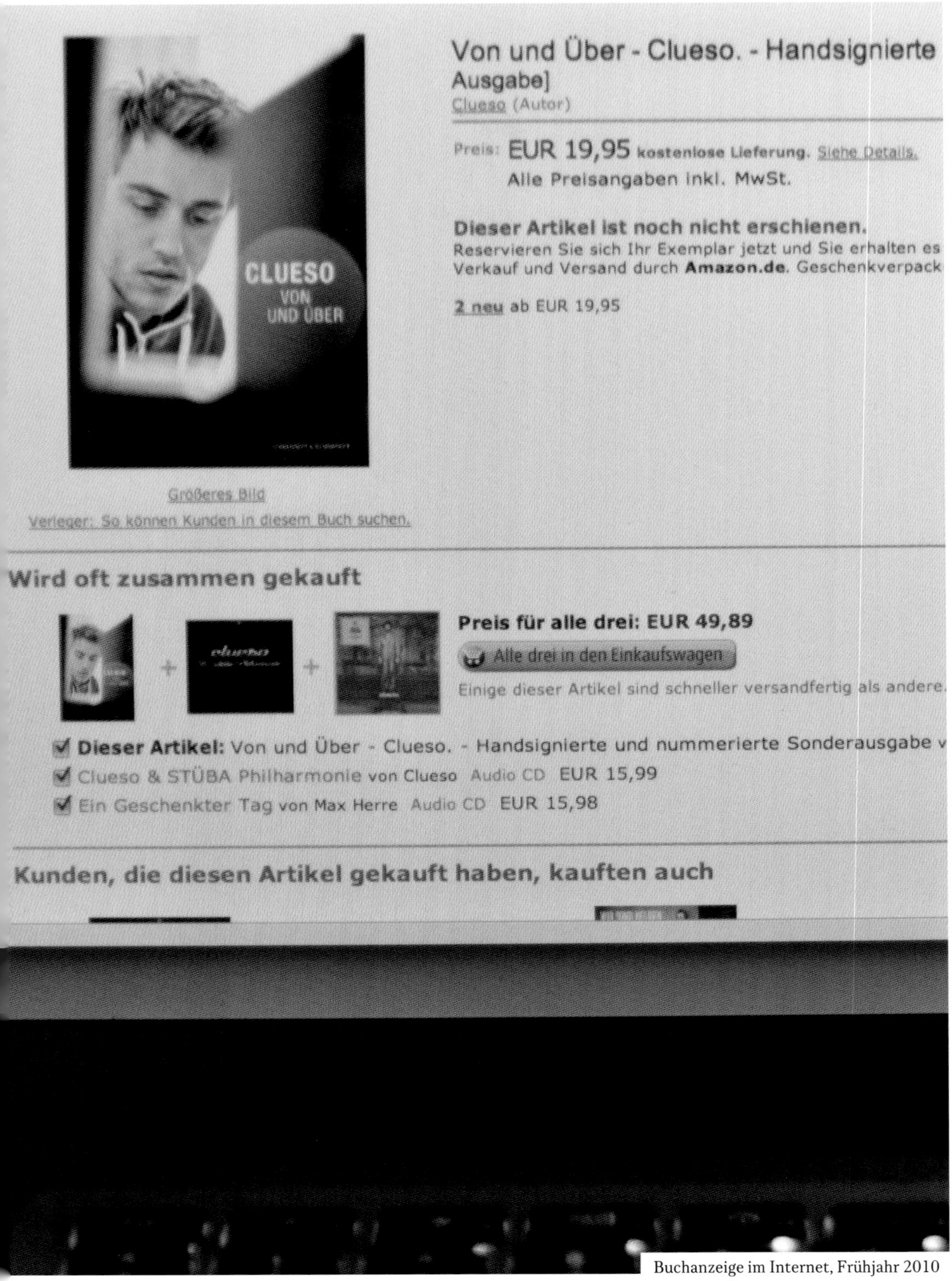

Buchanzeige im Internet, Frühjahr 2010

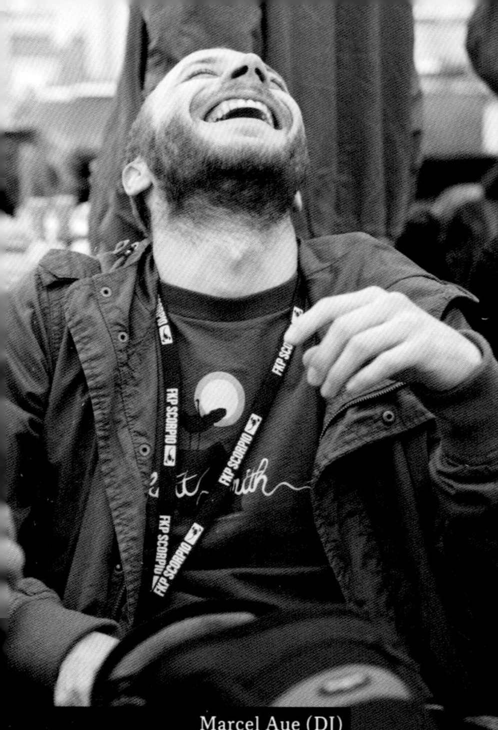

Marcel Aue (DJ)

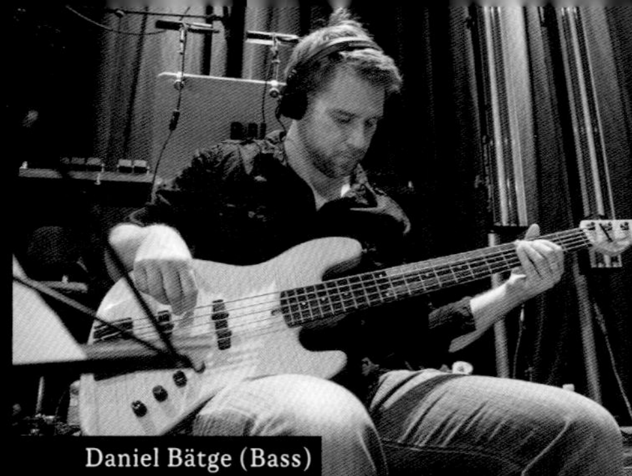

Daniel Bätge (Bass)

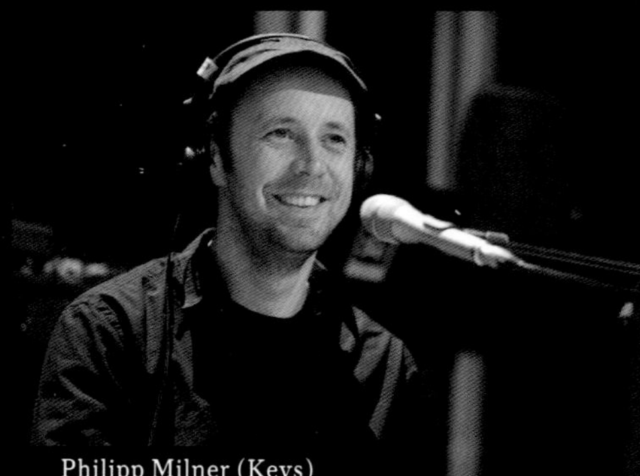

Philipp Milner (Keys)

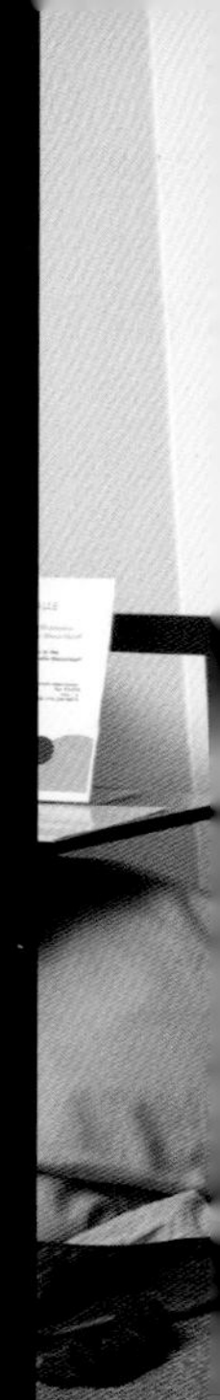

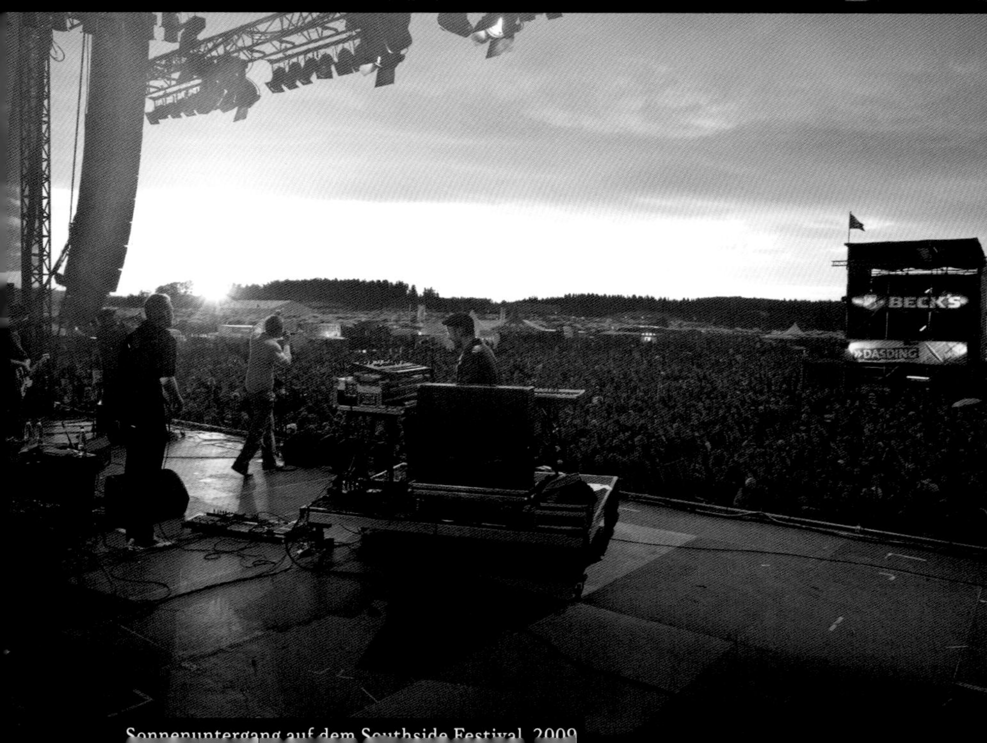

Sonnenuntergang auf dem Southside Festival, 2009

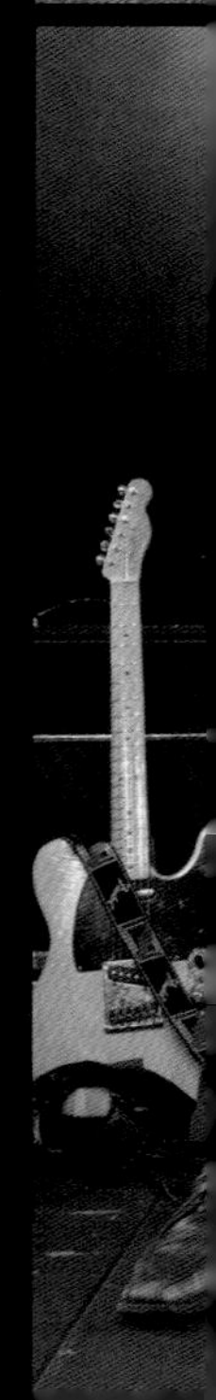

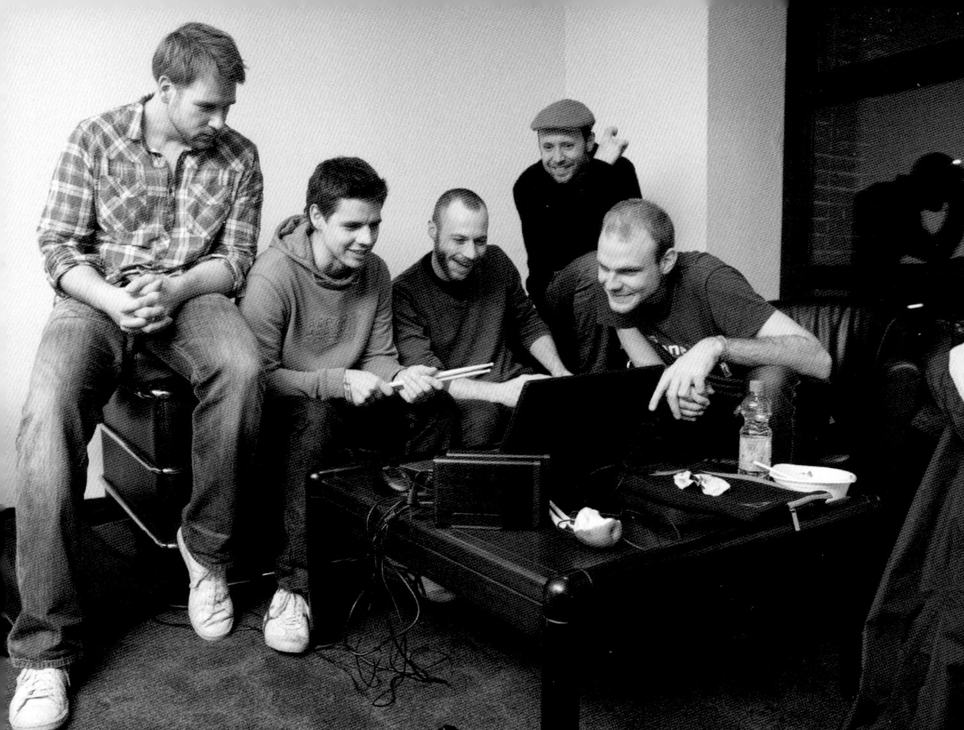

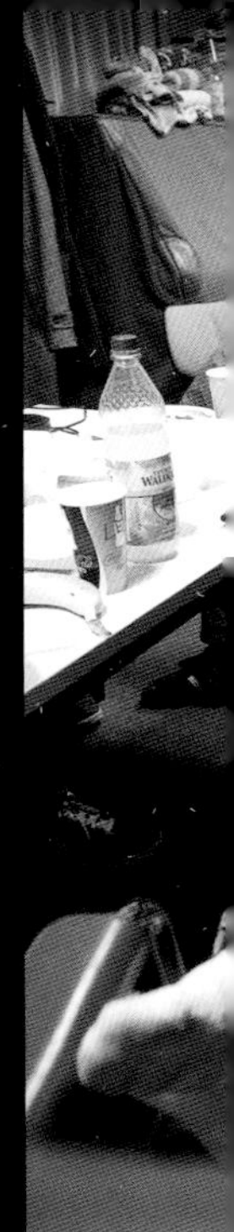

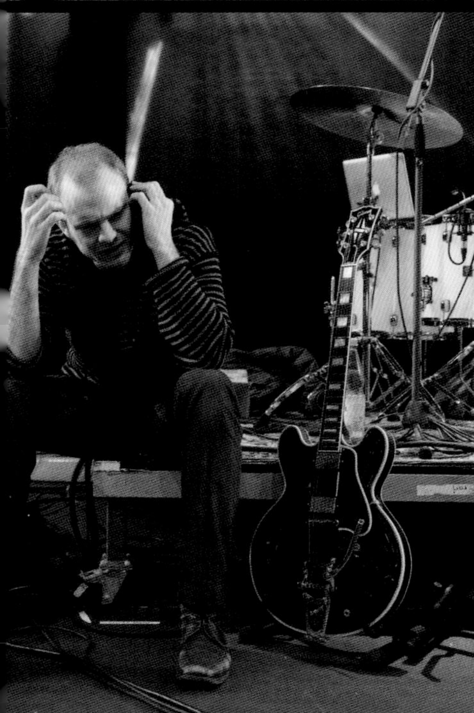

Christoph Bernewitz (Gitarre)

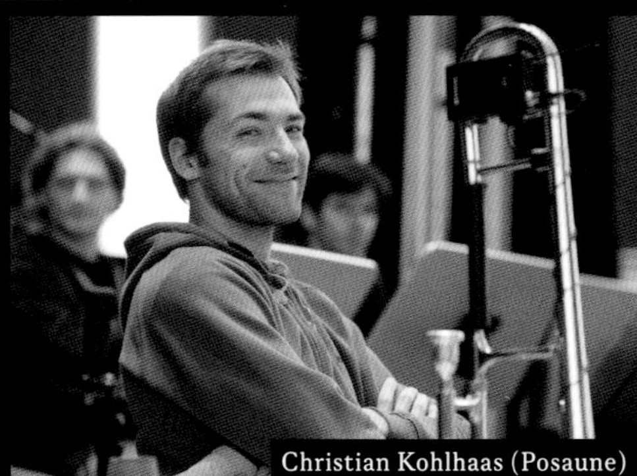

Christian Kohlhaas (Posaune)

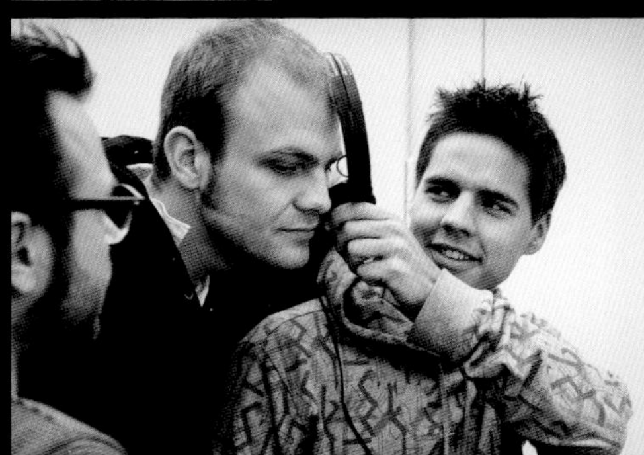

Paul Tetzlaff (Drums)

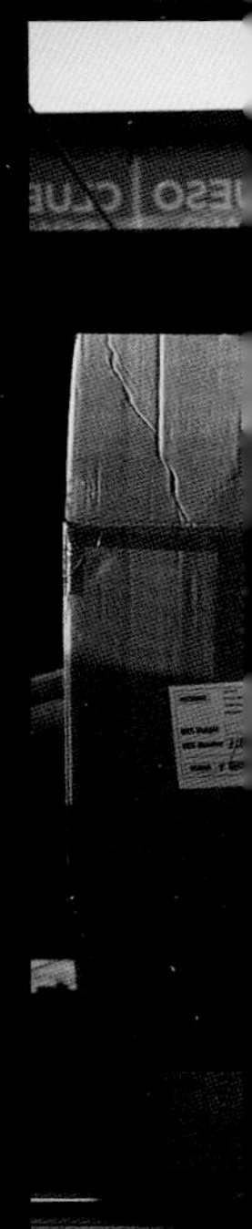

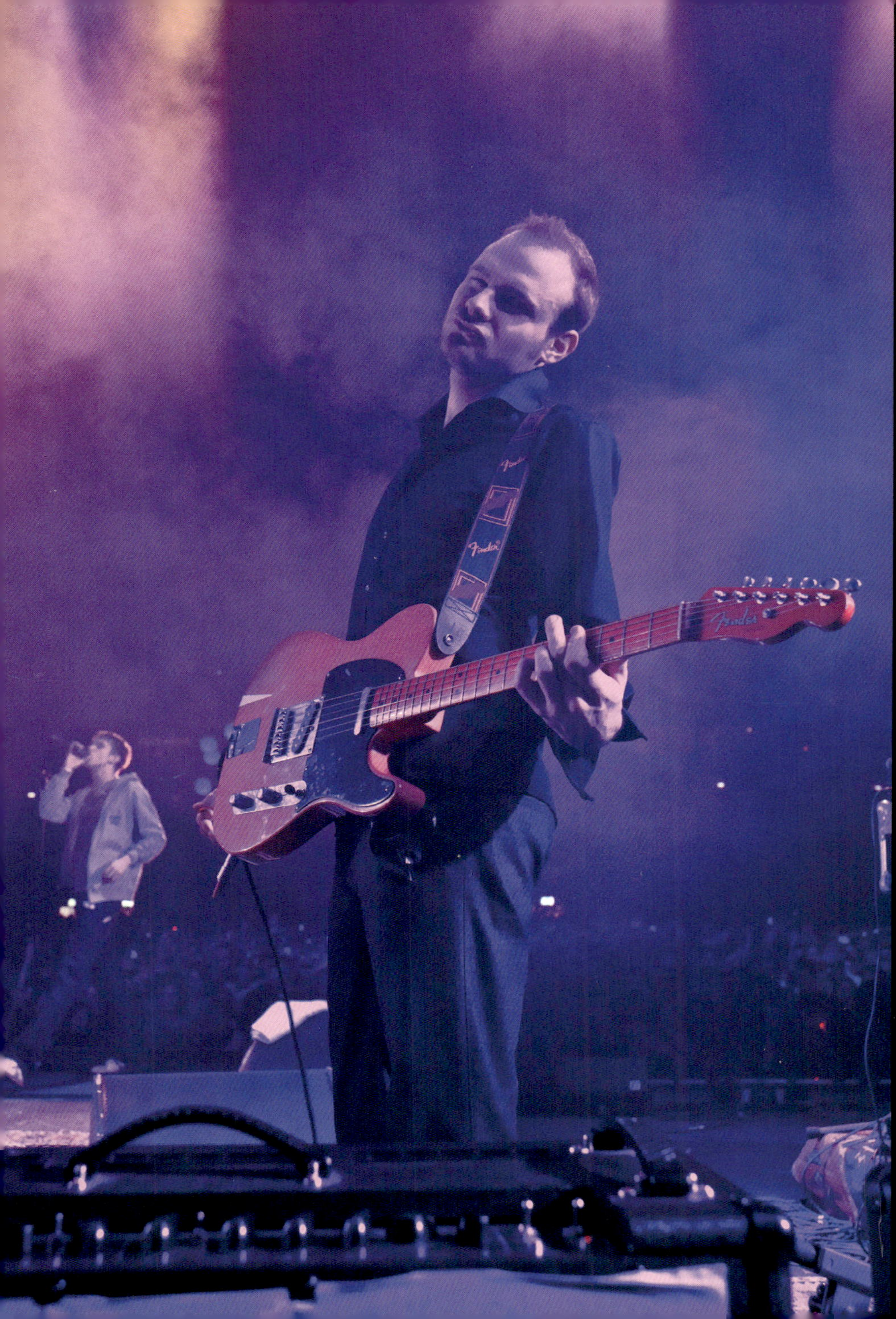
Fender

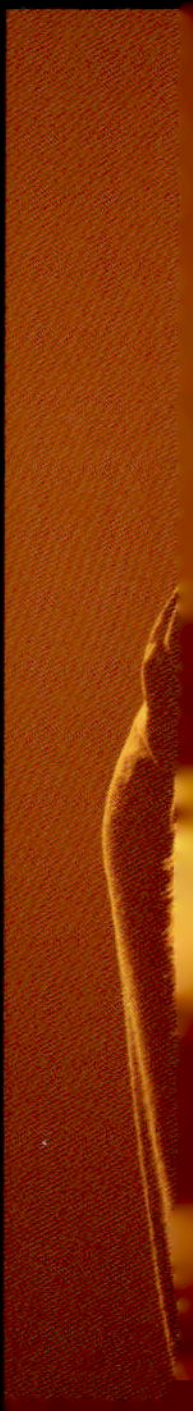

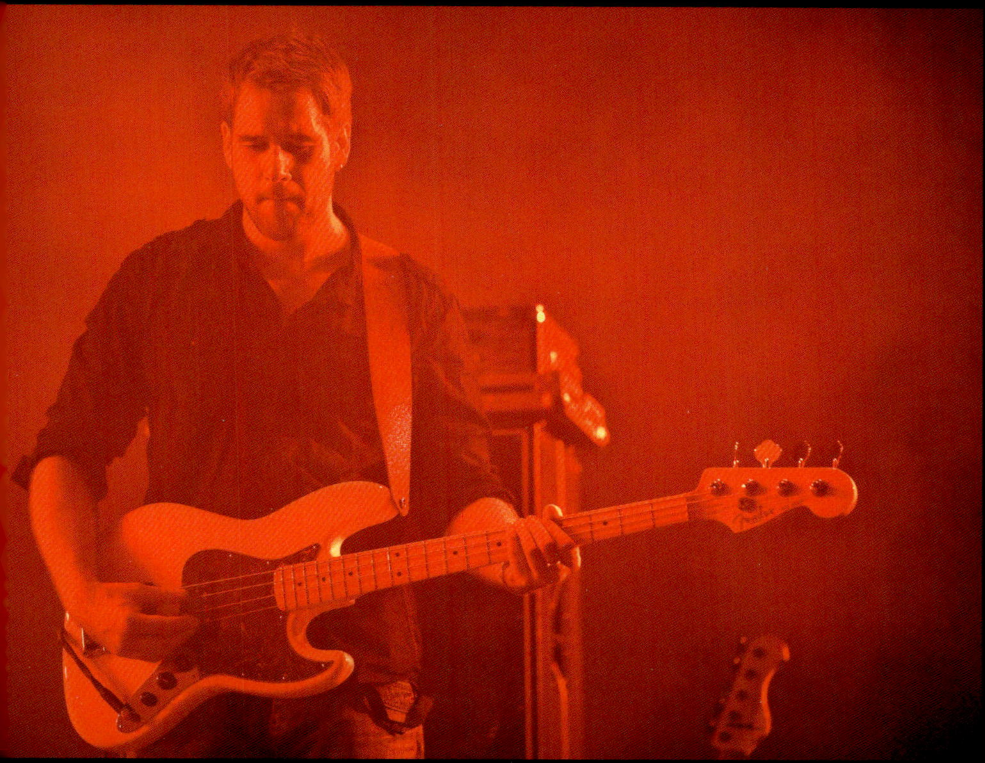
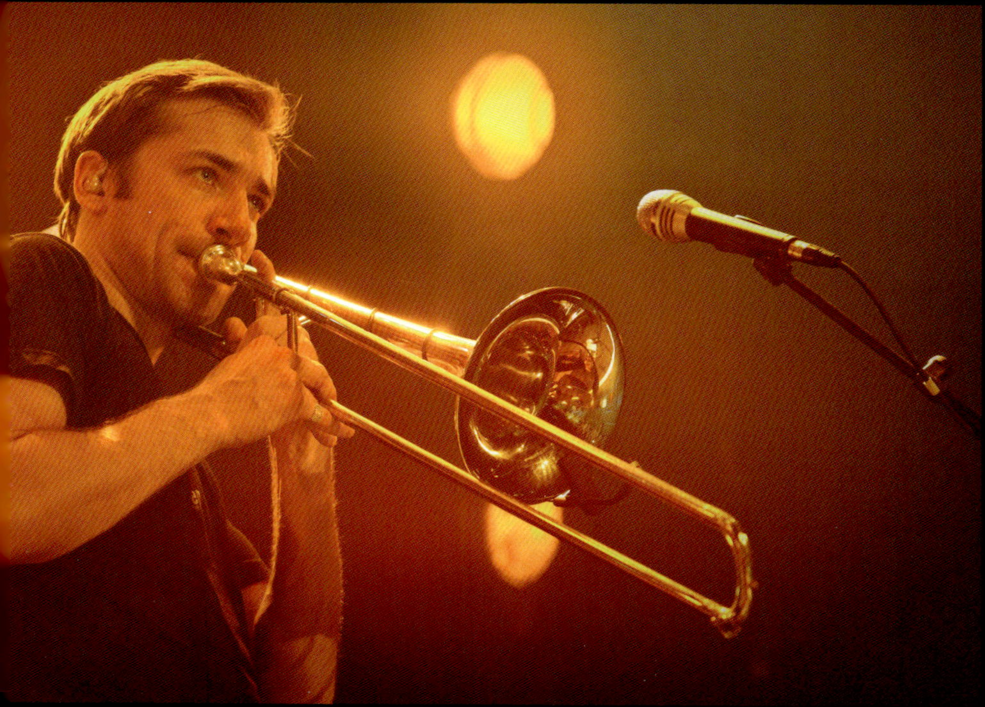

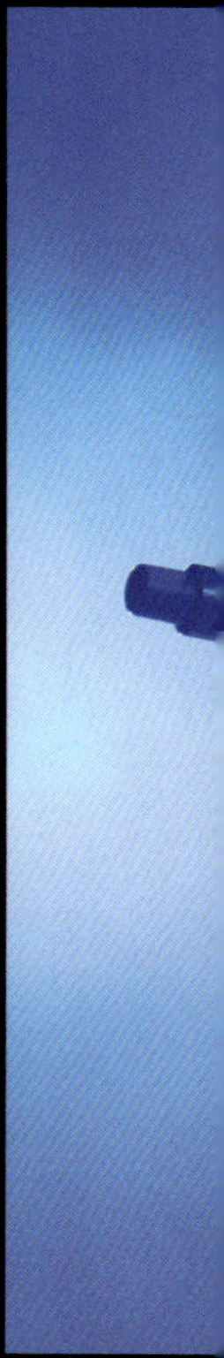

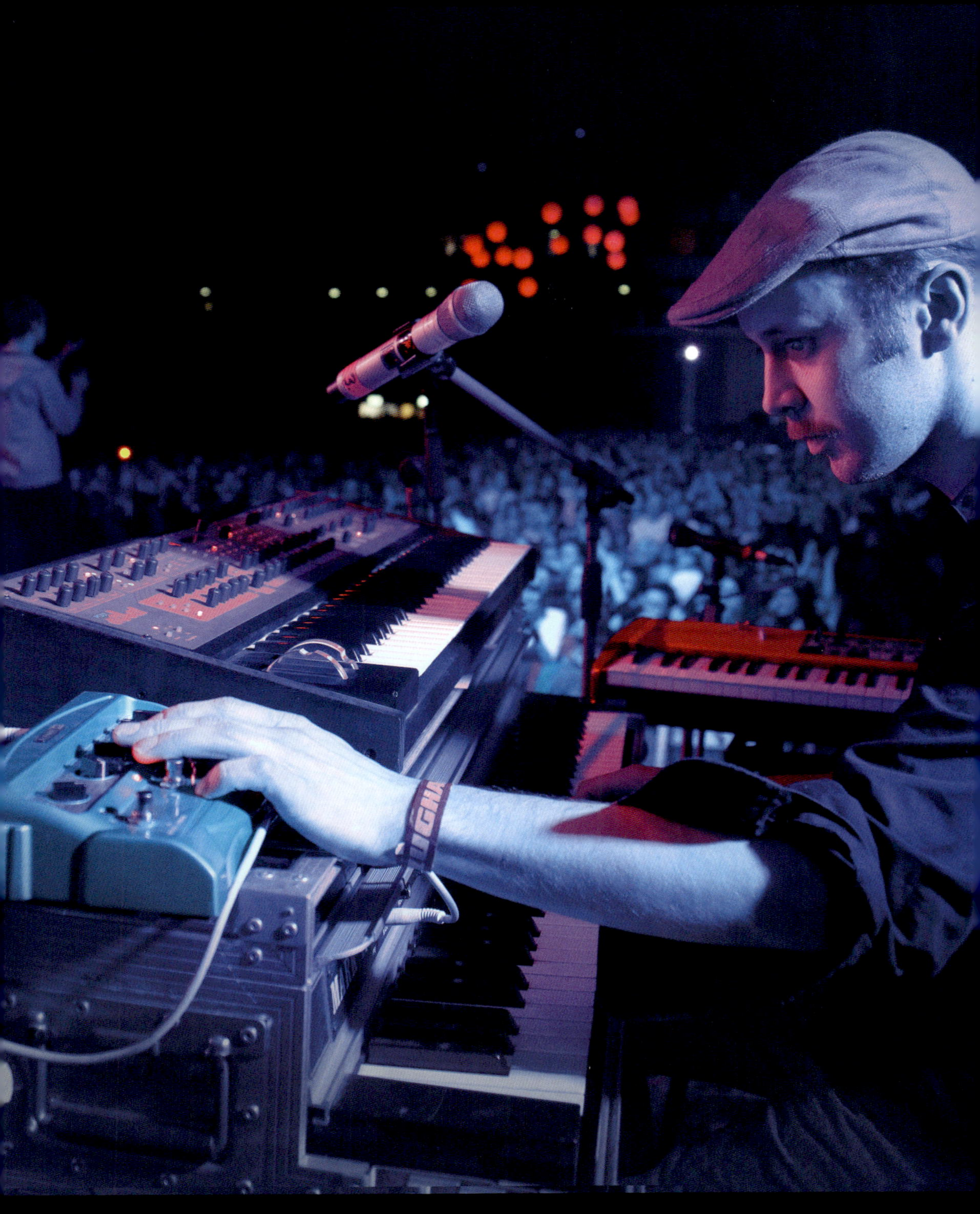

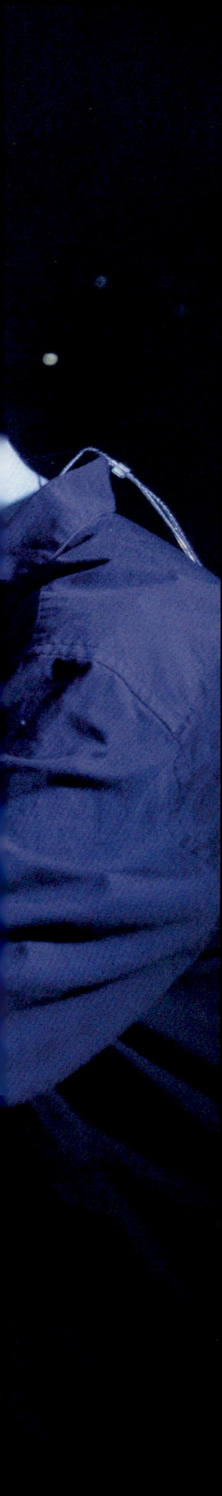
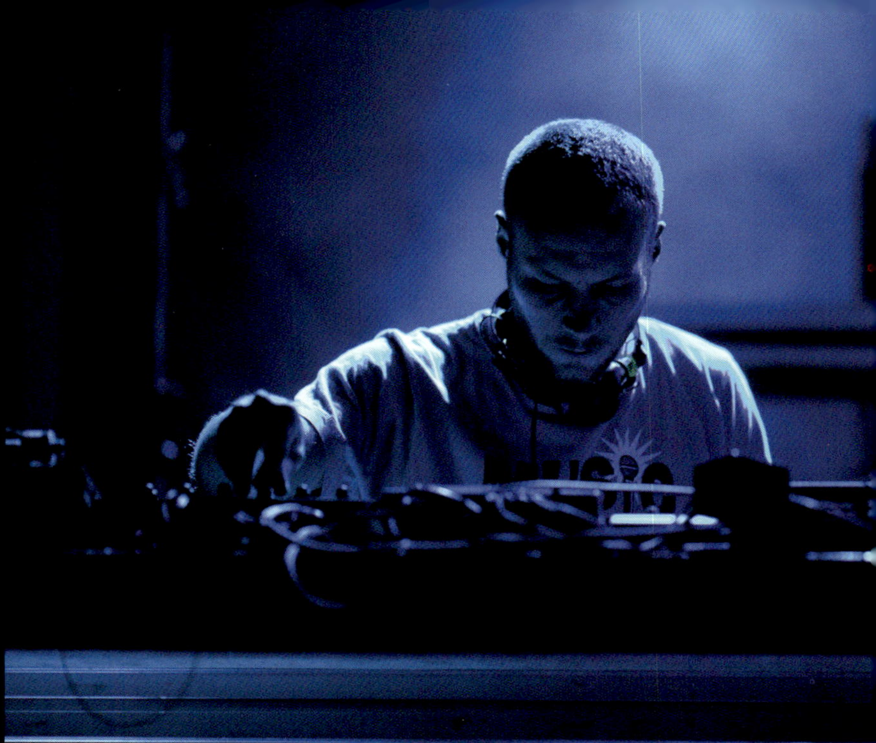
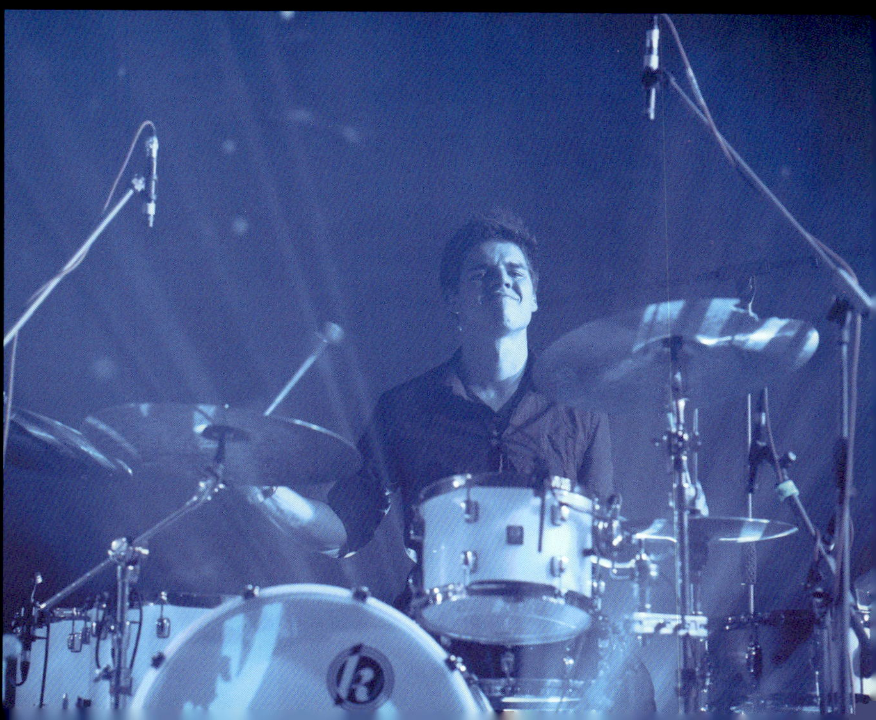

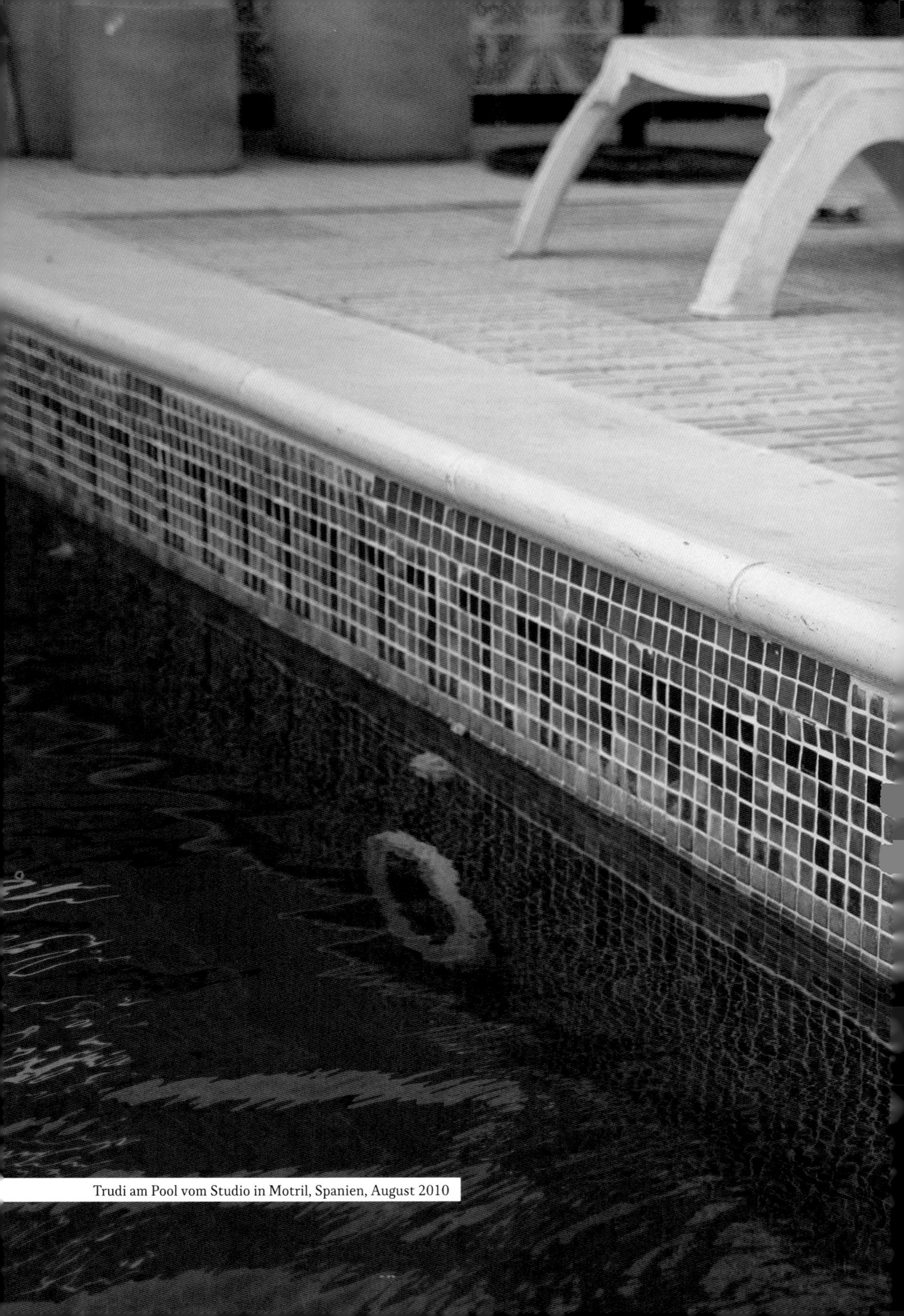

Trudi am Pool vom Studio in Motril, Spanien, August 2010

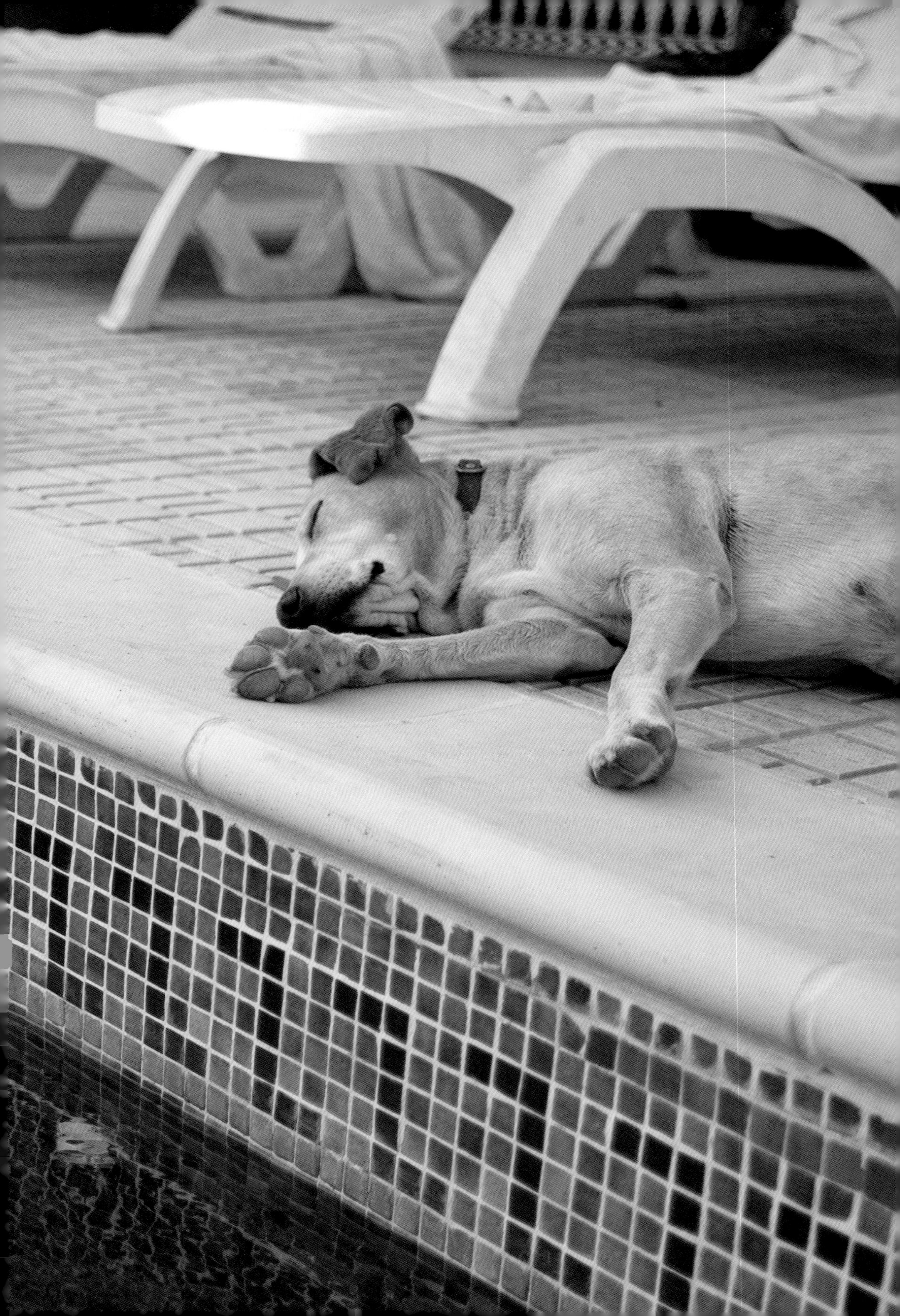

VILLA PABLO

Spanien hat uns als Band wieder zusammengeführt oder besser gesagt deutlich gemacht, wie sehr man jede Beziehung pflegen und immer wieder auffrischen muss.

Als Band erlebt man viele private Momente auf der Bühne, da die Kommunikation ausschließlich über Blicke funktioniert. Das ist etwas Intimes und schafft zusammen mit dem Bühnenrausch und der Euphorie des Publikums eine Vertrautheit, die man manchmal nicht mal den besten Freunden oder dem Partner erklären kann.

Dennoch hatten wir vor Spanien länger nicht miteinander zu tun. Viele aus der Band hatten nach den letzten großen Touren die Zeit für Side Projects oder die Familie genutzt. Ich dachte, es wäre für die neuen Aufnahmen eine gute Idee, alle aus Deutschland wegzuholen. Das war es, nur hätten wir das machen sollen, ohne gleich sofort ein Album aufzunehmen. Der Druck war riesig.

Das Witzige: Motril ist, selbst von Spanien aus gesehen, der Arsch der Welt. Nix los, tote Hose – trockener Boden, aber Plantagen so weit das Auge reicht. Die Umgebung war so ruhig, dass man, wenn man aus dem Studio kam, von der Ruhe fast erschlagen wurde. Überall lagen ständig Tiere im Weg, die im Schatten dösten. Und heiß duschen war wie nachts schlafen wegen der Hitze nicht möglich.

Ich hatte, was das Schlagzeug angeht, spontan die Idee, keine der gewohnten tiefen und großen Snares zu benutzen, obwohl wir die alle mochten, mich eingeschlossen. Aber es gab da draußen zu viele Bands, die gerade diesen typischen Songwriter-Sound hatten.

Schwierig ... wir schraubten manchmal einen halben Tag lang an dem Sound herum, ehe es losging, während die Band rumsaß und vor Langeweile literweise Alhambra-Bier oder Cola zu sich nahm. Da fängt man sich im Vorbeigehen schon mal den einen oder anderen Spruch ein, verständlich, aber nicht so wild, ich weiß sowieso nie genau, was ich will. Aber umso genauer, was nicht. Das Ergebnis ist dann oft das, was ich auch wollte, und kann sich hören lassen.

Unser Mischer, Produzent und Toningenieur Ralf Mayer und ich arbeiten seit Jahren zusammen, leiten die Gruppe, schlichten Streit oder streiten uns selbst, um wieder gemeinsam führen zu können. Alles im Dienste der Musik und mit viel Liebe zueinander. Er kauft im Sekundentakt alte Mikrofone auf eBay und weiß sofort, was zu tun ist, wenn wir eine Vision haben. Von ihm kam auch die Idee, die Drums draußen aufzunehmen, für einen trockenen, speziellen Sound.

So etwas wäre in Deutschland gar nicht möglich gewesen – blödes Wetter oder Nachbarn. Mitten in einer der Aufnahmen haben auch ein paar Spanier bei uns geklingelt, aber nur, um mal grinsend zu schauen, was da wohl los ist.

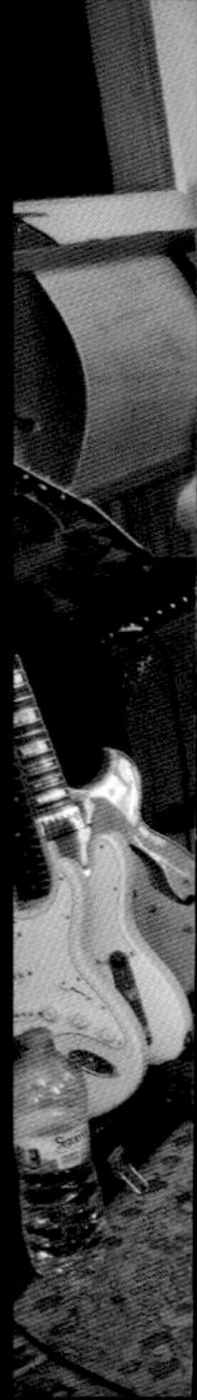

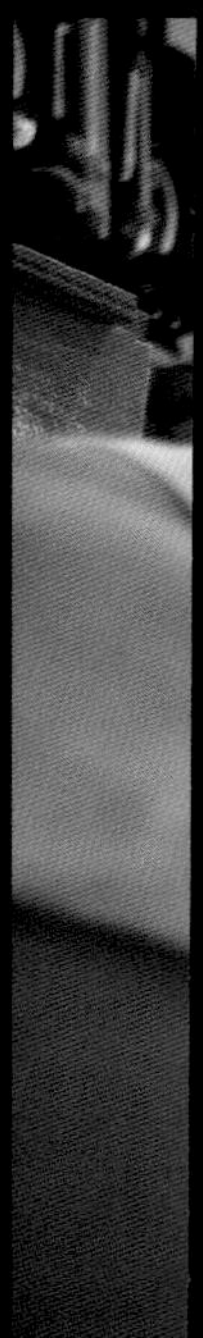

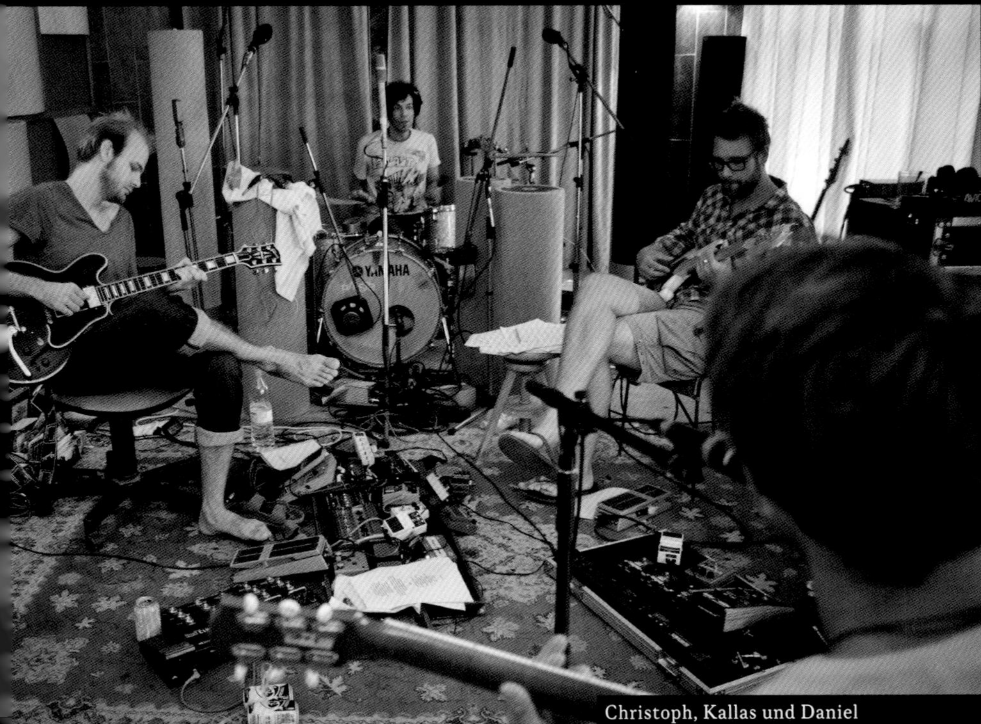

Christoph, Kallas und Daniel

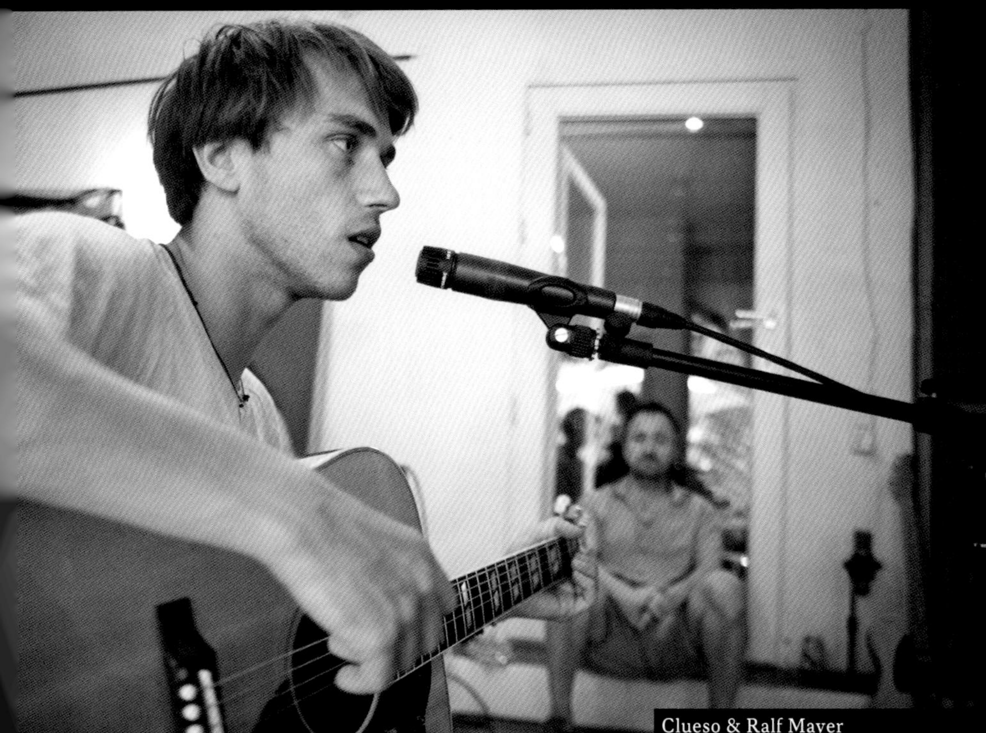

Clueso & Ralf Mayer

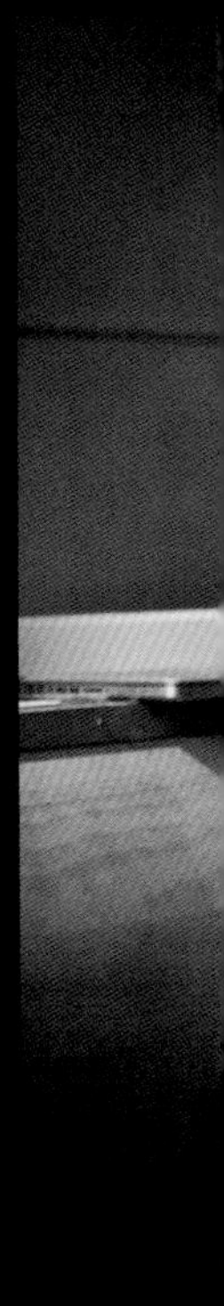

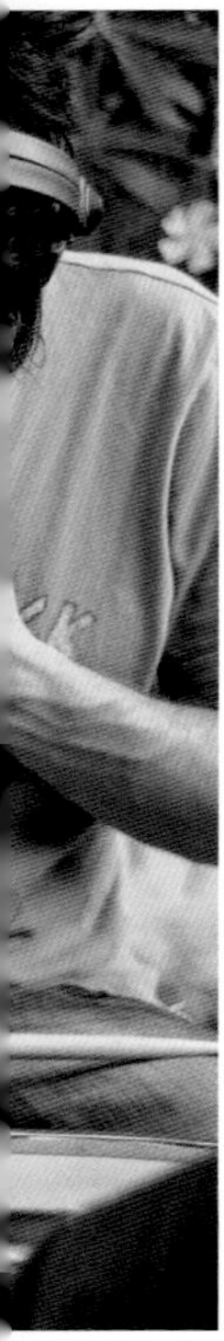

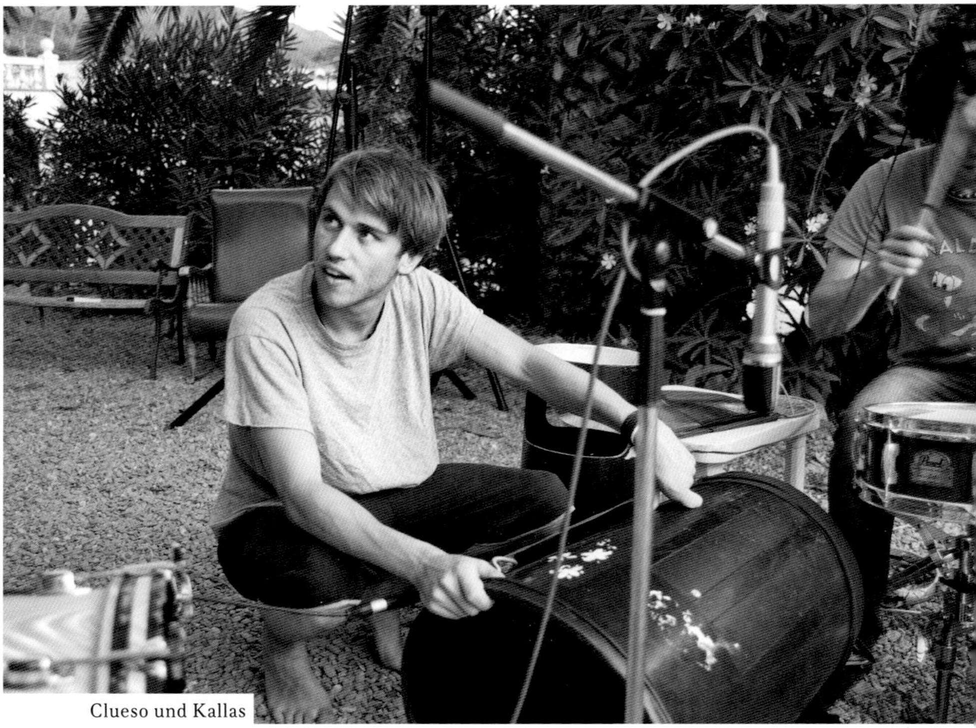

Clueso und Kallas

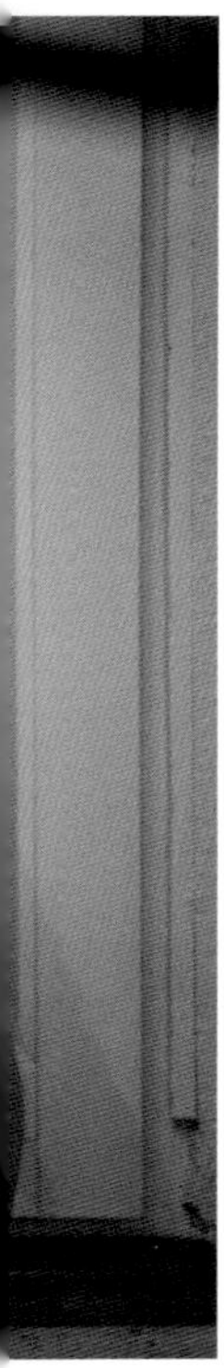

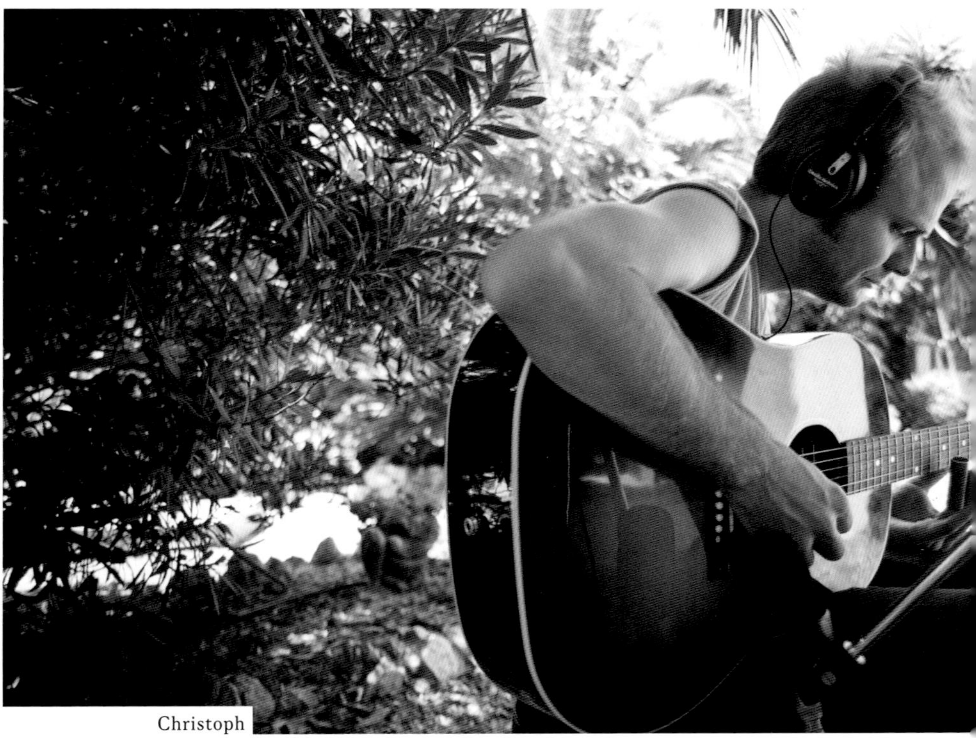

Christoph

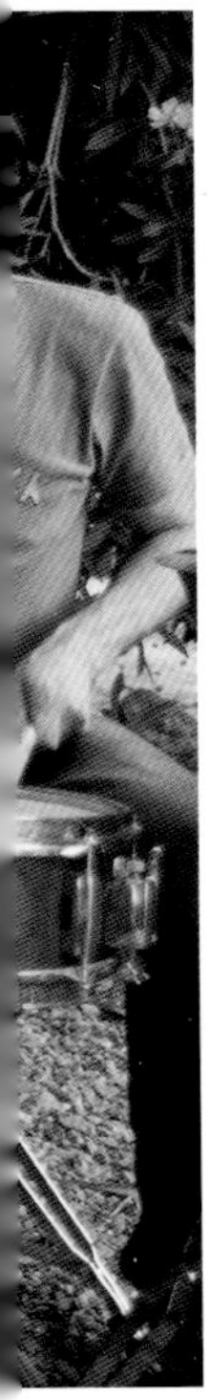
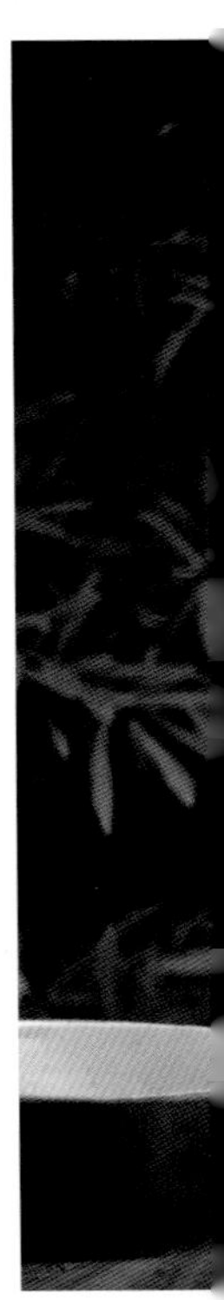

LIEBE BAND

Eine Idee von mir ist, kein Gesamtkonzept zu kreieren,
sich keiner Linie zu unterwerfen,
auf kein direktes Ziel hinzuarbeiten,
sondern auf dem Weg den Weg zu entwerfen.
Der Song ist Chef.

Jeder Song sollte ganz für sich stehen
und so viel Kunst und Gefühl eines jeden Musikers enthalten,
dass man ihn – egal vor welchem Publikum – immer auch
für sich alleine spielen könnte
und man weniger den Interpreten als das Wesen des Songs oder die Seele
des Künstler dahinter erkennt.

Alles darf passieren wie immer, die beste Idee gewinnt.
Eine Weiterentwicklung könnte sein, minimaler auszukommen,
musikalische Pausen vom Leben außerhalb eines Songs füllen zu lassen,
Linien zu abstrahieren und lieber mit einem Strich das Nötige zu erzählen, eine Stimmung im Zuhörer reifen und klingen zu lassen
und den Hörer als Klangkörper zu verstehen.

Ein schönes Beispiel ist für mich der Gegensatz zwischen dem frühen und späten Werk Picassos. Am Anfang wurden die Gegenstände und Personen eher realistisch dargestellt.
So ähnlich seh ich unsere früheren Alben:
Wir ließen uns inspirieren von Vorbildern
und kopierten diese ein wenig.
Leben imitiert Kunst, die Leben imitiert.
Davon möchte ich ein Stück wegkommen,
ich möchte eher den direkten Weg vom und zum Erlebten.

Das heißt, einen eigenen Sound finden,
den Song textlich verstehen,
den handwerklichen Verlauf, Akkorde und Arrangement begreifen,
um den Raum, in dem das Lied wohnt, passend zu gestalten.
Dafür muss man die Bude ein paar Mal umräumen,
um am Ende mit einem Strich ein Gefühl wiedergeben zu können,
ähnlich wie die späten Werke Picassos.

Ich freu mich wahnsinnig auf das, was hier in Spanien passiert.
Viel Spaß. Hier sind die Texte, die ich schon geschrieben habe.

Clueso

(Cluesos Brief an die Band zu den Aufnahmen in Spanien, August 2010)

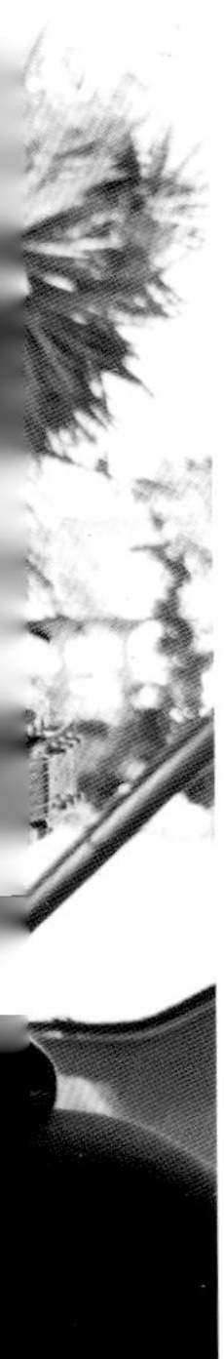

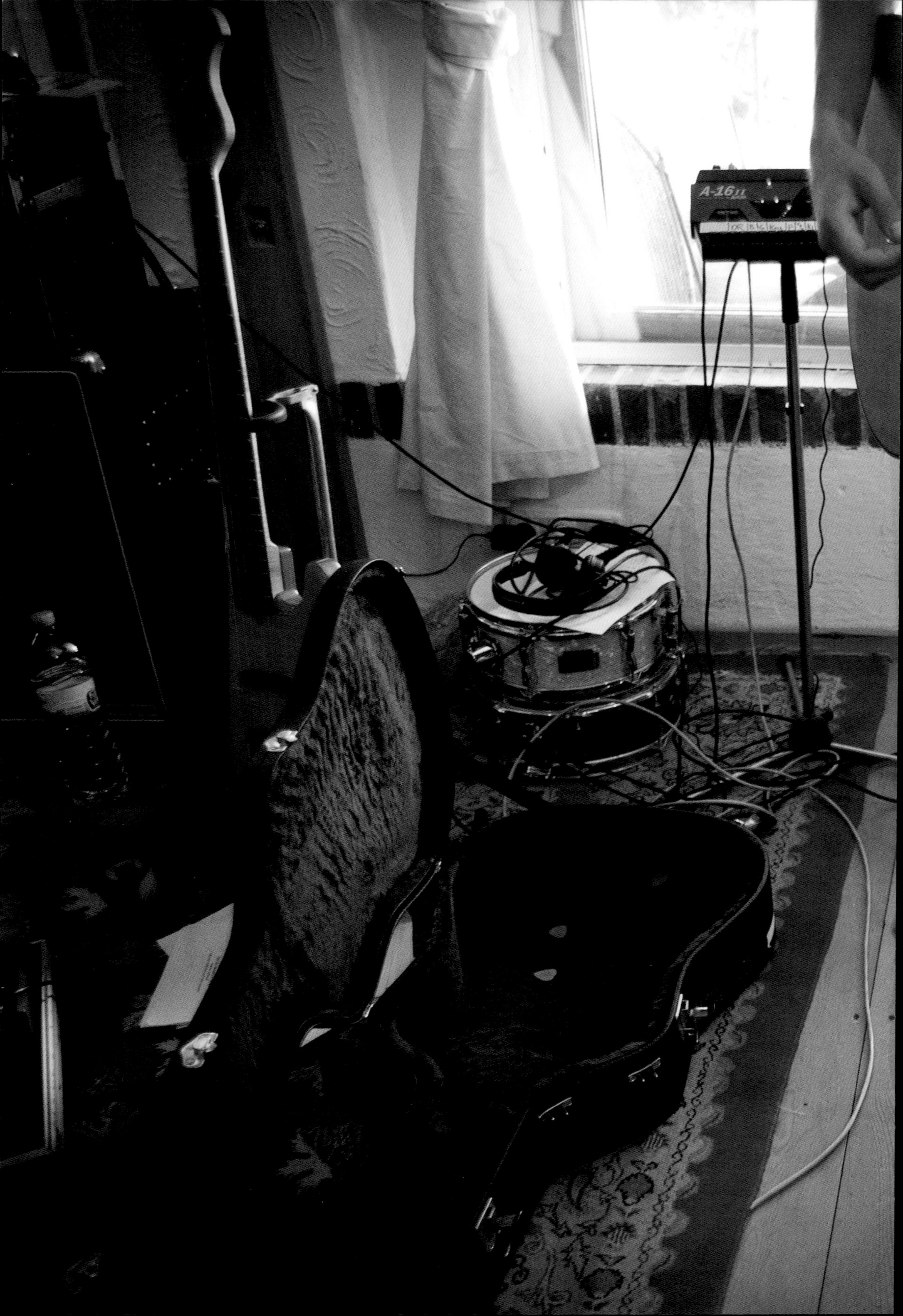
A-16II

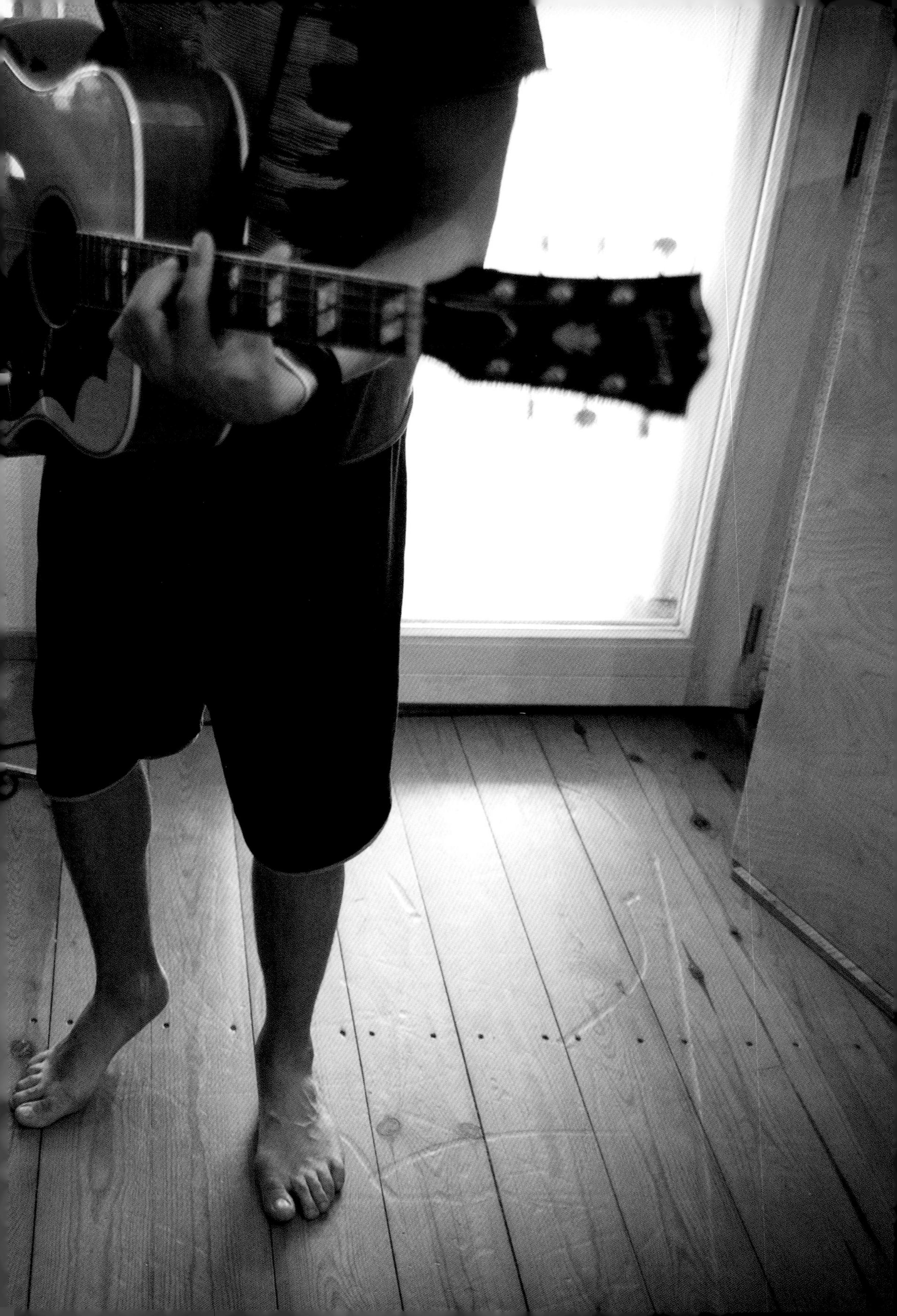

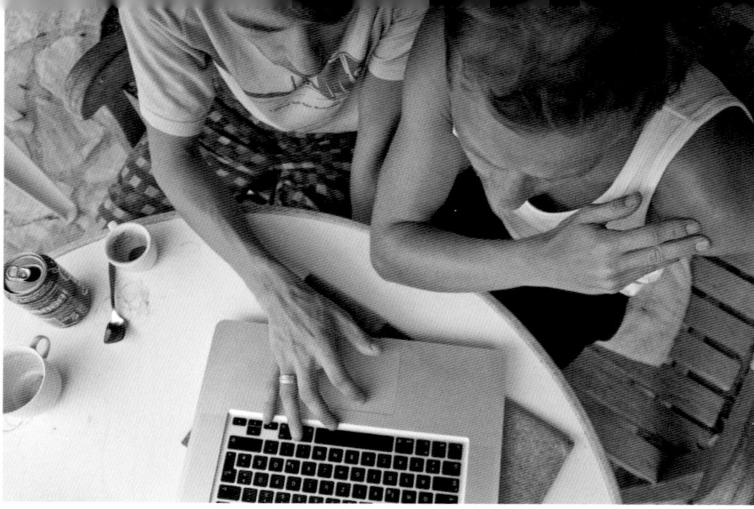

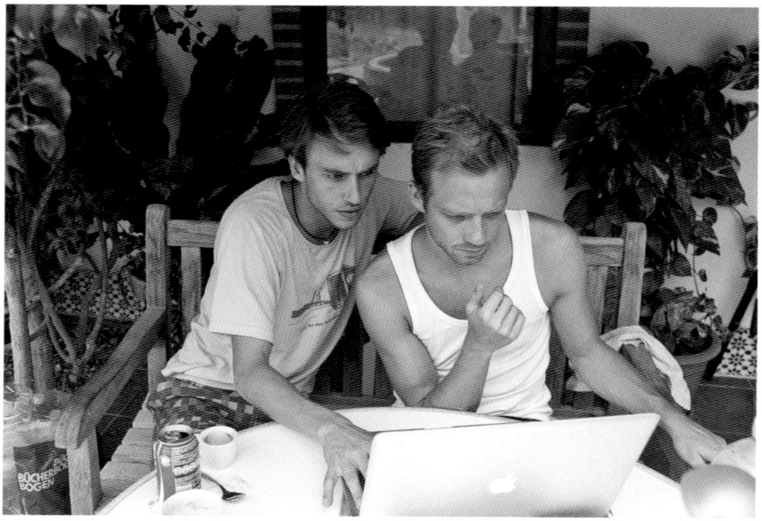

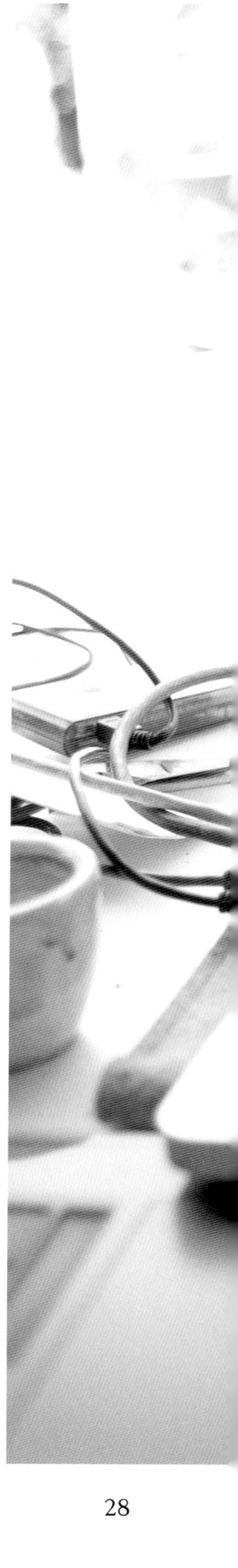

ALLES AUF DEN LETZTEN DRÜCKER

Ich mag dieses Foto, weil es verdeutlicht, wie wir arbeiten. Vieles auf den letzten Drücker. Wir haben dieses Buch zugesagt, man konnte es schon vorbestellen. Ein Traum, dass ich so was machen darf, andererseits aber auch Stress. Doch hier zeigt sich, wie wir arbeiten, und welche Möglichkeiten sich daraus ergeben. Wer hat in seinem ersten Buch schon ein Foto vom Entstehungsprozess ebendieses Buches?

Das ist der Arbeitsplatz von Dirk, meinem langjährigen Freund und Grafiker, der mit in Spanien war, und hier sieht man recht gut, wie wir dort noch zusätzlich versuchen, dieses Buch an den Start zu bringen. Irgendwie ist es auch schön – darin liegt auch unsere Kraft, dass wir in kürzester Zeit etwas für immer festhalten können. Das ist eine Qualität von uns. Mit Inhalt, mit viel Inhalt.

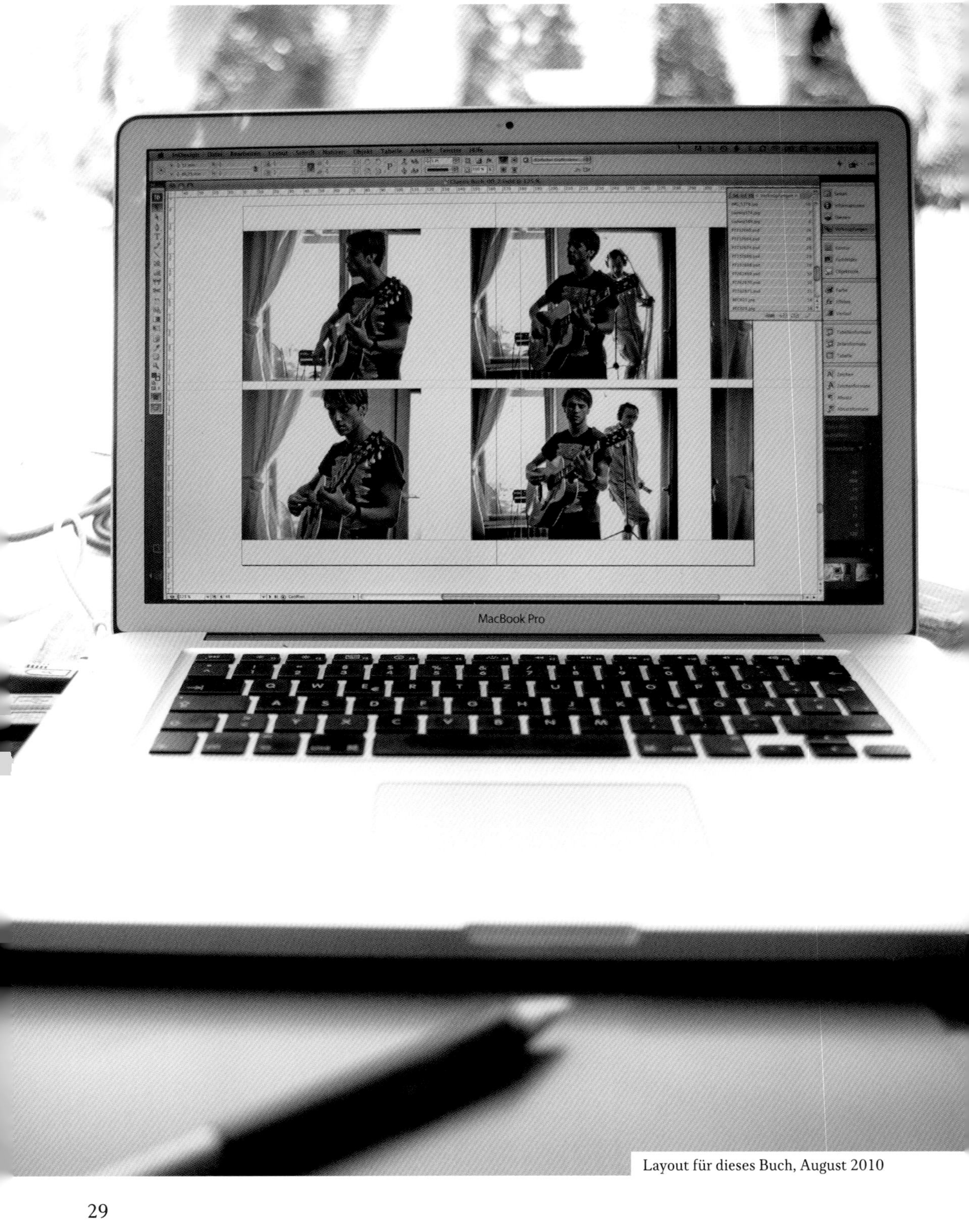

Layout für dieses Buch, August 2010

L' ALBATROS

Nachdenklich saß ich auf dem Dach in der Sonne. Die Sierra Nevada lag zu meinen Füßen. Tausend Meter hohe Berge brummten am Horizont.

*Der Albatros** ist mein Lieblingsgedicht. Ich legte das Buch auf mein Gesicht und dachte mir: Wow, was für eine Wortwahl. Die Buchstaben fielen mir förmlich auf die Brust. Es roch nach von der Sonne gewärmtem Papier, ein wenig nach Torf, fast so, als wenn eine offene Flasche Lagavulin vor einem auf dem Tisch steht, und der Duft einen ab und zu für ein paar Sekunden aus dem Gespräch reißt.

Wieder schossen mir die Vorwürfe der Band durch den Kopf. Noch nie hatte ich so sehr an meiner Art und dennoch so wenig an meiner Meinung und Überzeugung gezweifelt wie in diesen Tagen. Alles gab mir zu denken.

»Es gibt so einen Spruch«, sagte Ingo Pohlmann in einem Interview auf die Frage, wie er seine Musik beschreiben würde. »Über Musik zu reden ist wie über Architektur zu tanzen.«** Danke, Ingo. Man kann über Visionen nicht reden, die man nicht gemeinsam kreiert hat, dachte ich beleidigt. Ein Universum zu erklären ohne Hilfsmittel, das mag noch gehen, vor allem, wenn man gut darin ist, zu wissen, was die Leute fragen könnten. Aber eine unfertige Vision einer Gruppe zu erklären, die so voller Tatendrang ist, aber keine Fragen hat, das fiel mir echt schwer.

Seite 22 kratzte lauter als Seite 23.

Unbewusst rieb ich das Buch über mein Gesicht. Ich glaub, ich muss mich mal rasieren. Ich legte den Gedichtband beiseite und bestaunte wieder kurz die riesigen Berge, in denen eine dicke Wolke auf ihrem Weg durchs Land Pause machte. Und wie auf einem der Hügel der Wind verbrannte, staubige Erde umherwirbelte. Man könnte denken, da oben findet ein Zweikampf statt. Ich ging zurück ins Studio.

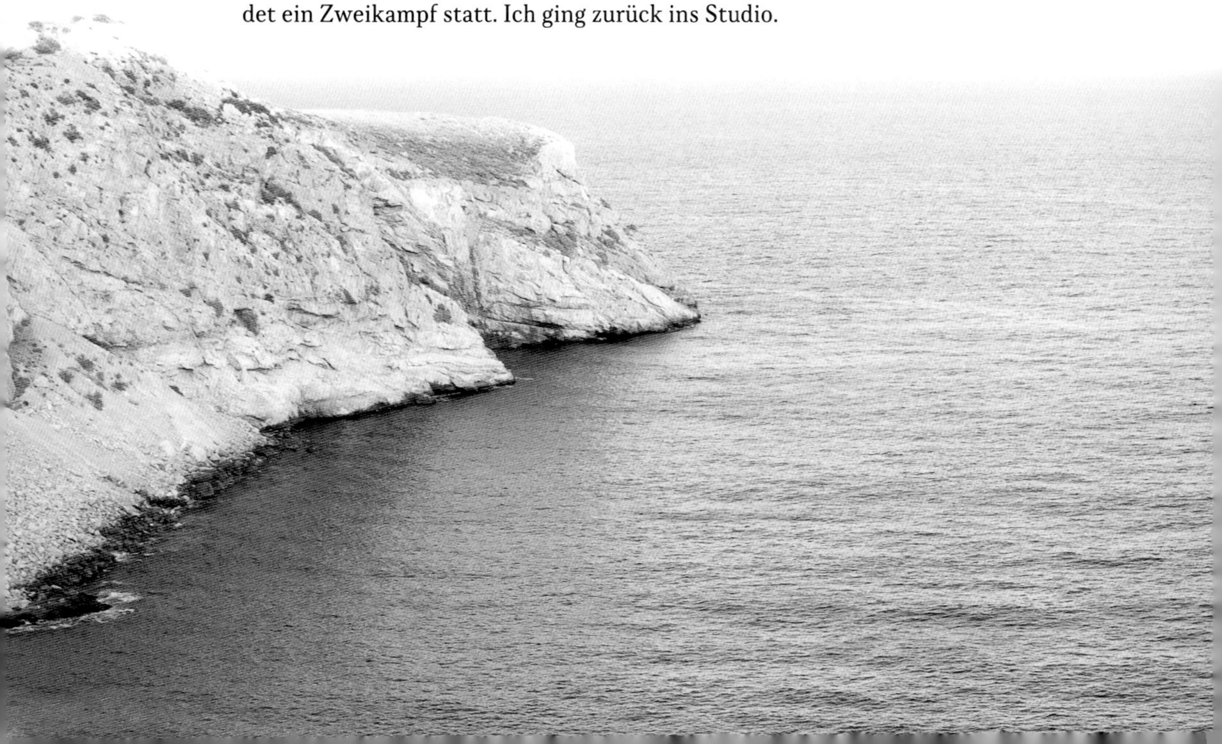

Stille.

Ich spürte, welche Rolle ich zu erfüllen hatte. Aber auch, wie gern alle eine Weile auf mich verzichtet hätten. Mir ging es nicht anders. Wahnsinn, dachte ich, welche inneren und äußeren Kämpfe bei jedem Werk dieser Welt mitschwingen, sofern man nicht daran scheitert.

Ich beschloss, die Band ein wenig machen zu lassen. Erleichterung in den Augen. Ich ging zurück aufs Dach, setzte mich wieder in den Stuhl und sah, wie eine aufgeschlagene Seite hin und her wirbelte und – zack – einfach so wegflog. Verdammt schnell sehr weit. Wie in einem Film, bei dem man denkt, wie oft sie das wohl gedreht haben, damit diese Scheißseite so weit davonfliegt. Ich sah noch, wie sie zwei Grundstücke weiter gegen das Drahtgestell eines Gewächshauses klatschte, kurzerhand weiterflog und bald im Licht der Sonne verschwand.

Zu meiner Verwunderung war es ausgerechnet der *Albatros*, mein Lieblingsgedicht. Das Original auf Französisch war noch da auf Seite 22. Aber ich kann kein Französisch. Wie auf Befehl schloss ich die Augen und versuchte mich an jedes Wort zu erinnern, an jedes Gefühl, das ich beim Lesen einer Zeile hatte, das mich wiederum an jedes weitere Wort erinnerte. So wie ich es bei meinen Texten vor Konzerten machen muss, um mich an alte Sachen zu erinnern. Seitdem kann ich es auswendig und liebe dieses Gedicht noch mehr. Es geht um die Widersprüchlichkeit der menschlichen Seele oder – besser gesagt – um die des Künstlers.

Ich blieb noch eine Weile auf dem Dach sitzen, auch wenn die Sonne zu brennen begann.

* *»Der Albatros« von Charles Baudelaire*
** *Zitat von Frank Zappa*

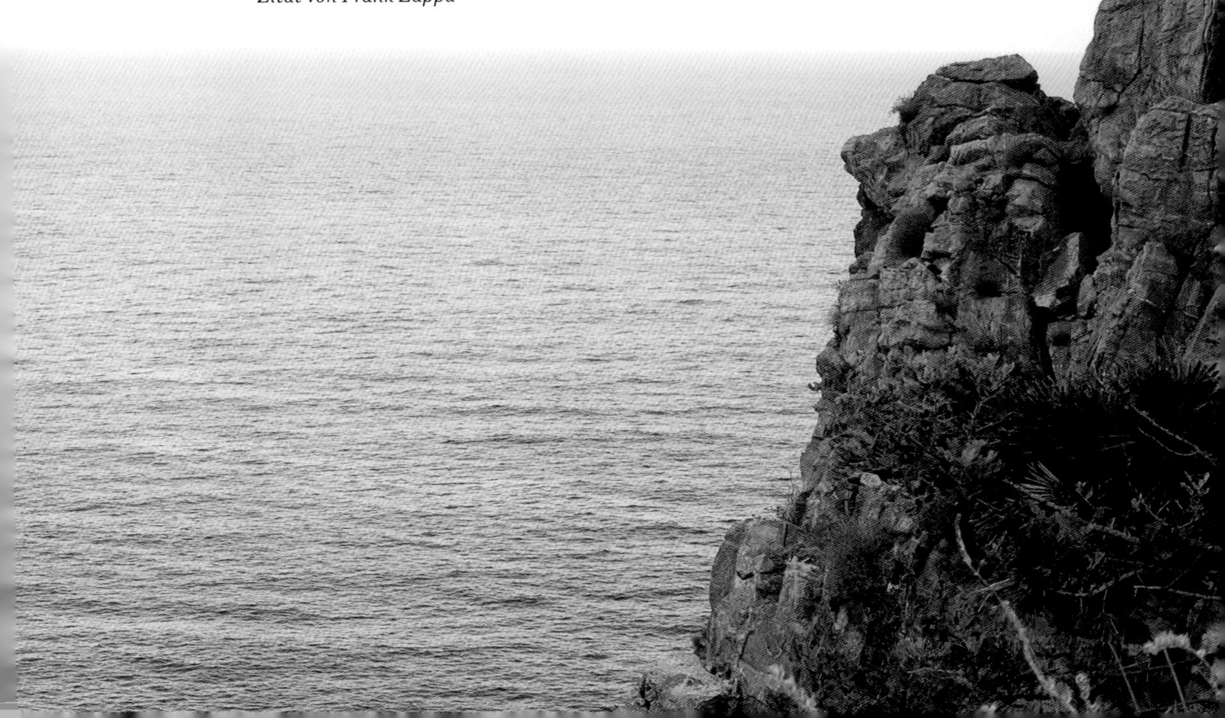

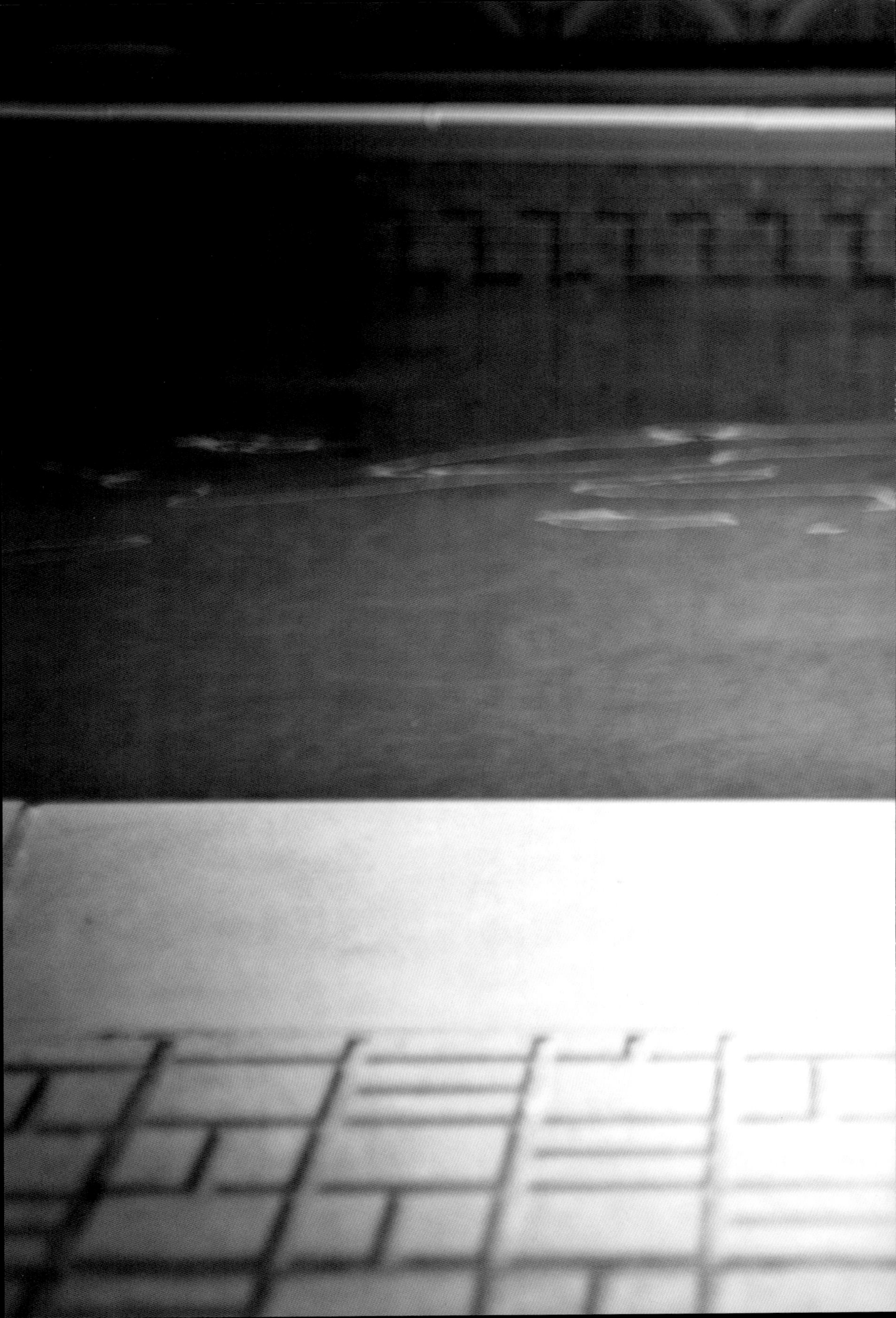

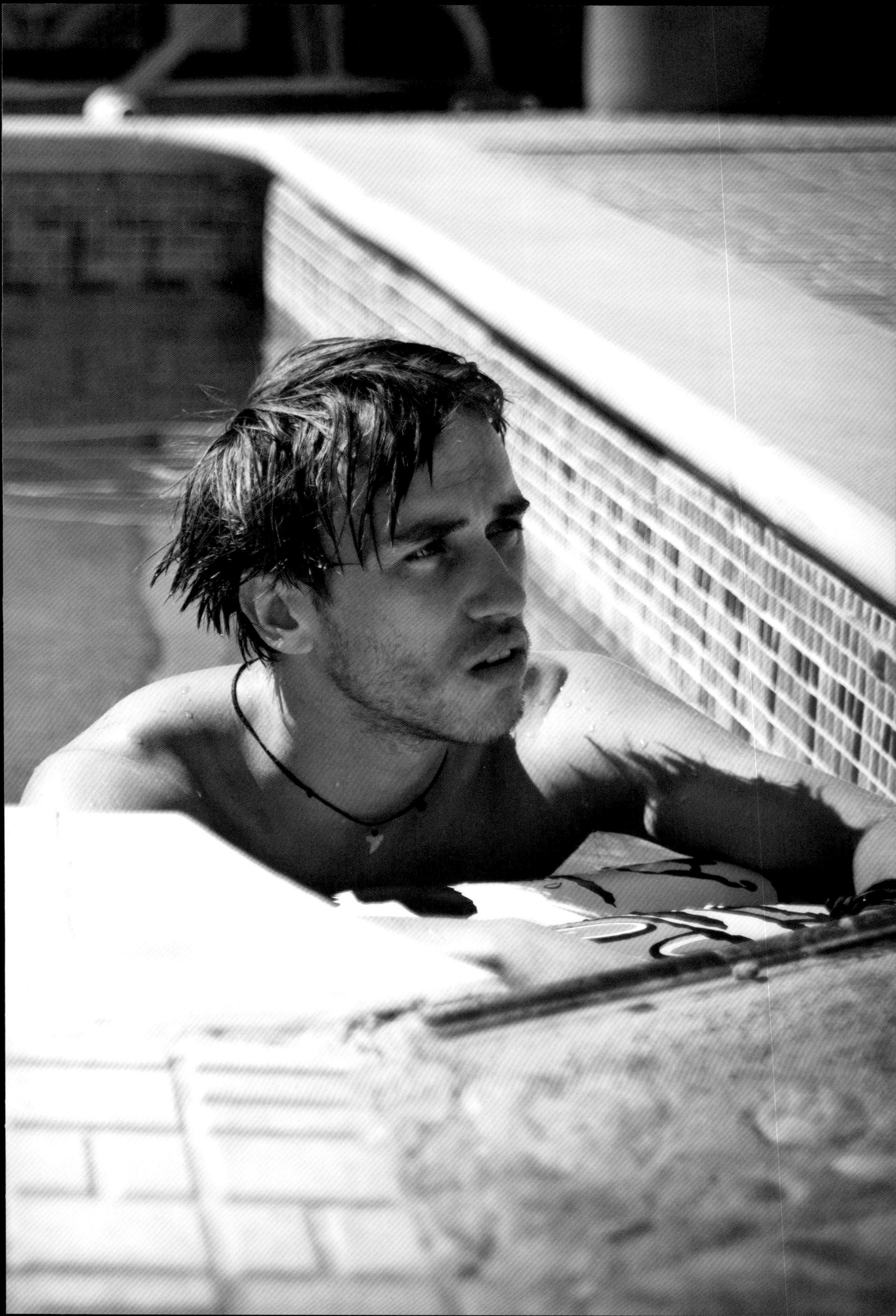

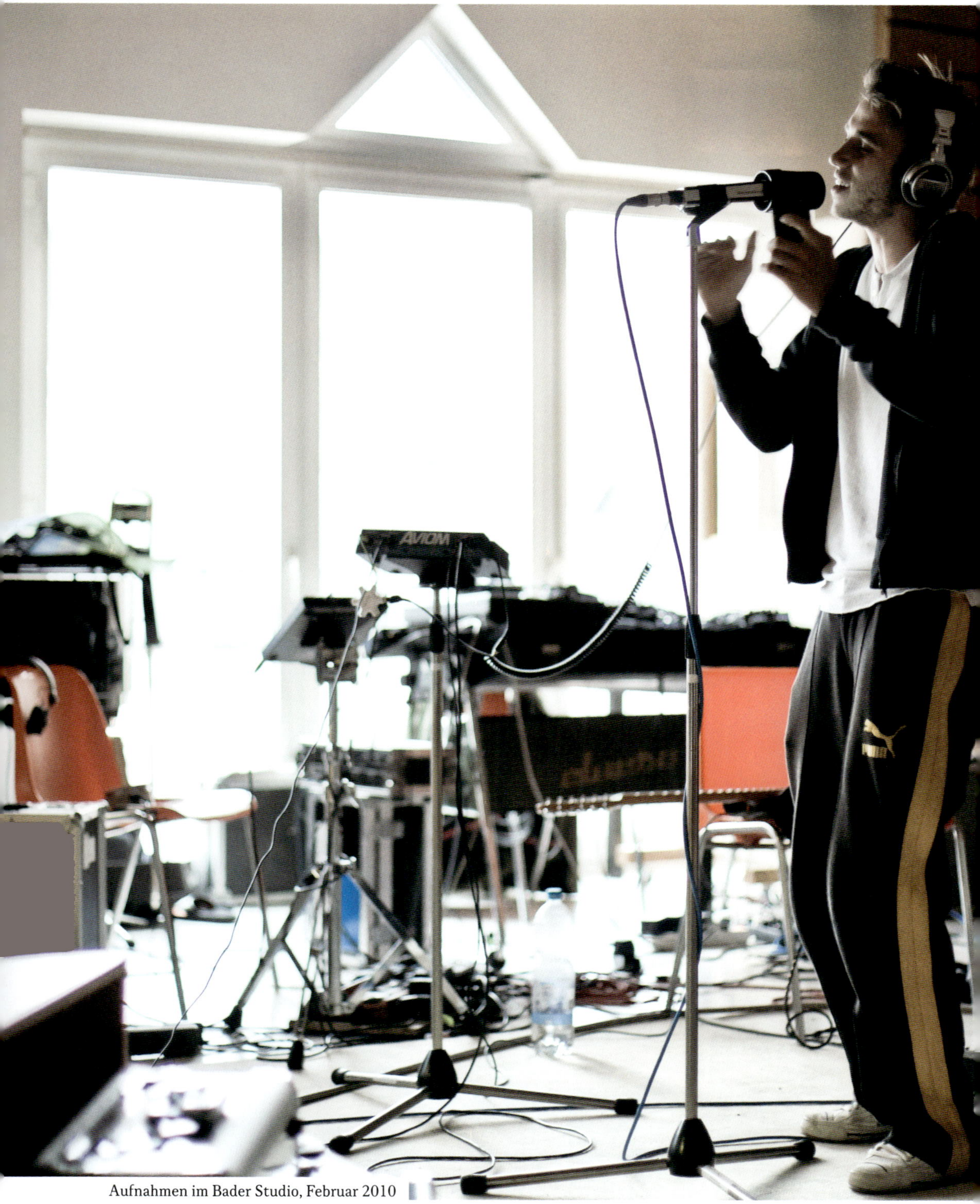

Aufnahmen im Bader Studio, Februar 2010

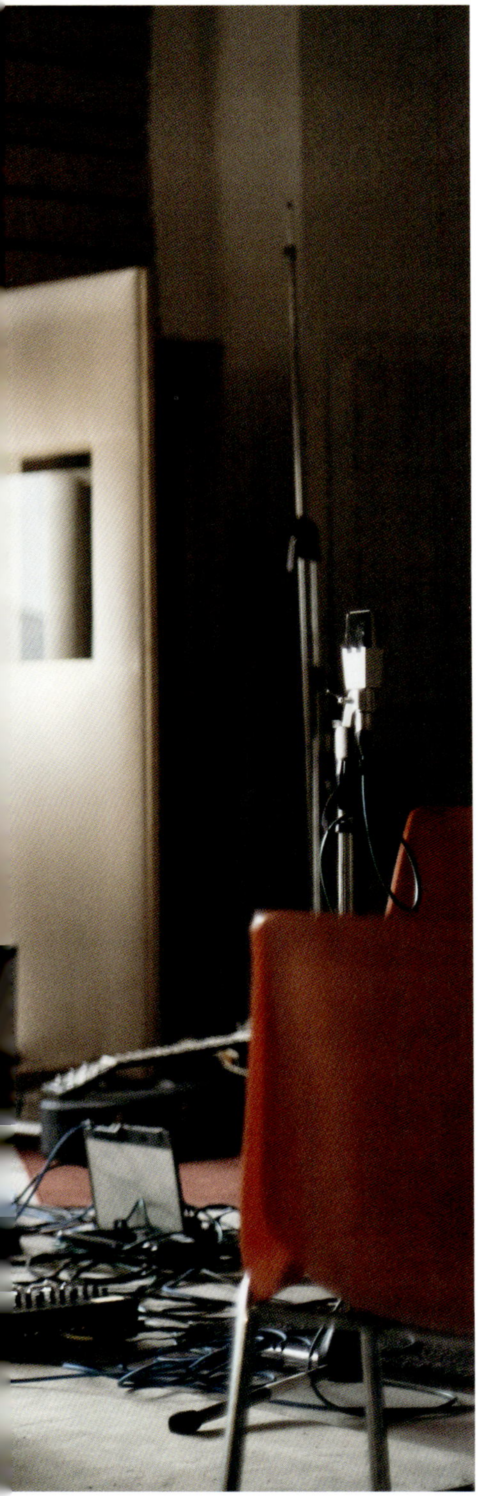

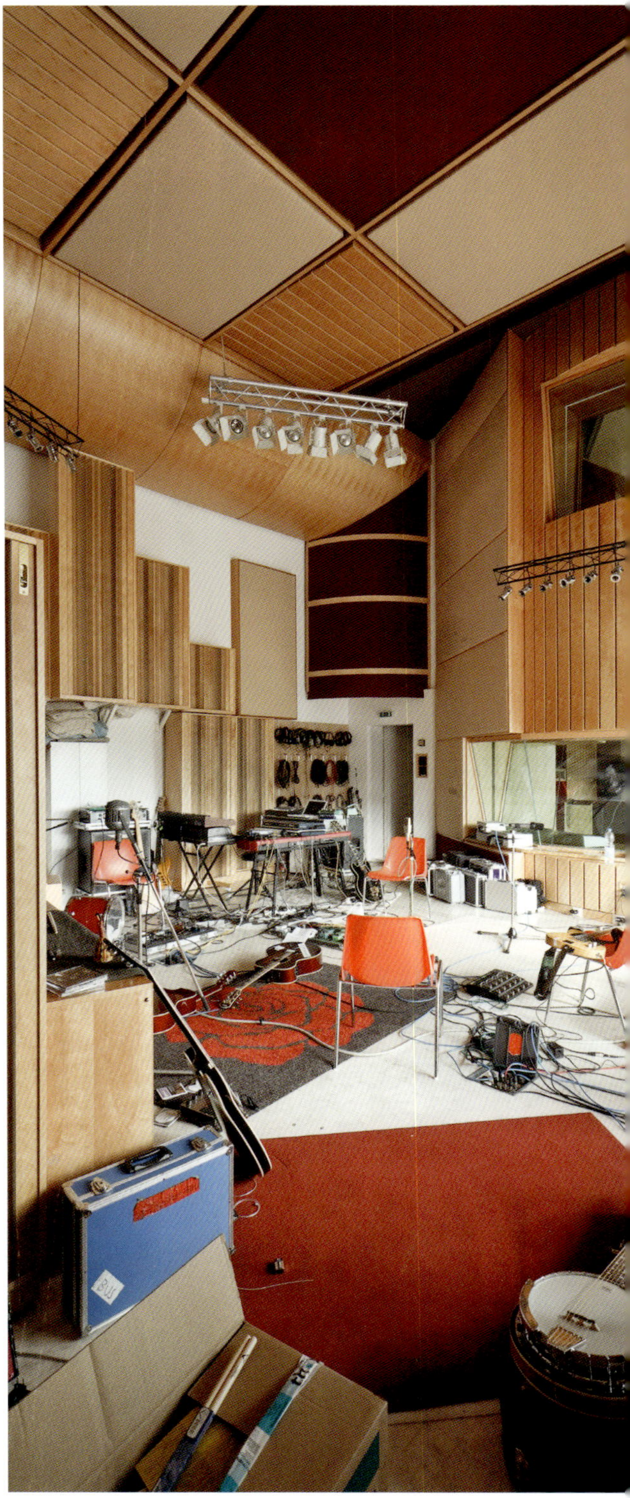

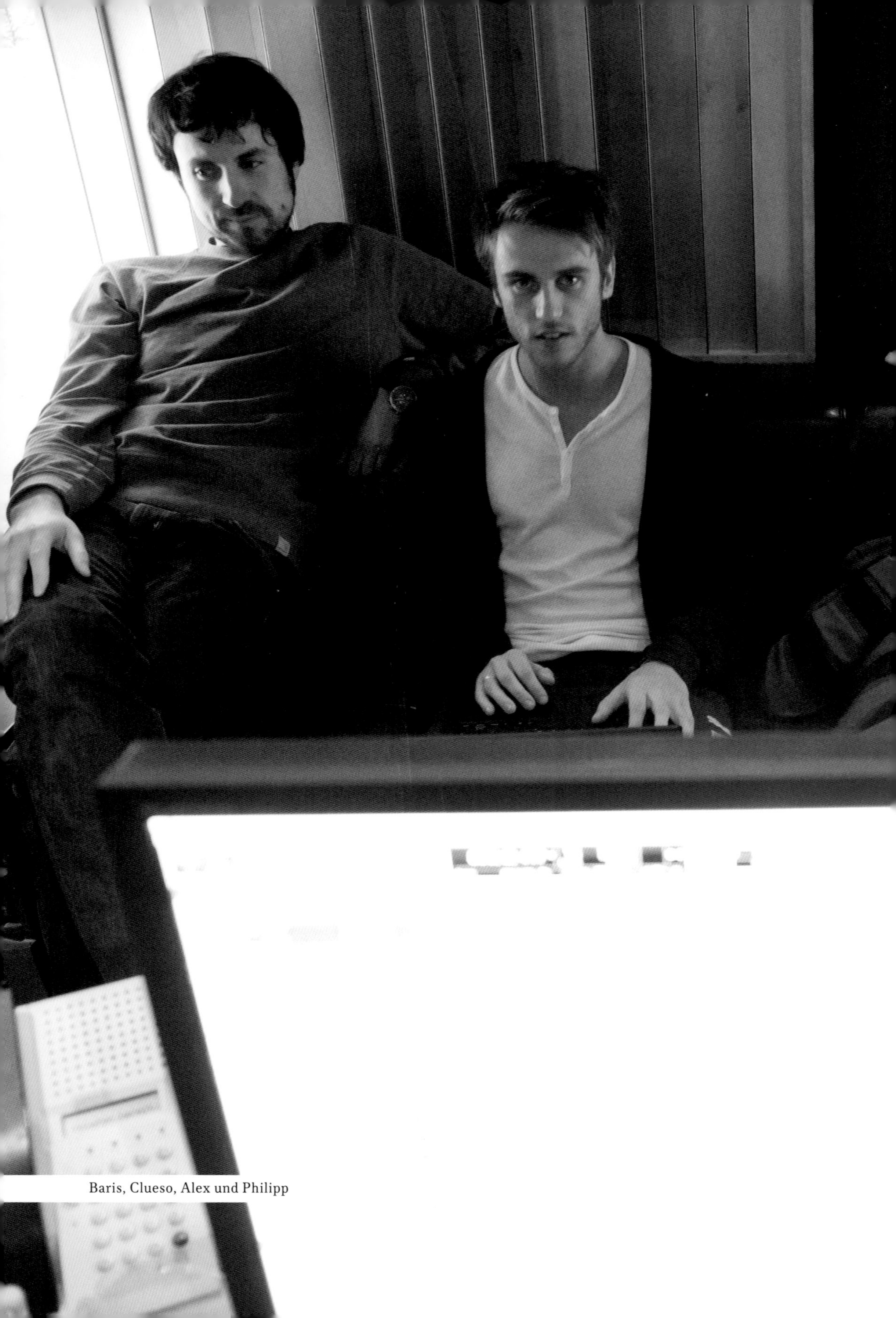

Baris, Clueso, Alex und Philipp

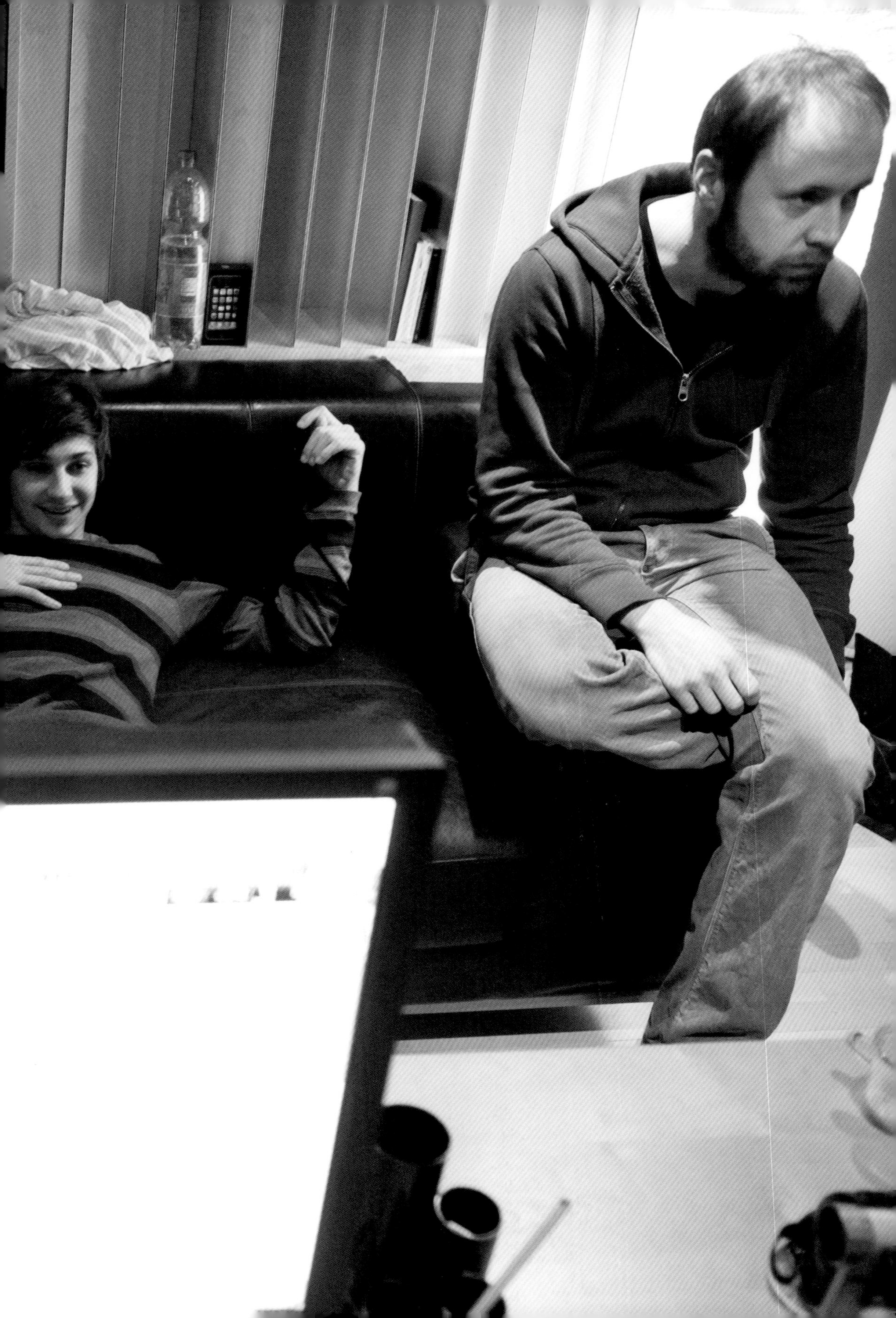

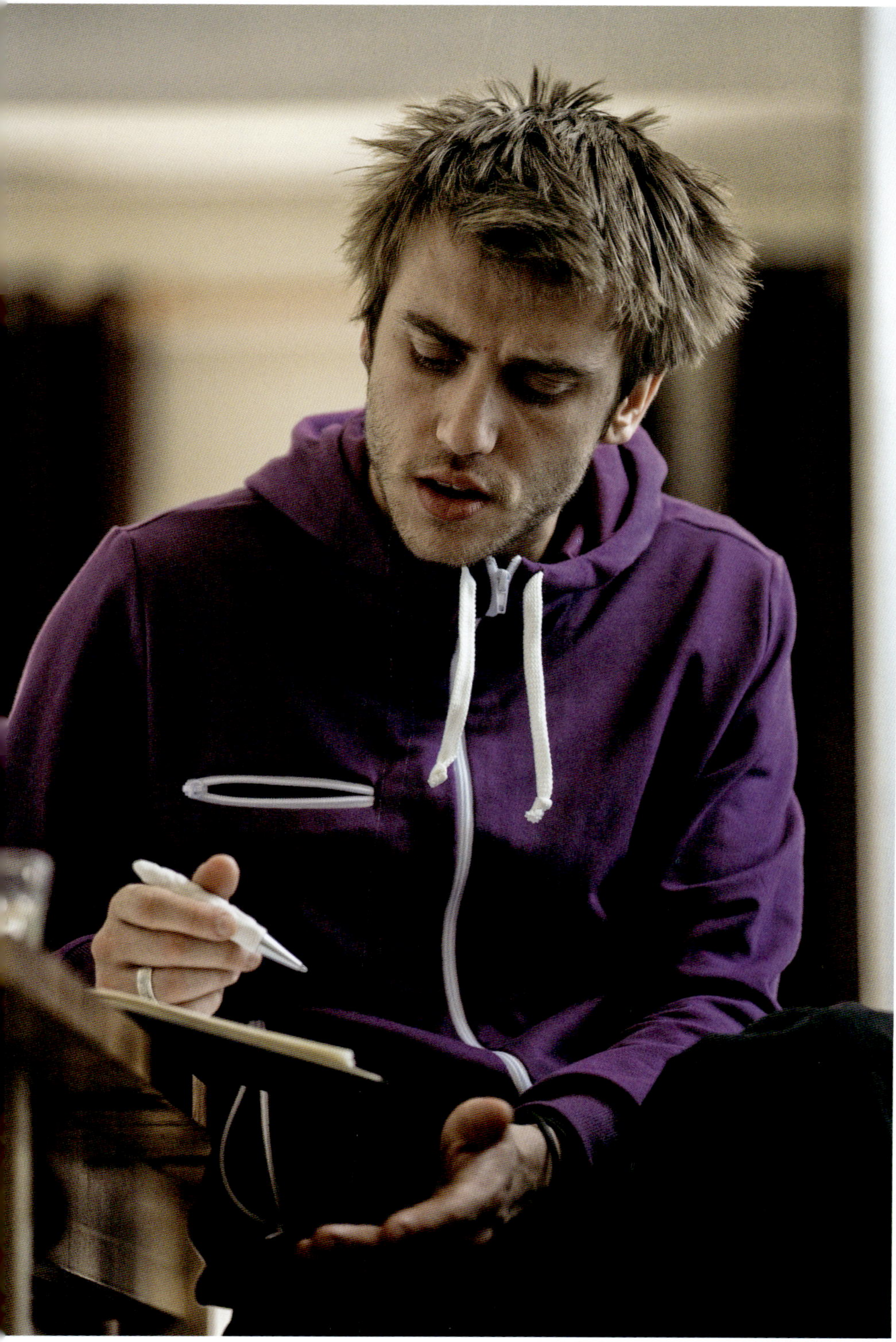

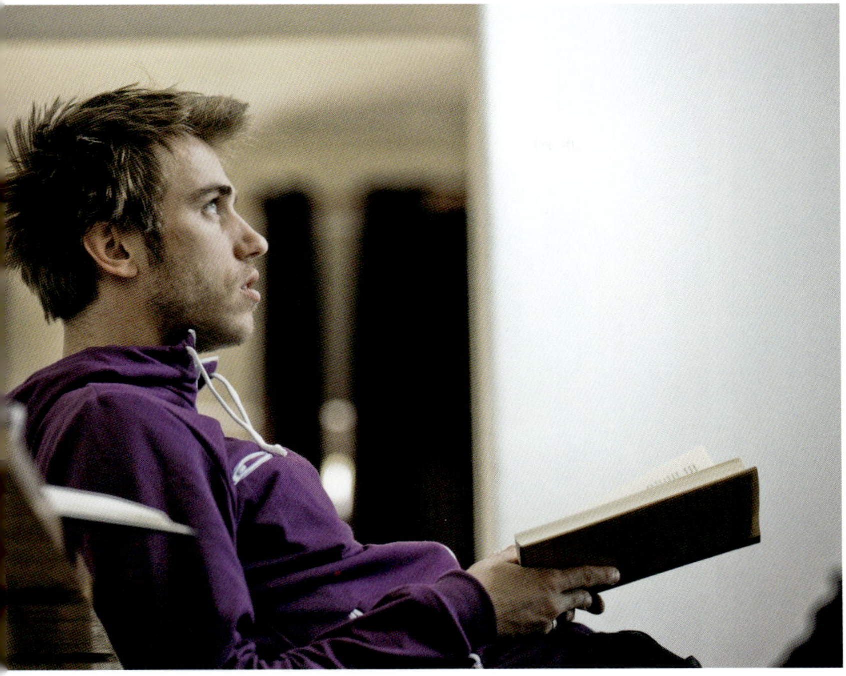

Draußen schlägt der Kirchturm
zum wiederholten Male
es ist fast der gleiche Ton
nur eine andere Farbe
und ich stell mir vor
wie im Gehäuse drin
zwei Glocken wie zwei Herzen schlagen
und Ton für Ton die Zeit verrinnt
nächtelang sowie am Tage
schwere Eisen gegenüber
hängen dort vor Ort getrennt
doch ein Gedanke mehr ist Grund
dass mich dieser gar nicht kränkt
denn ich weiß
obwohl hier unten grade
vielleicht nur eine Glocke klingt
oben die zweite (stumme) nicht geschlagene
immer mit der anderen swingt

Kornwestheim, 2010

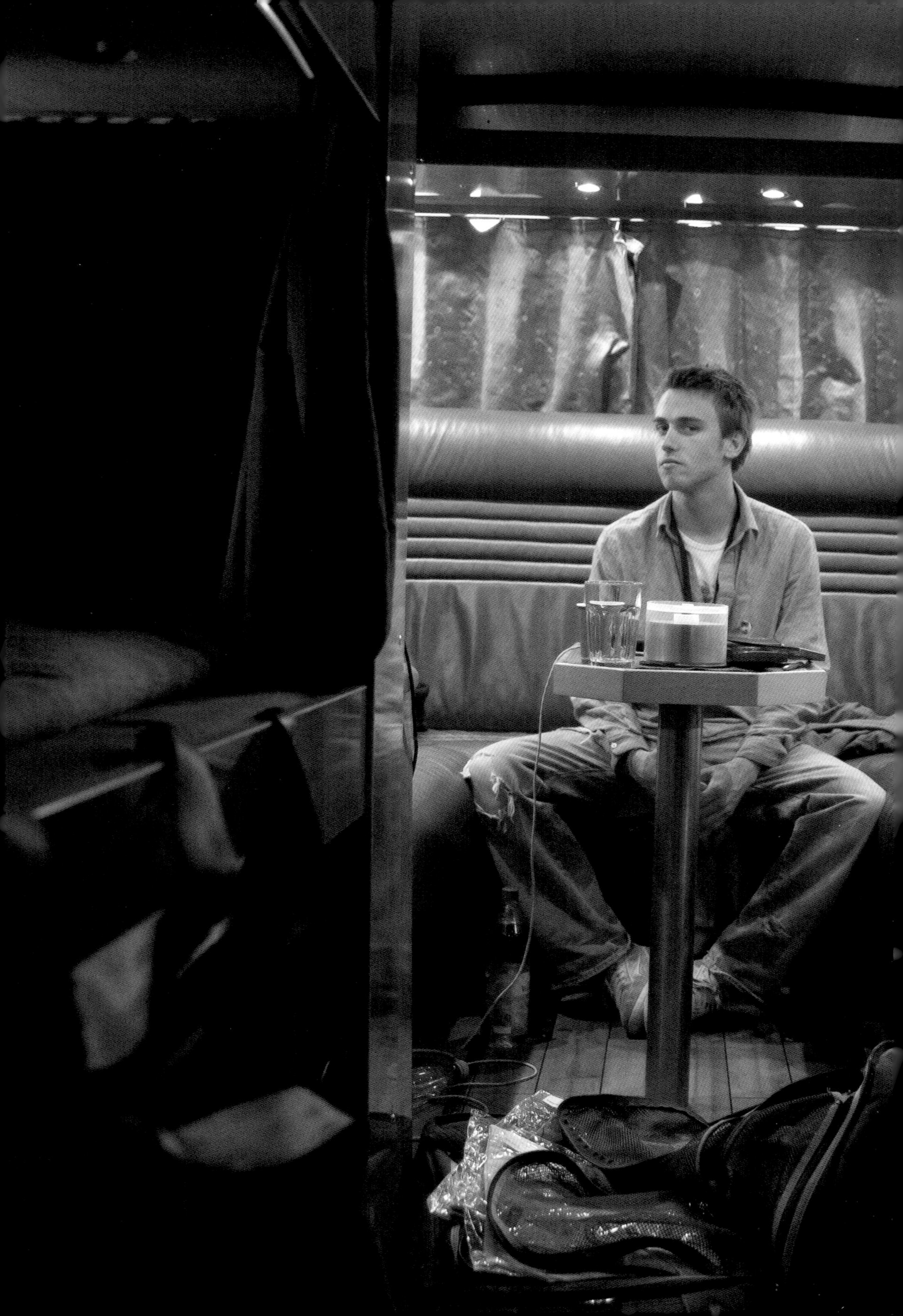

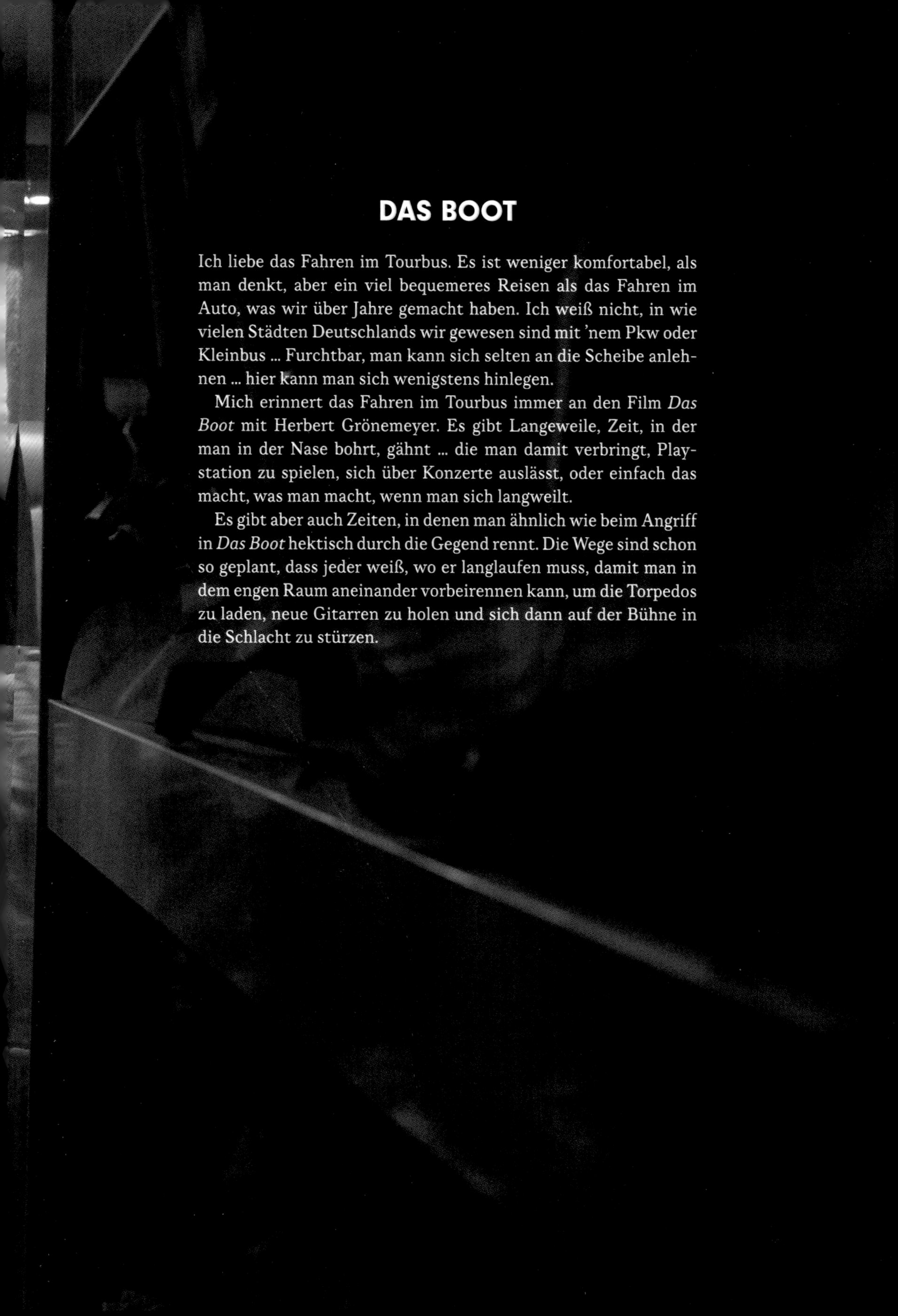

DAS BOOT

Ich liebe das Fahren im Tourbus. Es ist weniger komfortabel, als man denkt, aber ein viel bequemeres Reisen als das Fahren im Auto, was wir über Jahre gemacht haben. Ich weiß nicht, in wie vielen Städten Deutschlands wir gewesen sind mit 'nem Pkw oder Kleinbus ... Furchtbar, man kann sich selten an die Scheibe anlehnen ... hier kann man sich wenigstens hinlegen.

Mich erinnert das Fahren im Tourbus immer an den Film *Das Boot* mit Herbert Grönemeyer. Es gibt Langeweile, Zeit, in der man in der Nase bohrt, gähnt ... die man damit verbringt, Playstation zu spielen, sich über Konzerte auslässt, oder einfach das macht, was man macht, wenn man sich langweilt.

Es gibt aber auch Zeiten, in denen man ähnlich wie beim Angriff in *Das Boot* hektisch durch die Gegend rennt. Die Wege sind schon so geplant, dass jeder weiß, wo er langlaufen muss, damit man in dem engen Raum aneinander vorbeirennen kann, um die Torpedos zu laden, neue Gitarren zu holen und sich dann auf der Bühne in die Schlacht zu stürzen.

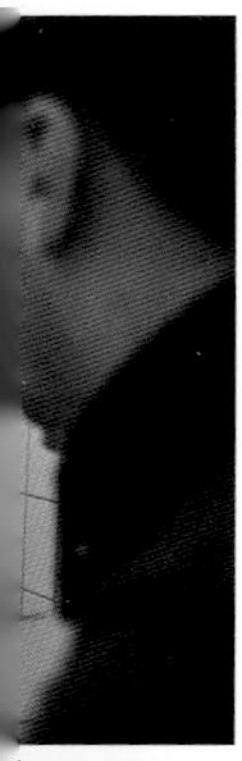

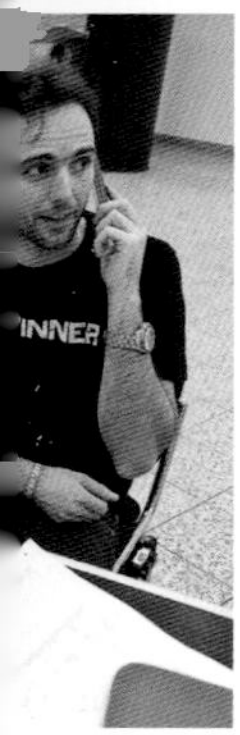

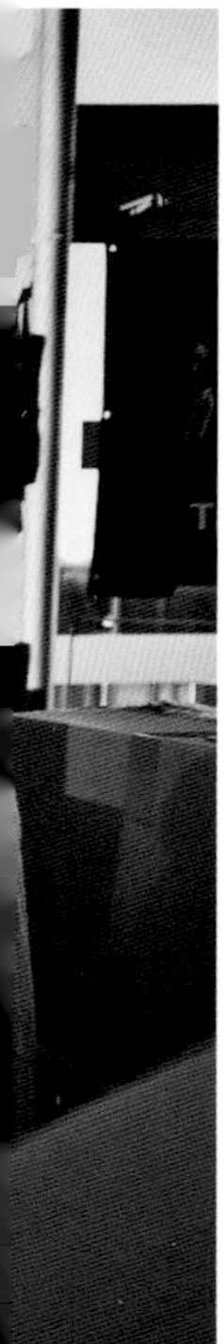

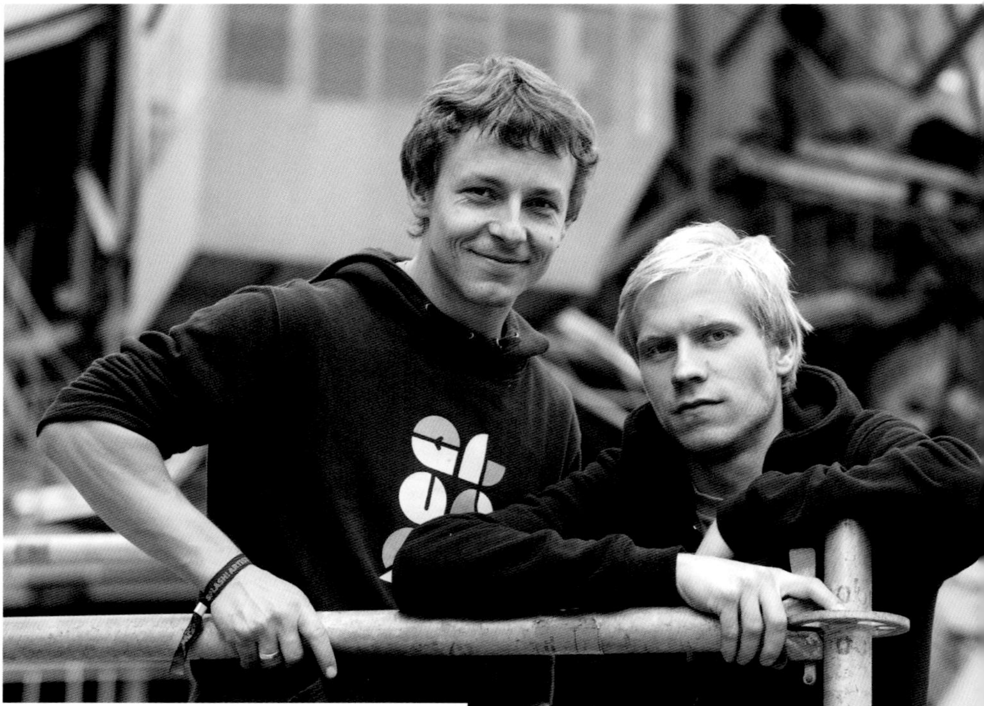

Ronny Keil und André Karius (Bühne/Monitormix)

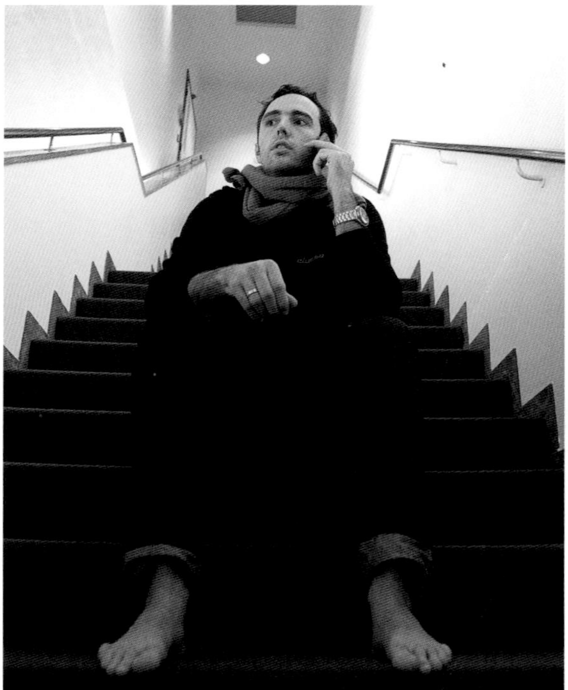

Marcus Welther (Pressearbeit)

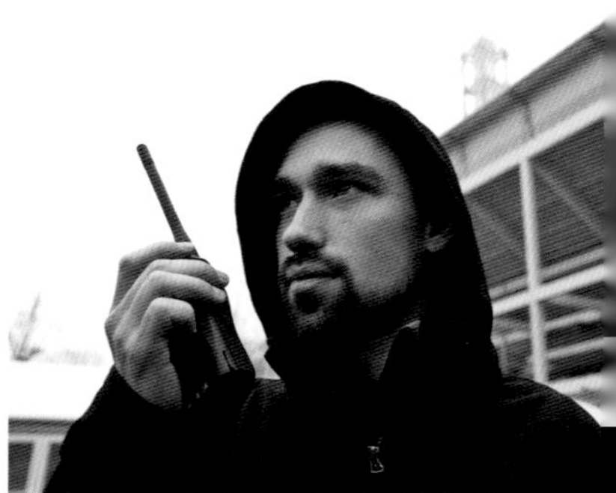

Valentin Lindt (Venue Management)

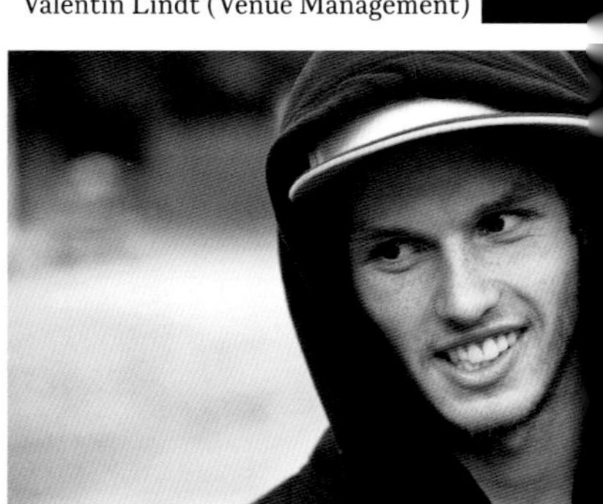

Leo Hesse (Clueso Assistenz)

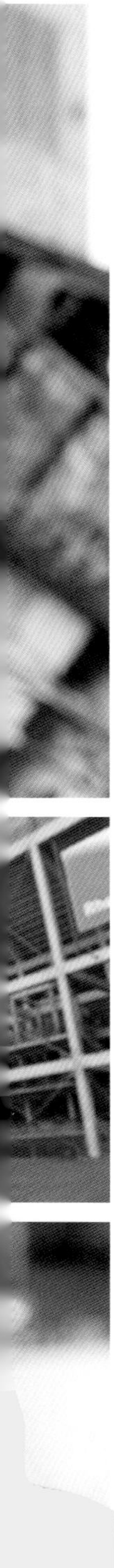

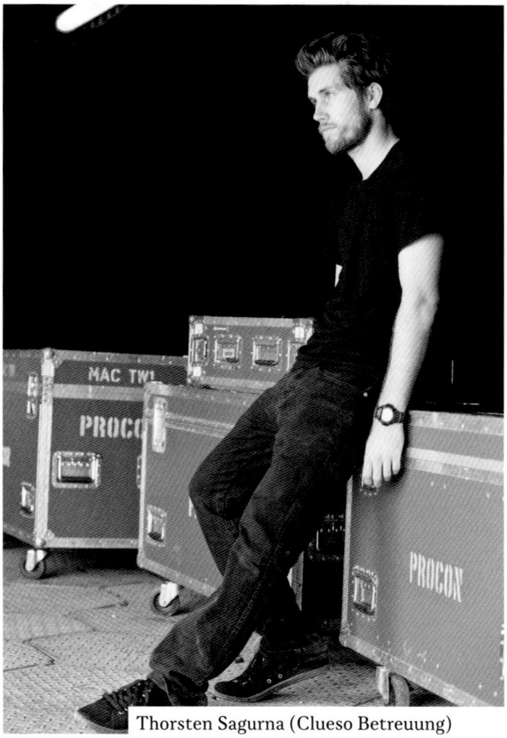

Thorsten Sagurna (Clueso Betreuung)

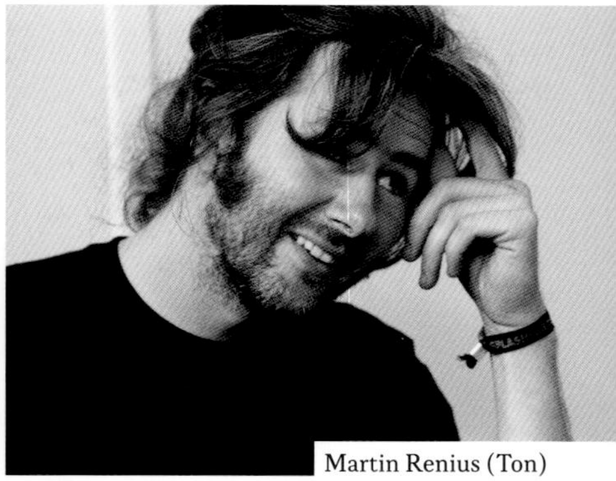
Martin Renius (Ton)

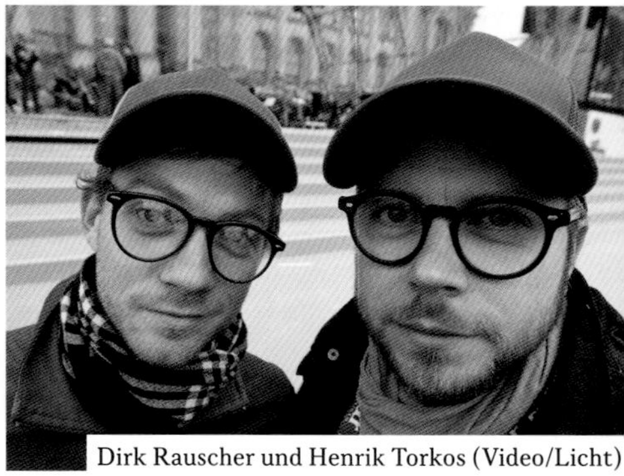
Dirk Rauscher und Henrik Torkos (Video/Licht)

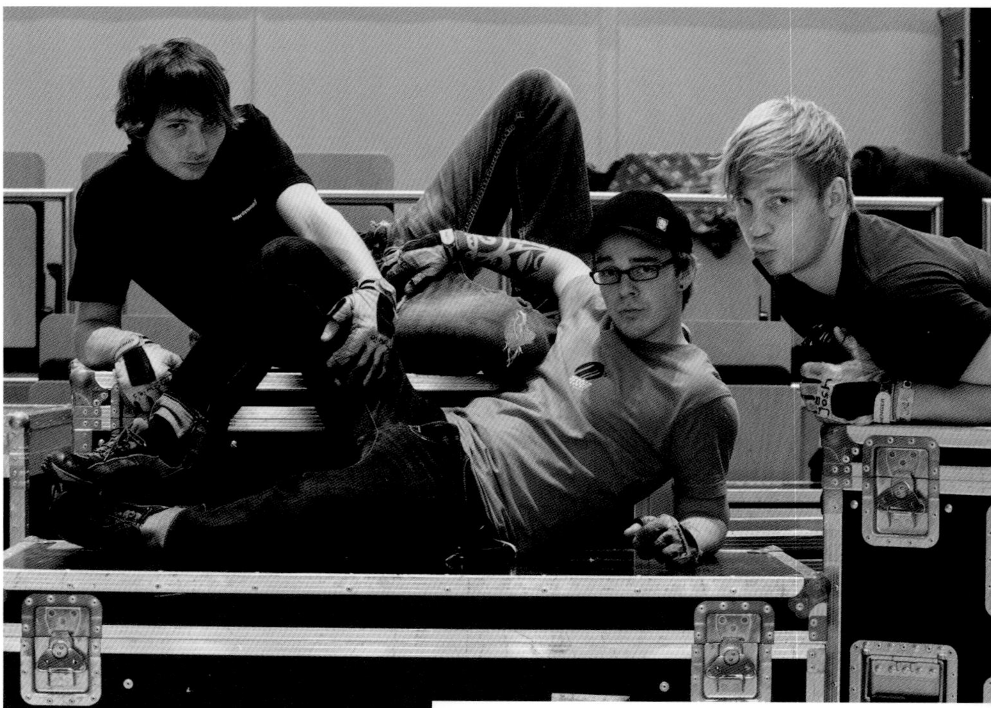
Martin Rödiger, Johannes Glöde und Jöran Görn (Technik-Crew)

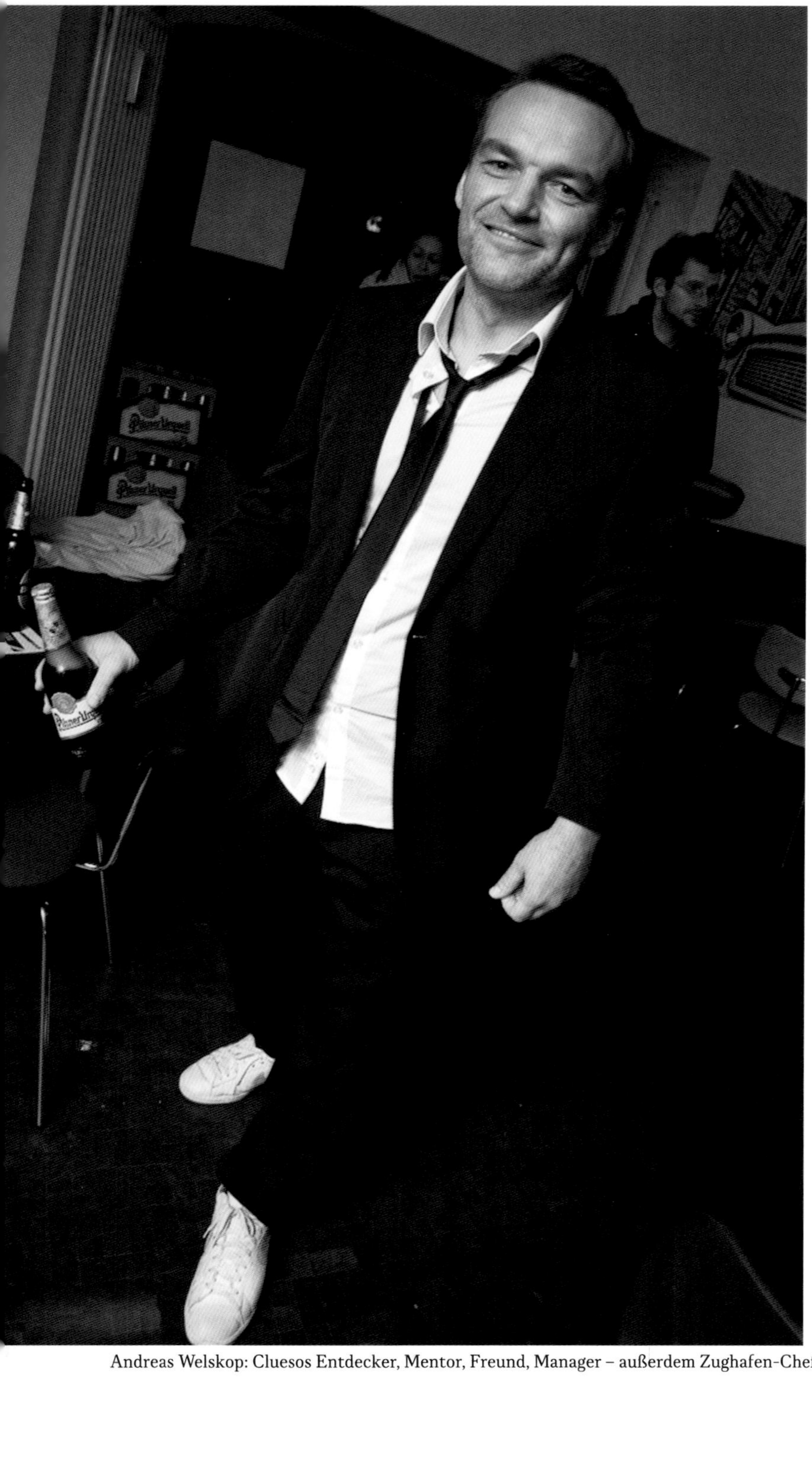

Andreas Welskop: Cluesos Entdecker, Mentor, Freund, Manager – außerdem Zughafen-Chef, Tourmanager und Visionär

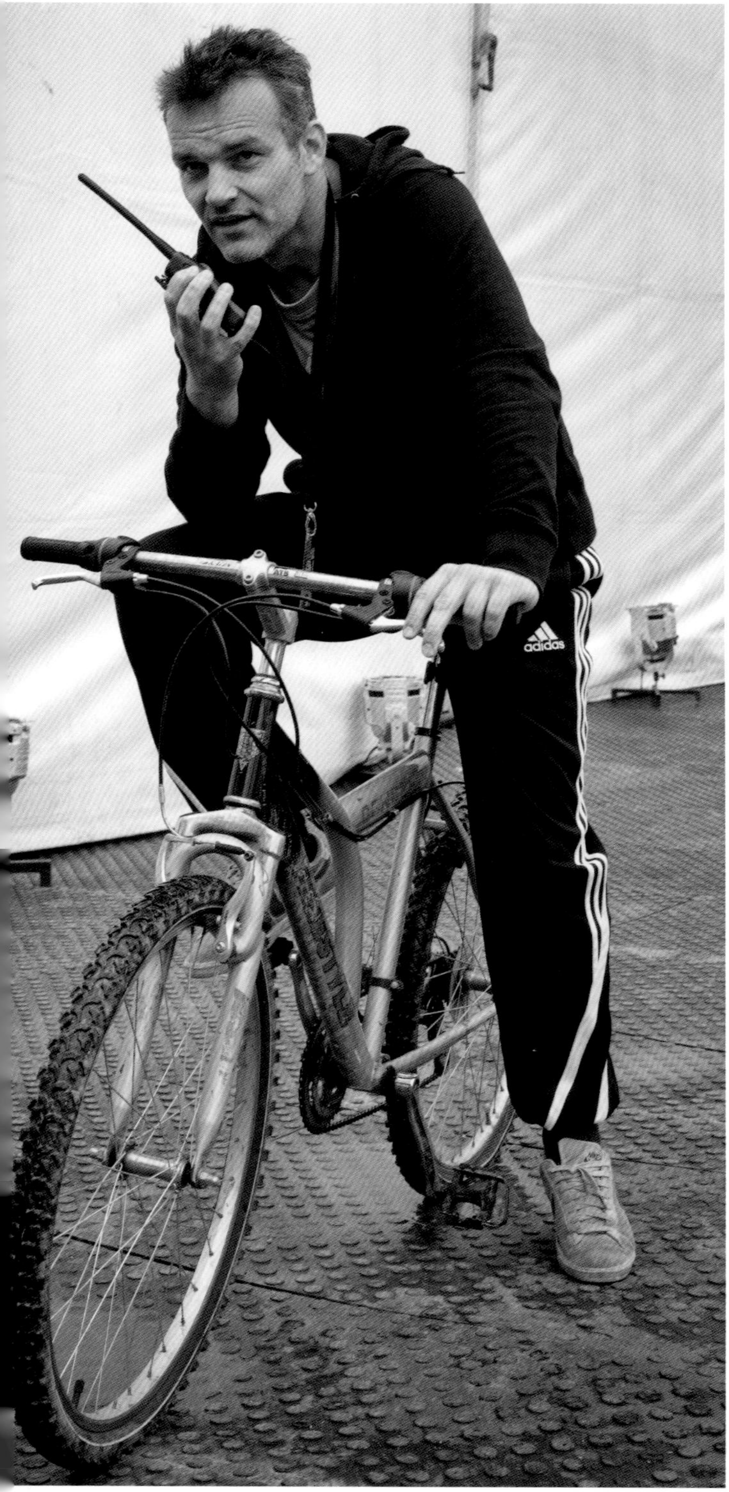
adidas

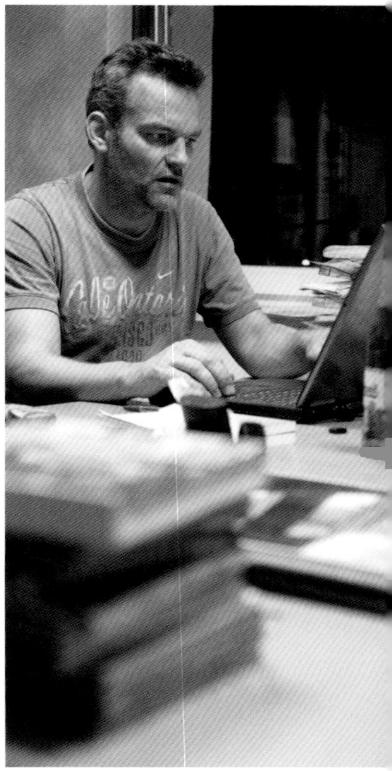

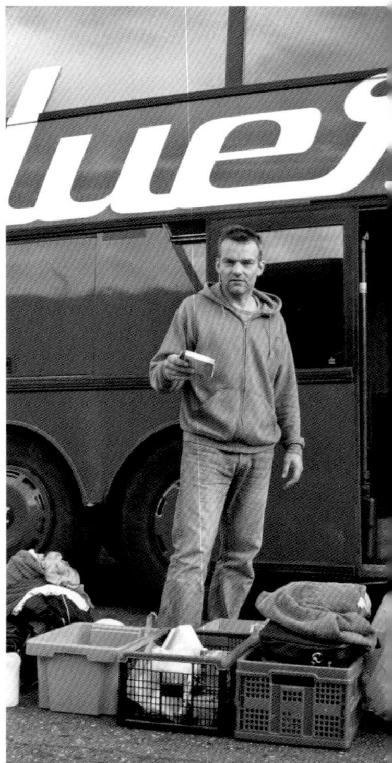

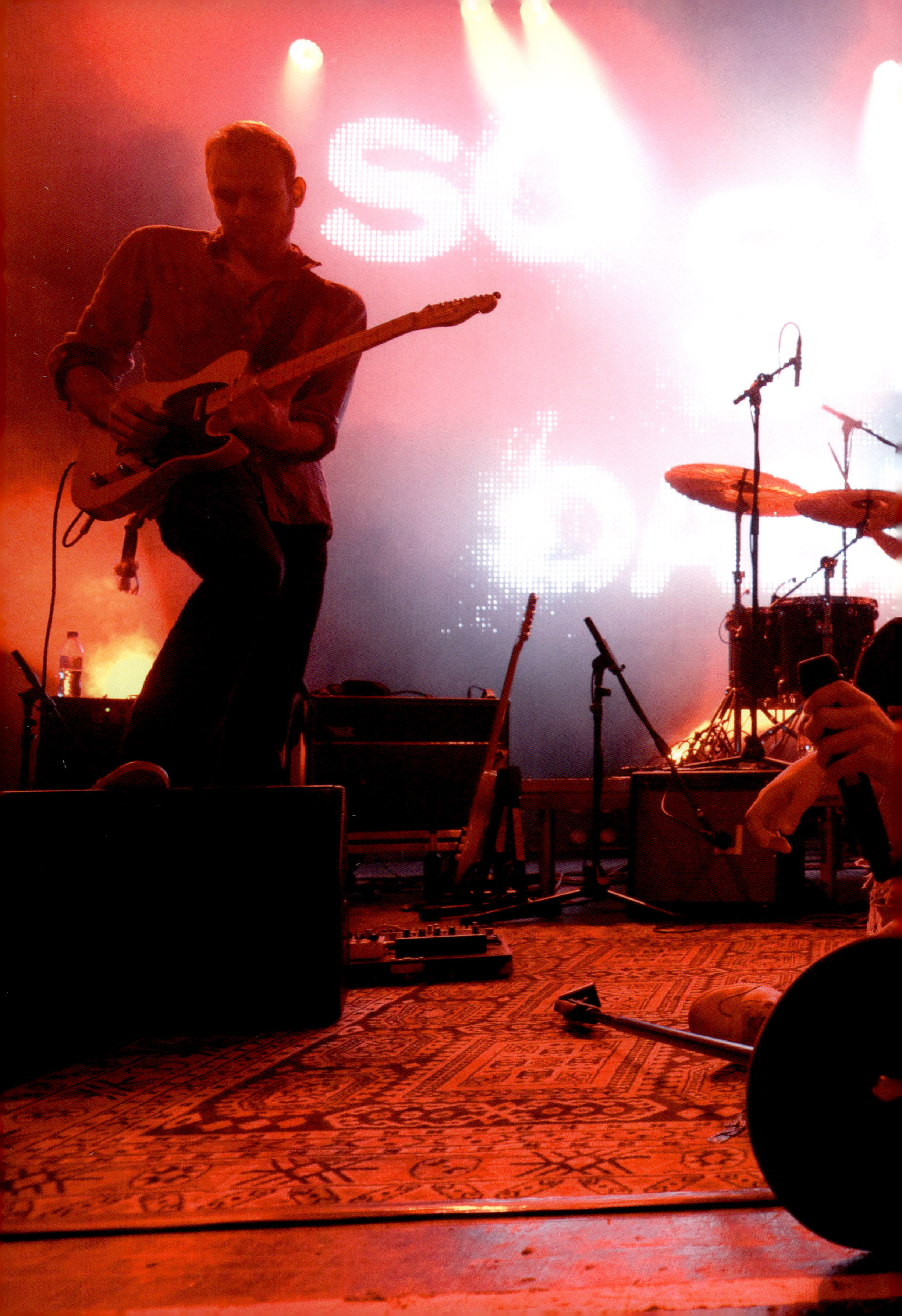

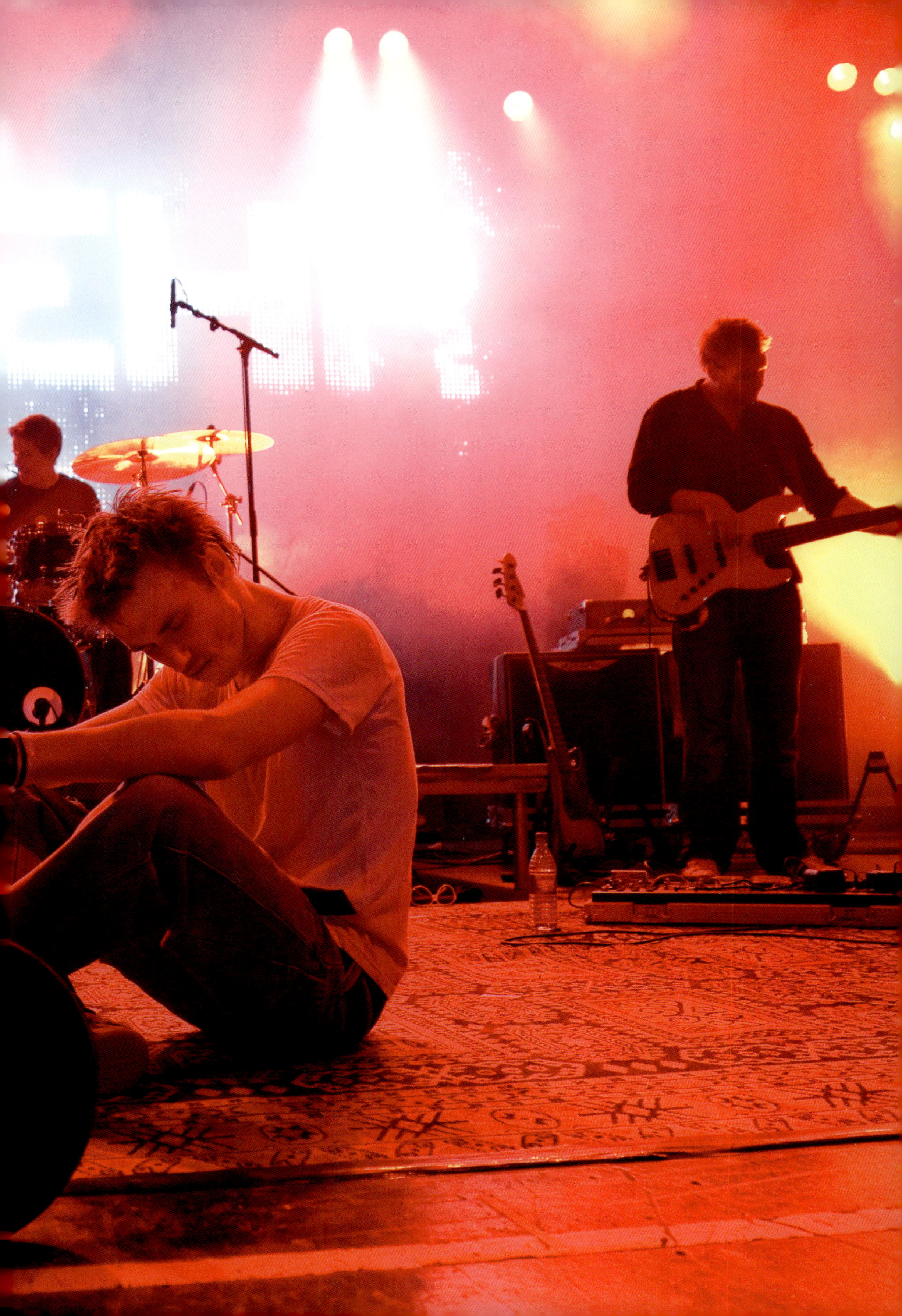

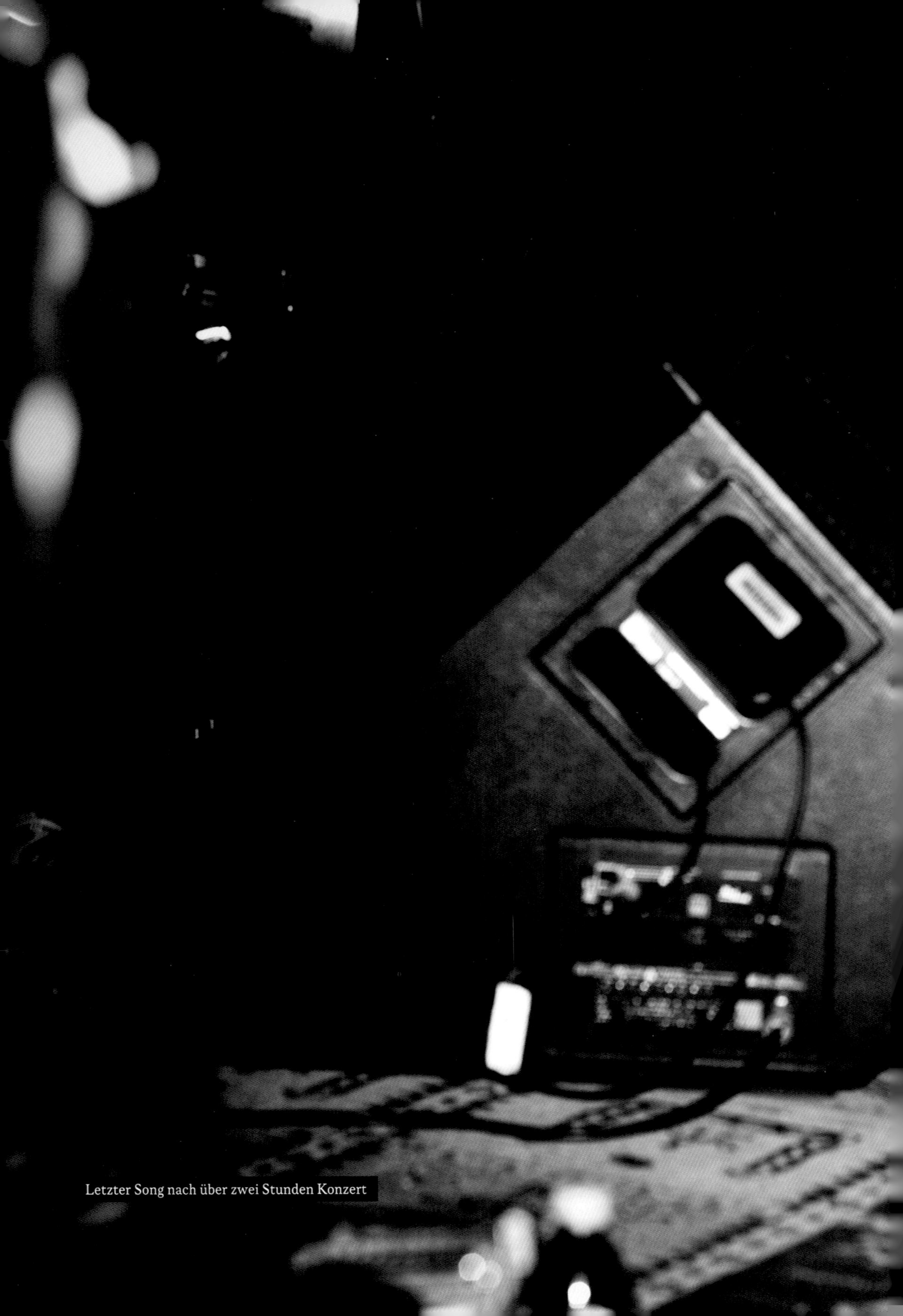

Letzter Song nach über zwei Stunden Konzert

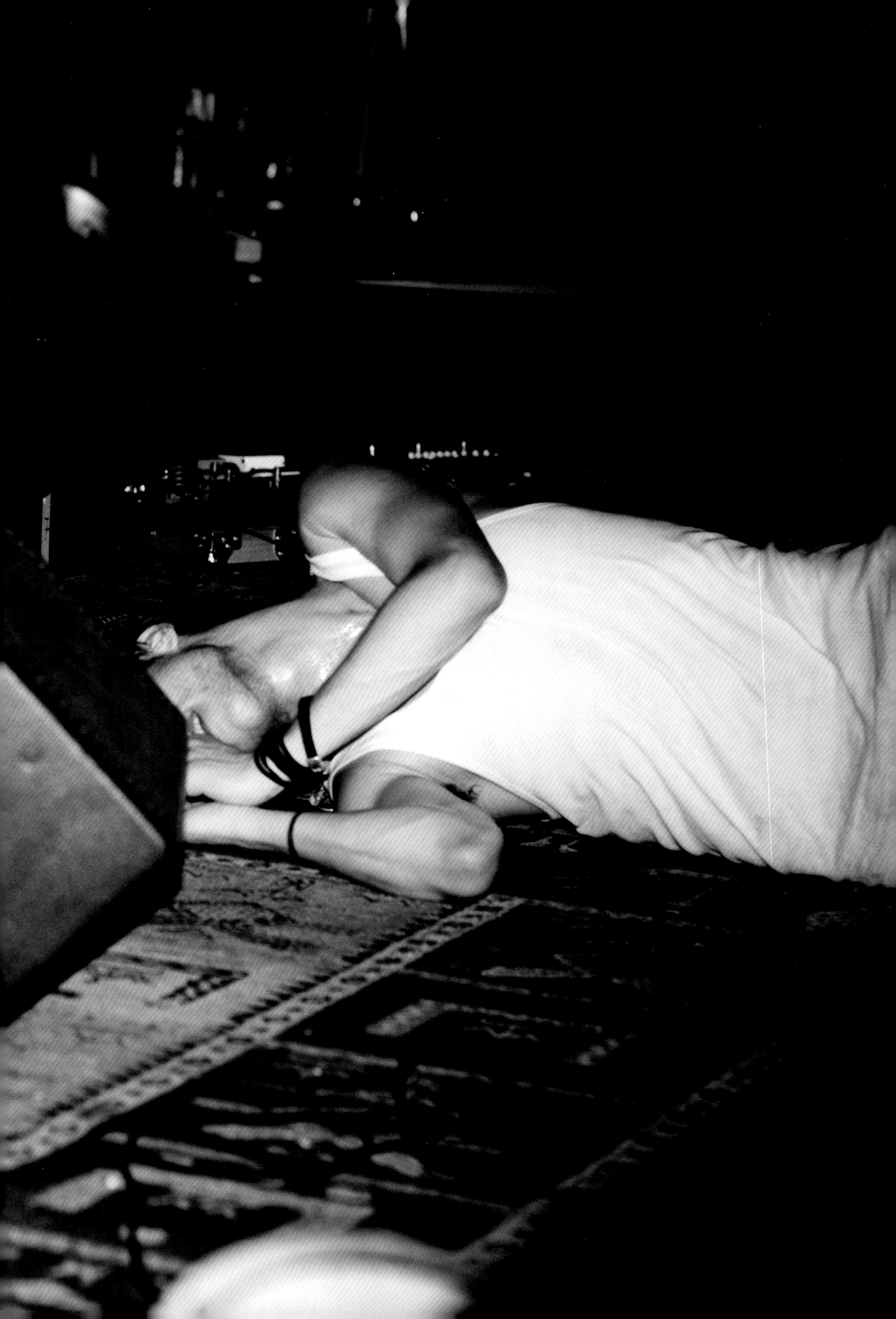

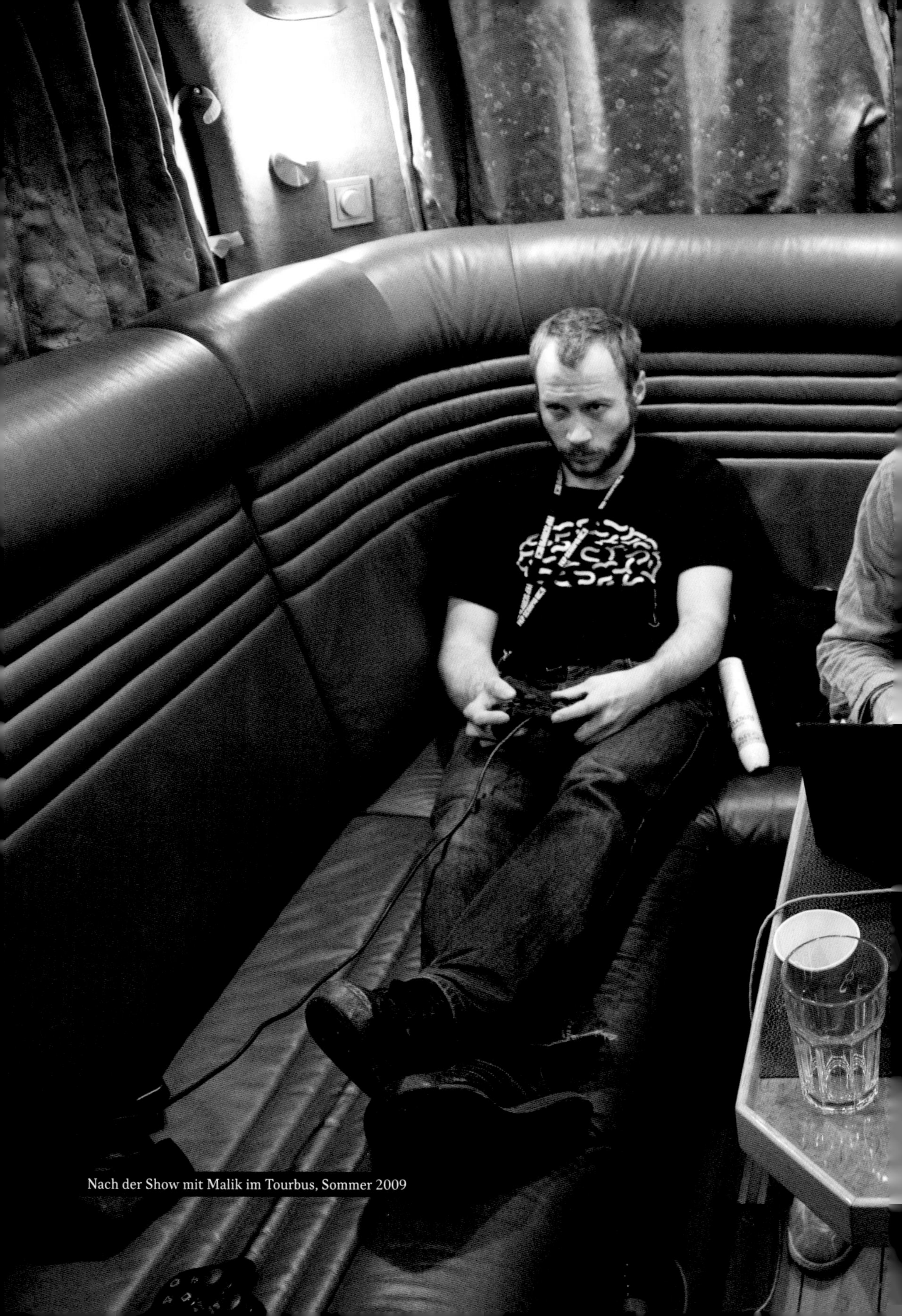

Nach der Show mit Malik im Tourbus, Sommer 2009

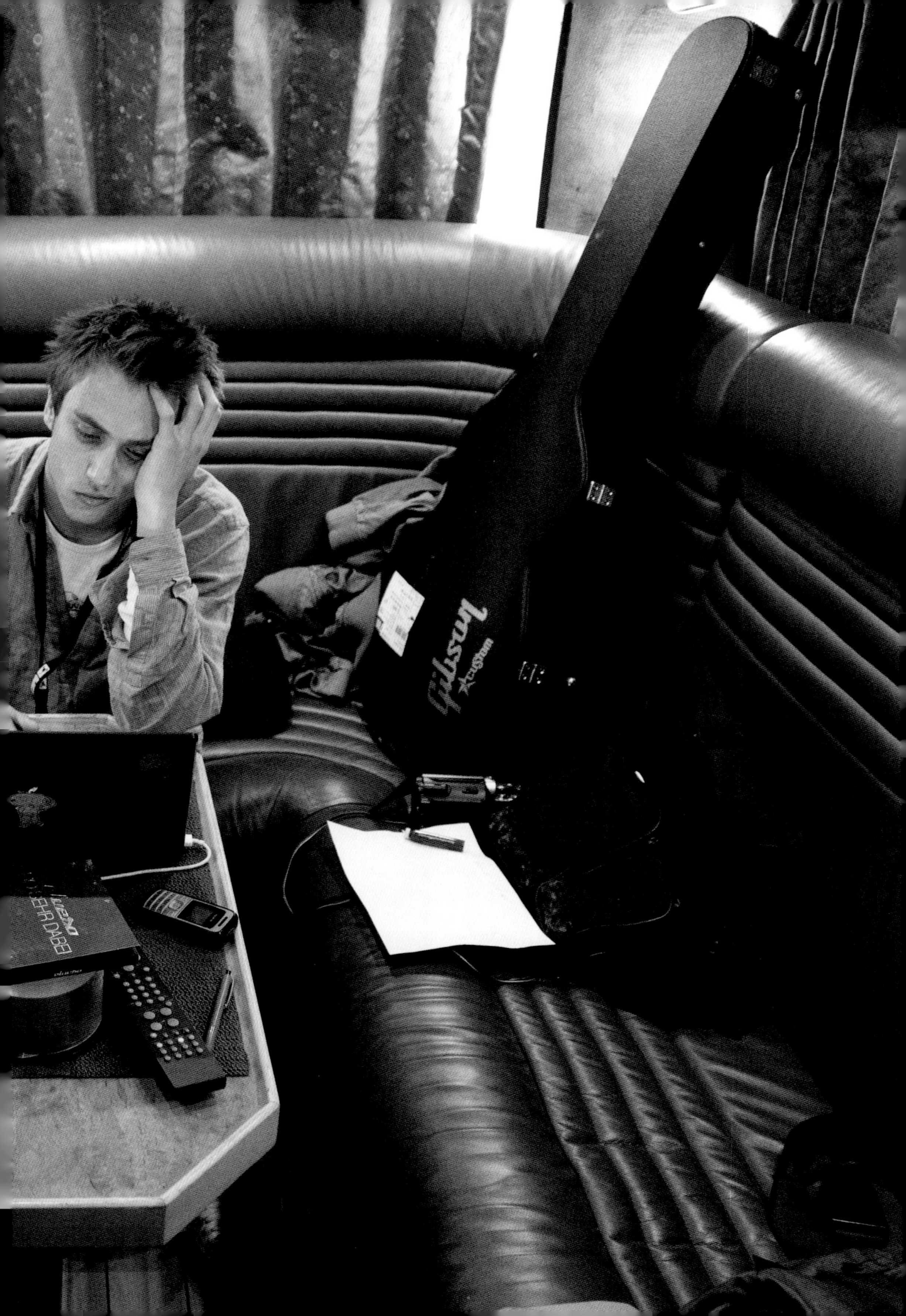
SEHR DABEI
Gibson

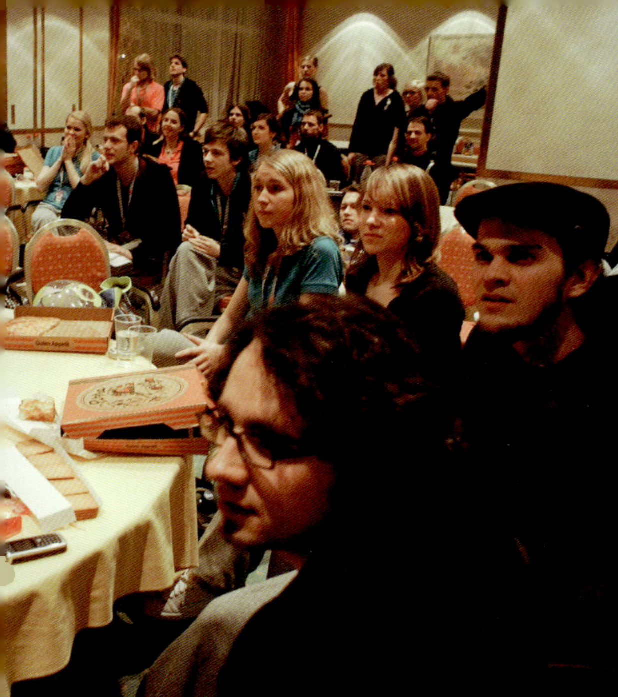

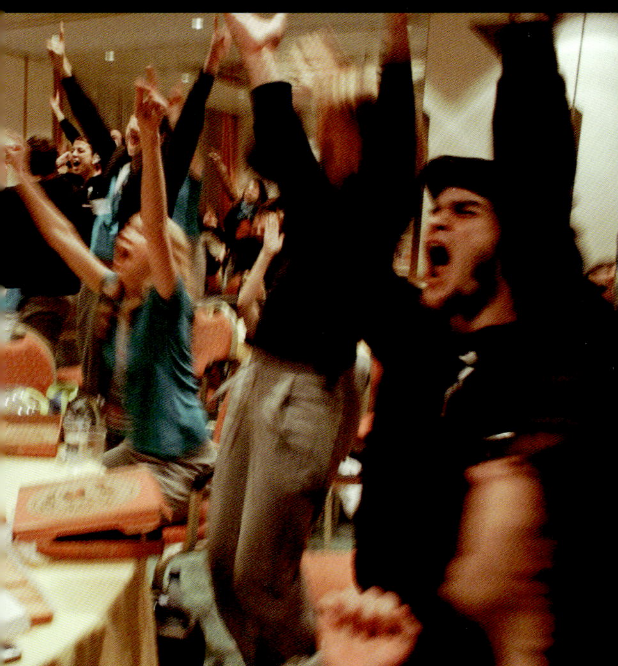

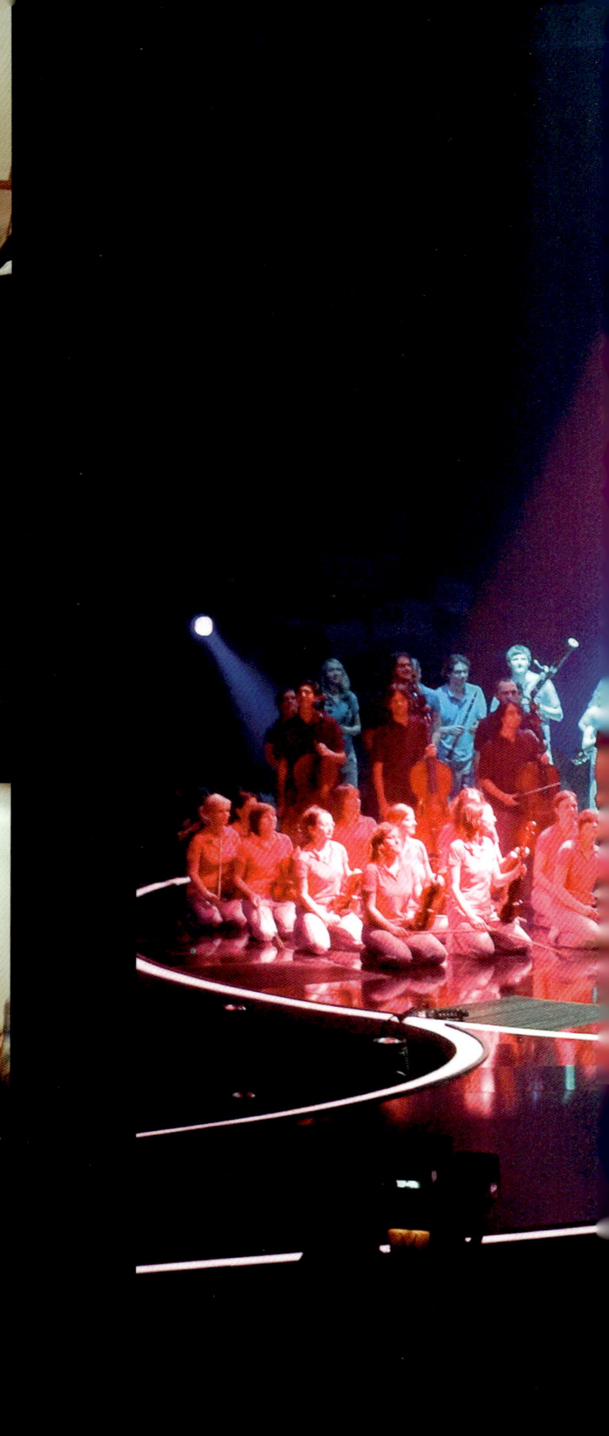

Bundesvision Song Contest, Hannover, 14. Februar 2008

STÜBA UND ICH

STÜBAphilharmonie – ein unglaublich angenehmer Haufen Wahnsinn! Ein Klangkörper von achtzig Musikern und vierzig Leuten Crew drum herum.

Und genau das macht es zu einem besonderen Lieblingsprojekt: eine Band aus 120 Gefühlen, die zu einem Song auf der Bühne werden … Immer wieder bewegend, ob beim Bundesvision, auf selbst organisierten Tourneen ohne Sponsoren, Förderungen oder Subventionen, auf Radiokonzerten oder zum zwanzigsten Jahrestag der Wiedervereinigung vor dem Reichstag … und auf CD. Jeder Moment ist unbeschreiblich.

STÜBA – ich liebe euch.

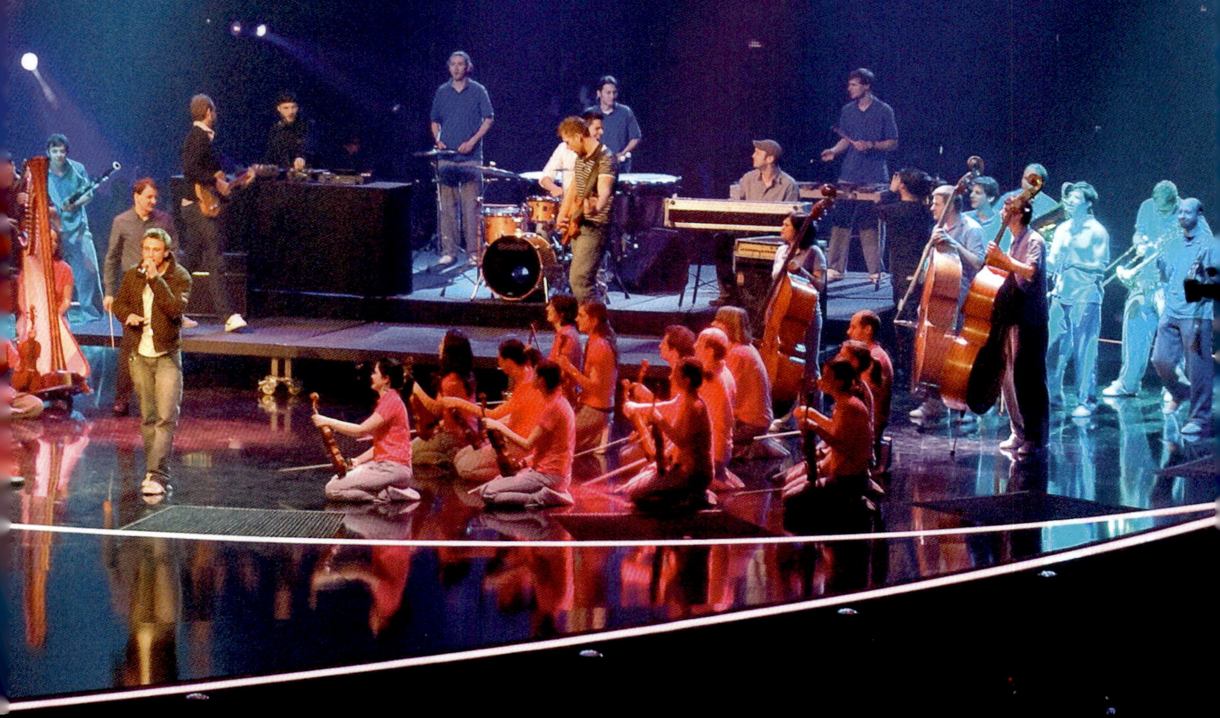

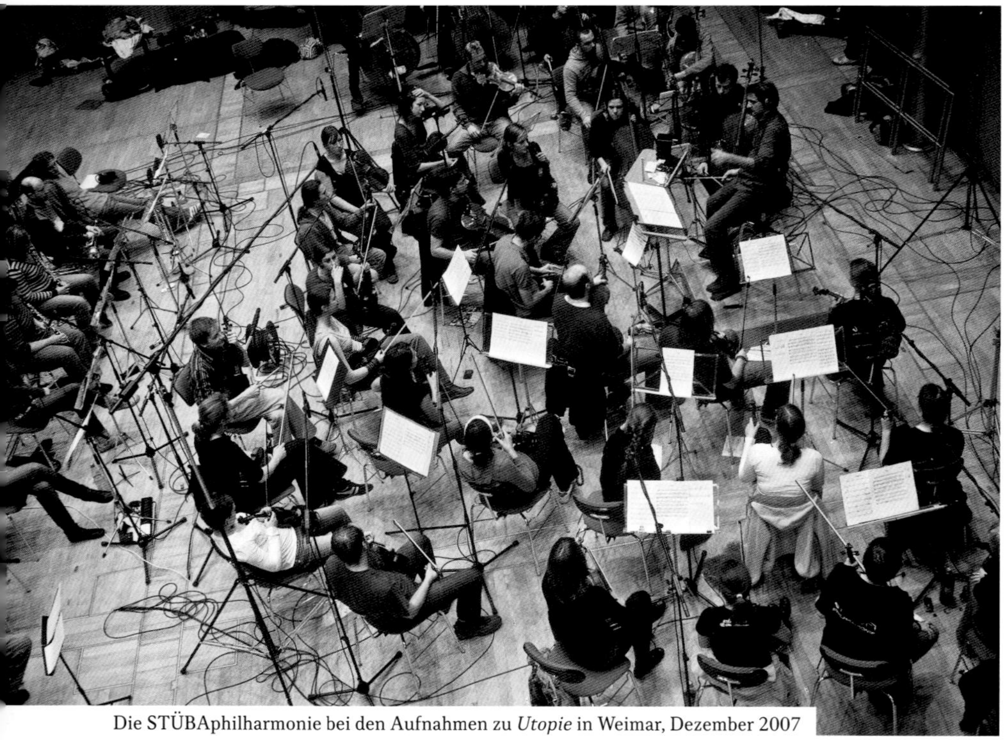
Die STÜBAphilharmonie bei den Aufnahmen zu *Utopie* in Weimar, Dezember 2007

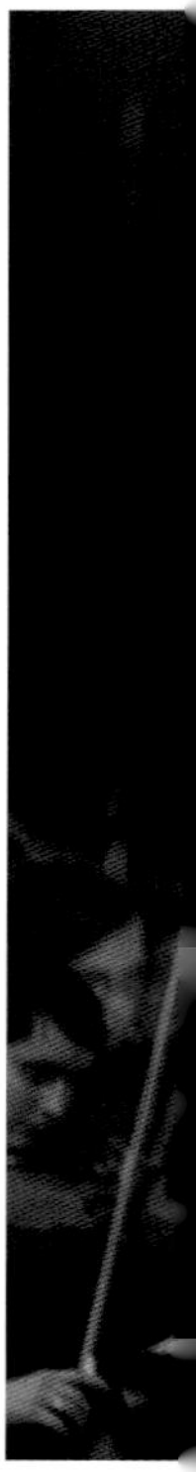

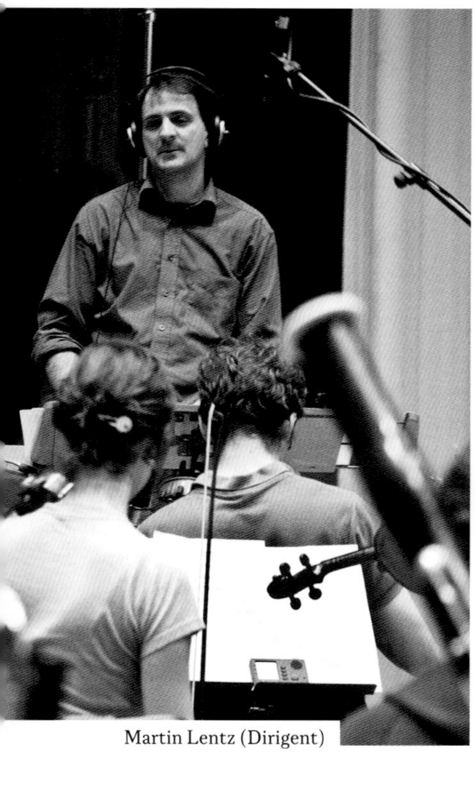
Martin Lentz (Dirigent)

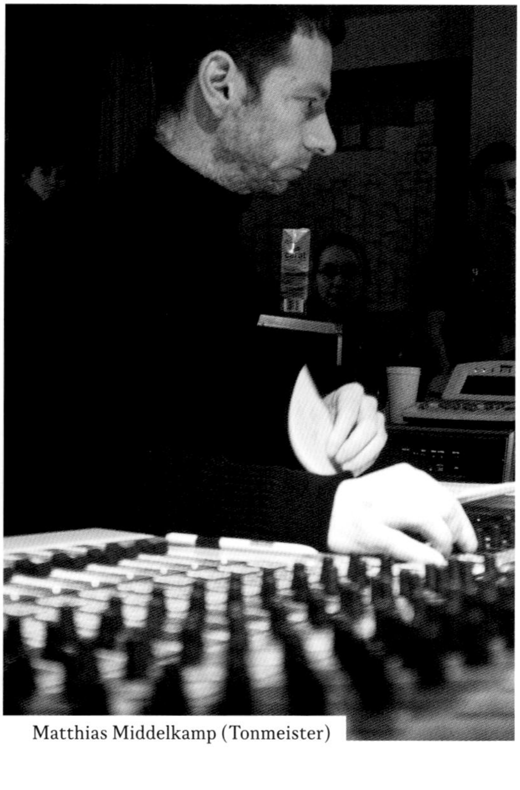
Matthias Middelkamp (Tonmeister)

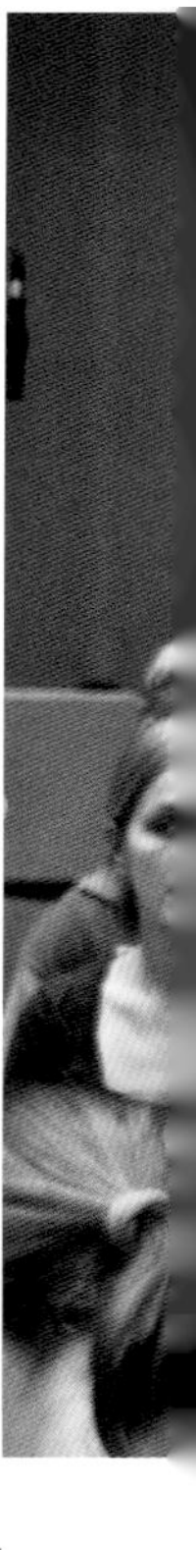

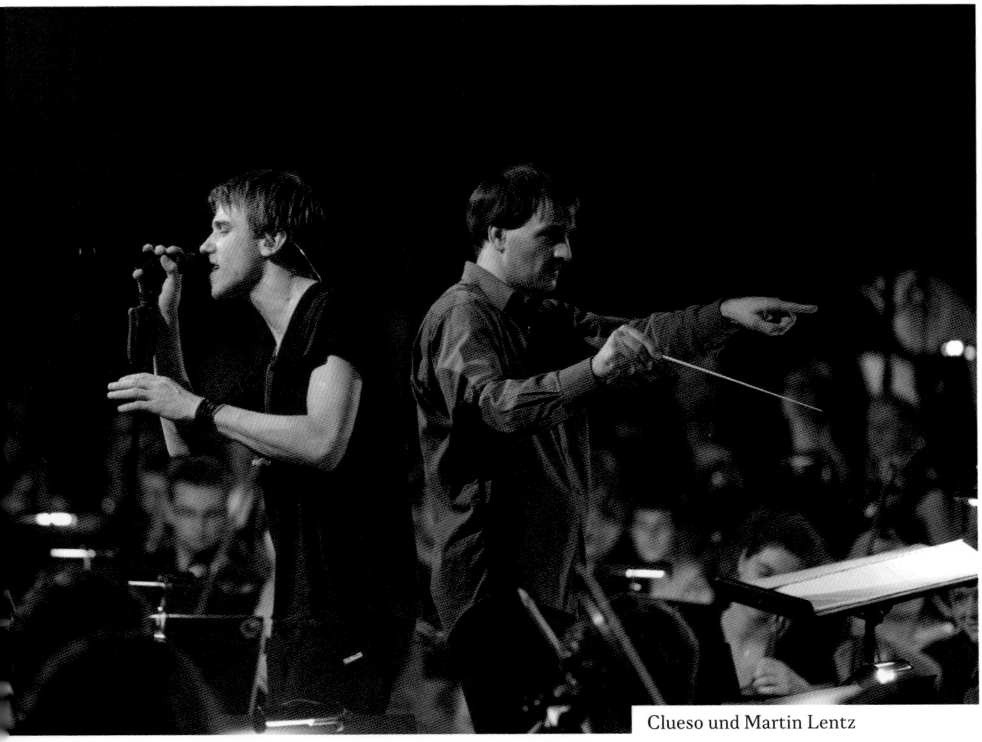

Clueso und Martin Lentz

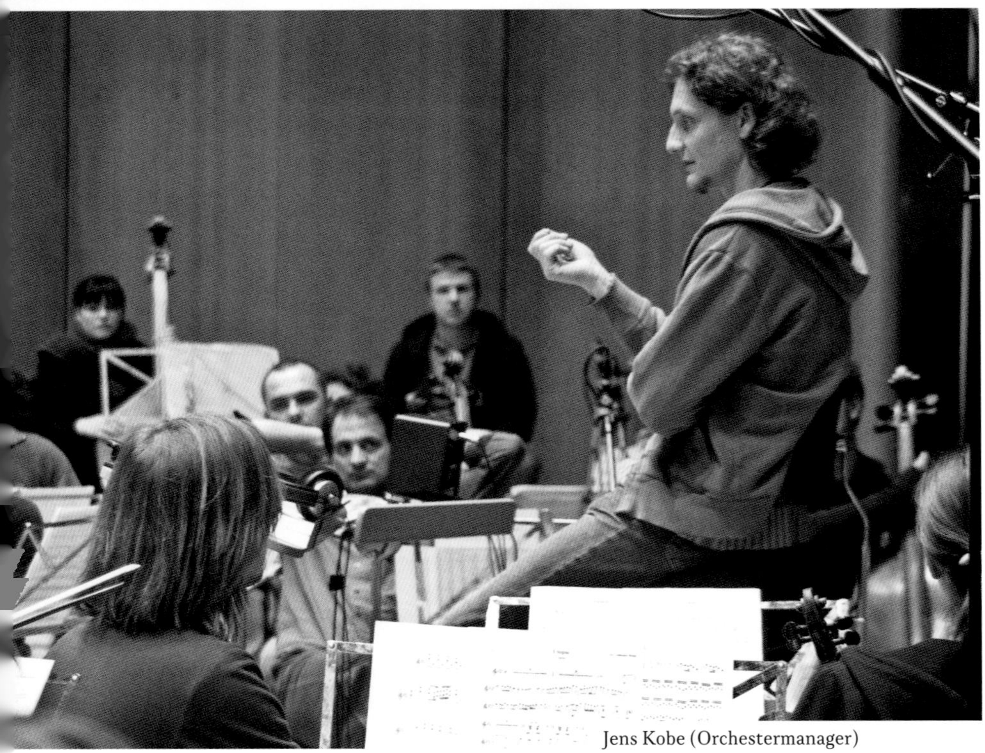

Jens Kobe (Orchestermanager)

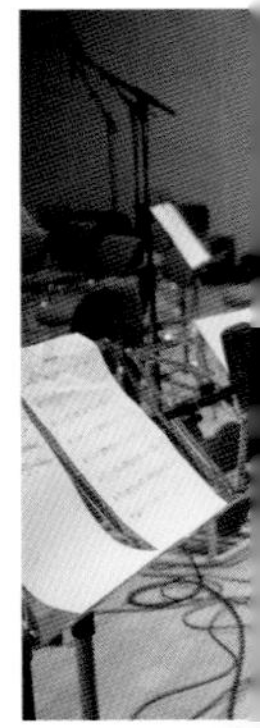

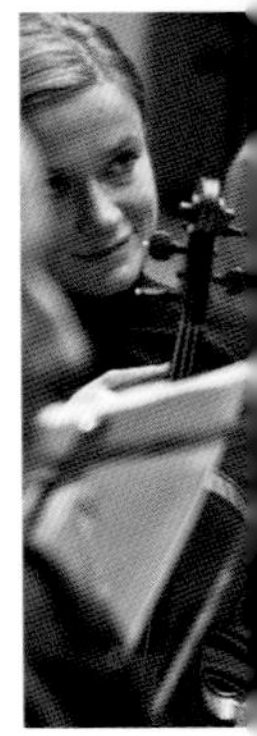

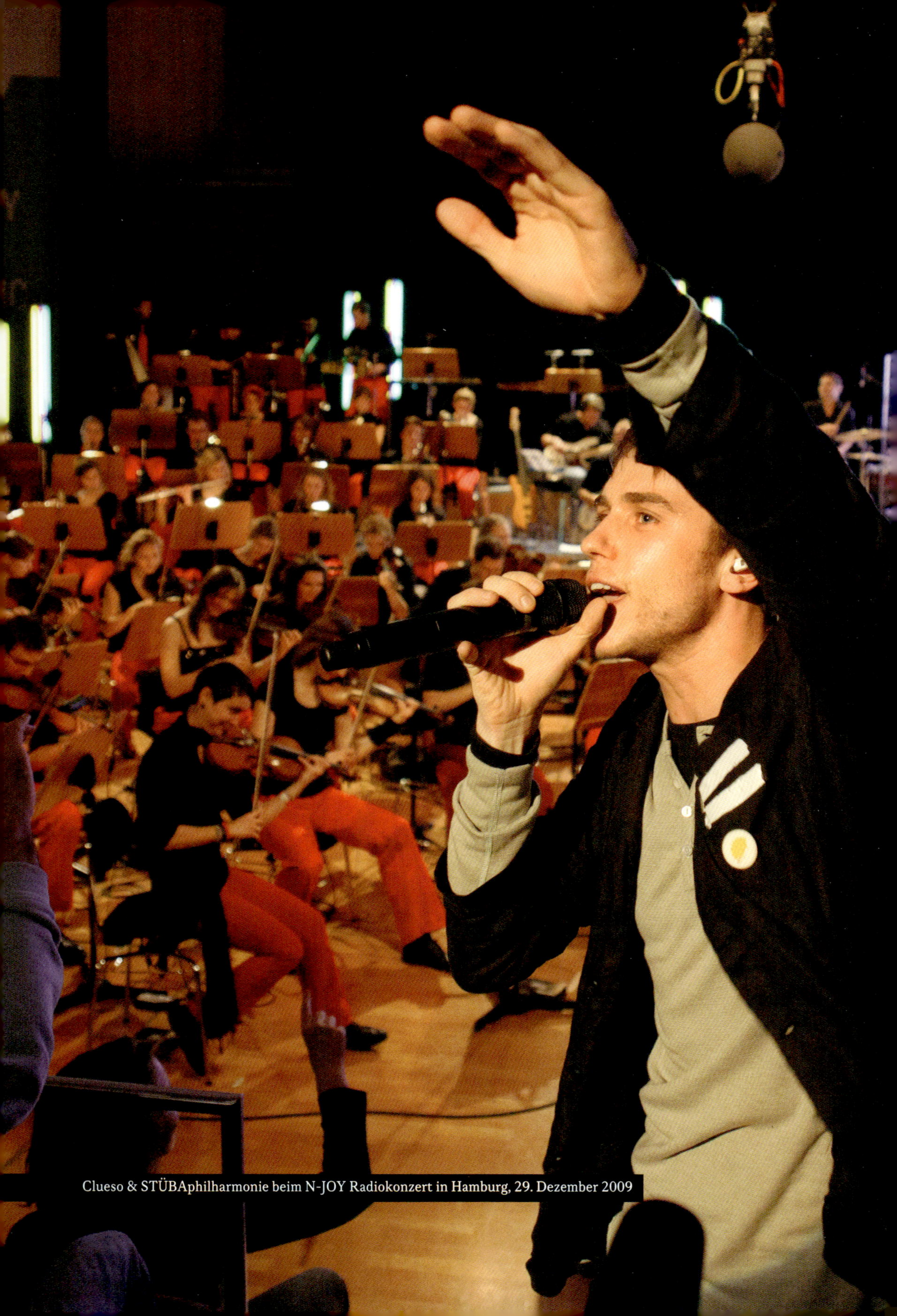

Clueso & STÜBAphilharmonie beim N-JOY Radiokonzert in Hamburg, 29. Dezember 2009

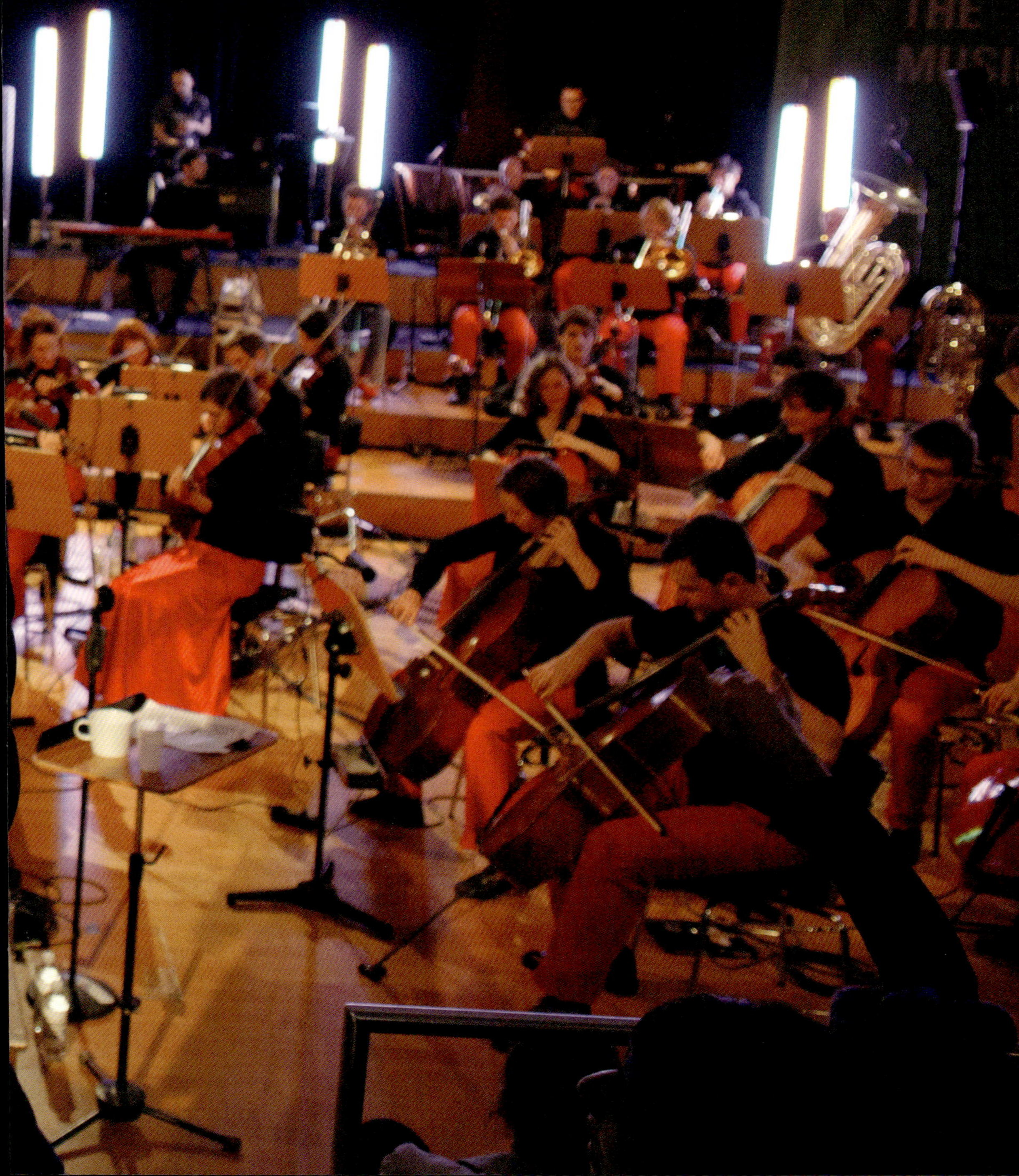

KOPFKISSEN

Ich liebe den Morgen, je früher, desto schöner: die frische Luft, das angenehme Licht, sanfte Schatten, wenn die Sonne scheint, Tau auf den Wiesen am Wegrand, beschlagene Autoscheiben und dazu das muntere Zwitschern der Vögel ... Das Problem: Ich erlebe ihn einfach nicht.

Wenn ich nachts Musik mach und es gut läuft, kann ich nicht aufhören und logischerweise komm ich deswegen morgens nicht aus den Federn. Prioritäten verschieben sich im Tiefschlaf, und selbst Erdbeben, Presslufthämmer, Stromgitarren, wütende Manager, Eltern, Bandkollegen oder eine gut riechende Frau, die mit sanften Rufen aus einem wundervoll erwachenden Tag lockt, ändern daran nichts.

Ich verliere mich sehr gerne im Moment ... ich bin ein Moment-Mensch, sozusagen ein »Momensch«. Doch Schlaf ist wichtig und deshalb hab ich bei längeren Reisen immer mein Kopfkissen dabei. Ich bin mir sicher, wenn morgens der Kopf schmerzt oder der Rücken verspannt ist, sollte man dringend das Kopfkissen überprüfen. Denn der Körper reagiert extrem sensibel auf Kopfkissen. Ein Kissen kann zu weich, zu hart, zu rau, zu klein oder zu groß sein. Welches das richtige Kopfkissen ist, hängt von den persönlichen Schlafgewohnheiten, ja selbst vom Körperbau ab.

Deswegen frage ich mich, wie man in Hotels an dem Wichtigsten der Welt sparen kann – dem Kopfkissen. Es ist furchtbar, wie eine sich verbreitende Krankheit haben immer mehr Hotels inzwischen diese dicken großen, alles andere als anschmiegsamen Klopper aus kochfesten silikonisierten Polyesterhohlfaserstückchenschaumstoffstoff, die beim Hinlegen einfach nicht nachgeben. Ich glaube, auf einem Sack Kartoffeln zu schlafen ist wesentlich bequemer, wenn man nur oft genug den Kopf reinschlägt.

Denn diese Kopfkissen sind eine Folter, das muss man sich mal vorstellen: Schaumstoff ... Wahrscheinlich billiger, überall auf der Welt wird gespart (meistens am Geschmack).

In einer Horrornacht vor einem wichtigen Termin bin ich einmal wütend zur Rezeption gelaufen und habe freundlichst gefragt, ob es noch eine andere Art von Kopfkissen im Hause gäbe. Die völlig relaxte »Nachtfachhotelangestellte« antwortete mir einfach so: »Nö, leider nicht. Ich komme von außerhalb und wenn ich mal hier schlafen muss, bringe ich mir mein eigenes mit.« Unfassbar! Das ist ungefähr so, als würde der Koch in einem Restaurant sagen: »Wenn ich Hunger habe, bring ich mir mein Essen mit, hier schmeckt es nämlich so scheiße.«

»Dann hätt ich gern eine Schere«, antwortete ich genervt. Sie gab sie mir, ohne nachzufragen. »Wiedersehen macht Freude«, war alles, was sie dazu sagte – super Spruch. Ich ging auf mein Zimmer und zerschnitt das Hassobjekt. Ich pulte Tonnen von Schaumstoff heraus, ohne dass sich das Volumen verringerte. Ich war innerlich so aufgewühlt und rief: »Randvoll gestopft! Da haben sie nicht gespart!« Obwohl ich wusste, dass irgendeine arme Maus am nächsten Tag dieses Zeugs wegmachen müsste, ließ ich das Schlachtfeld ohne mich umzudrehen hinter mir. Man kann sich nicht vorstellen, was einem alles durch den Kopf geht, wenn man nach einer solchen Nacht in einem Interview gefragt wird, ob man gut geschlafen hätte!

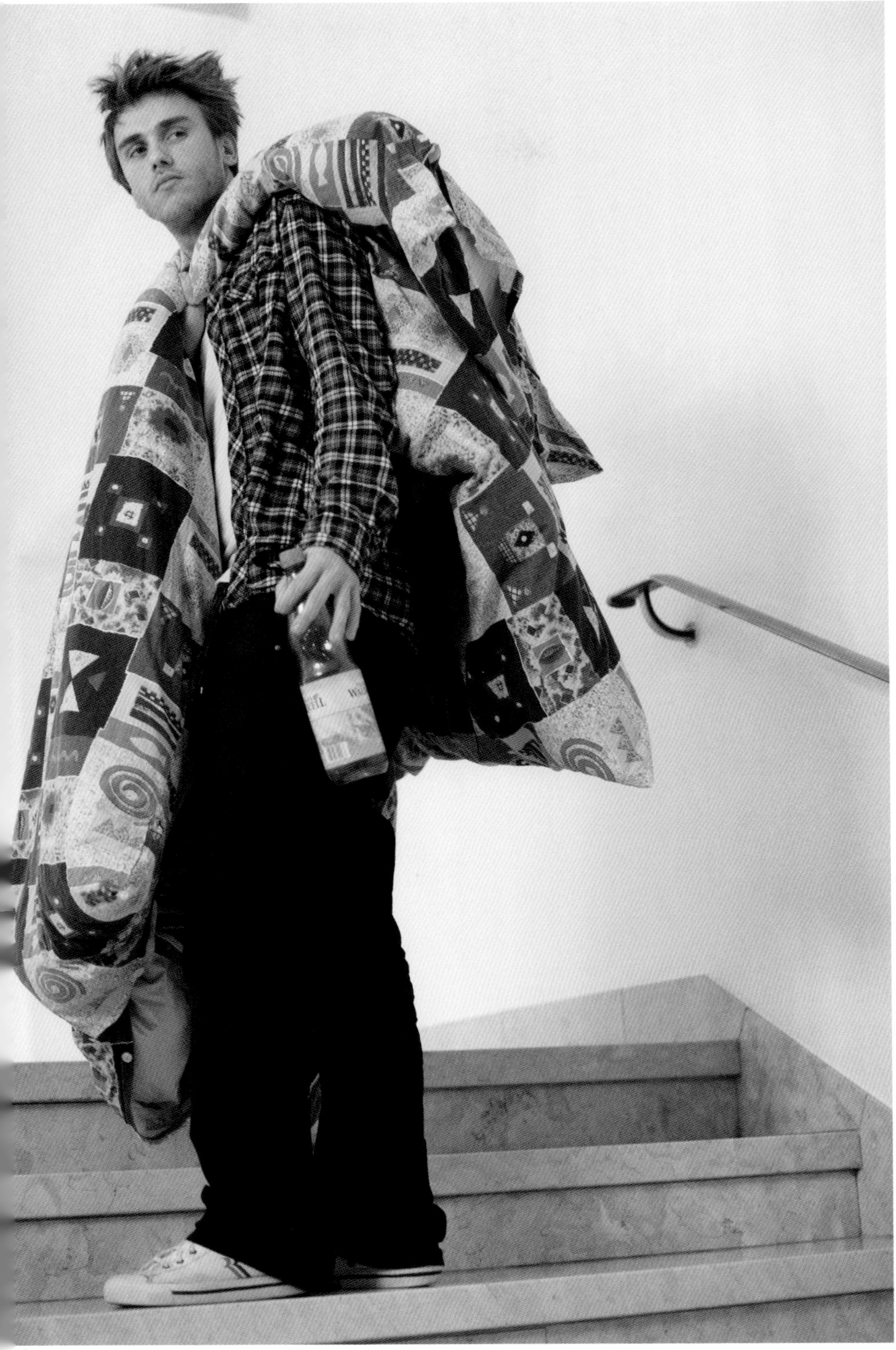

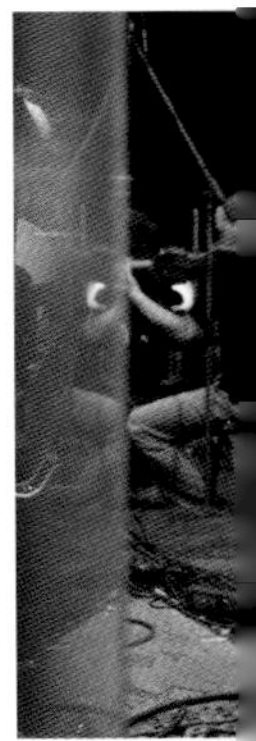

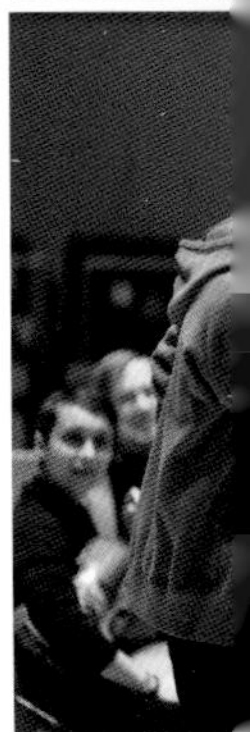

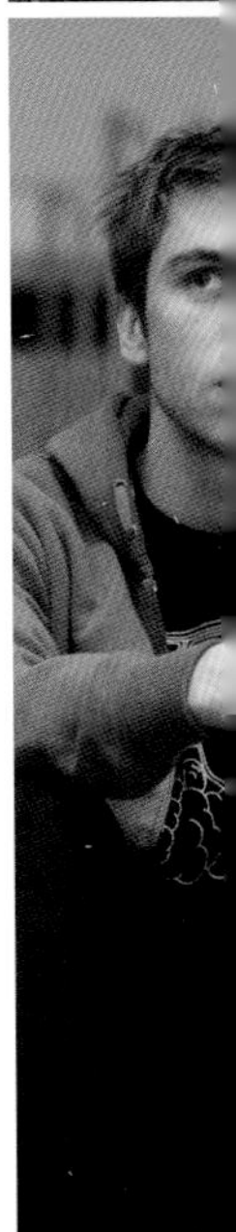

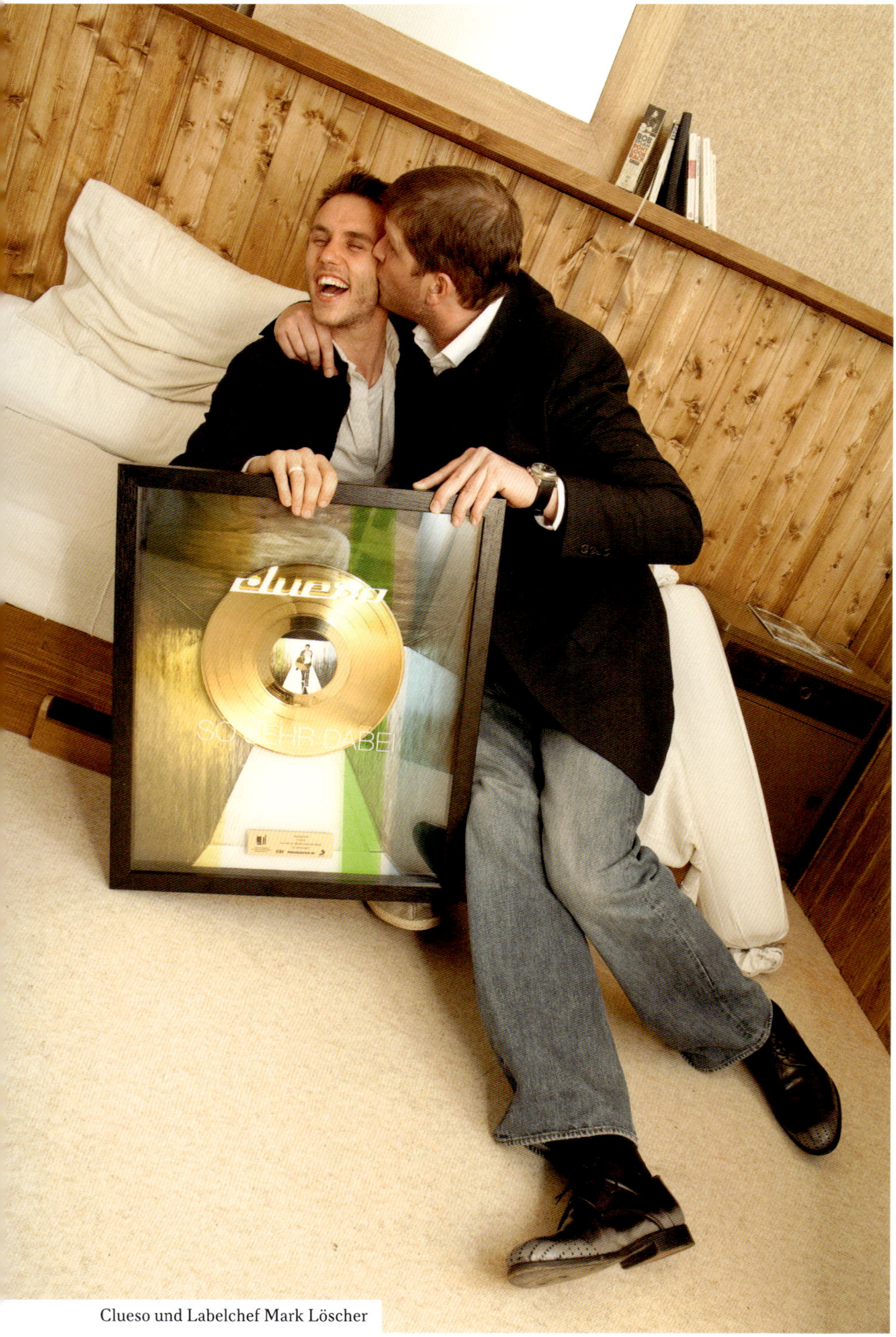

Clueso und Labelchef Mark Löscher

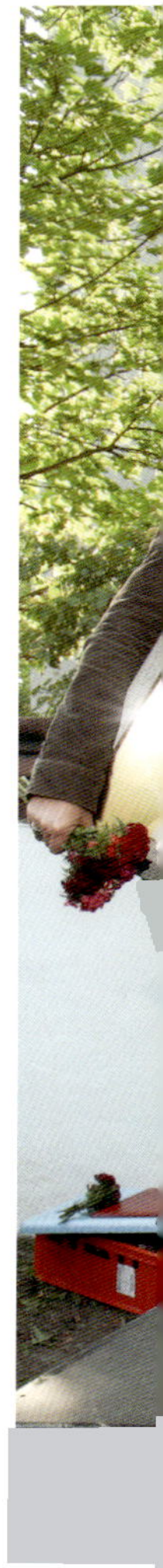

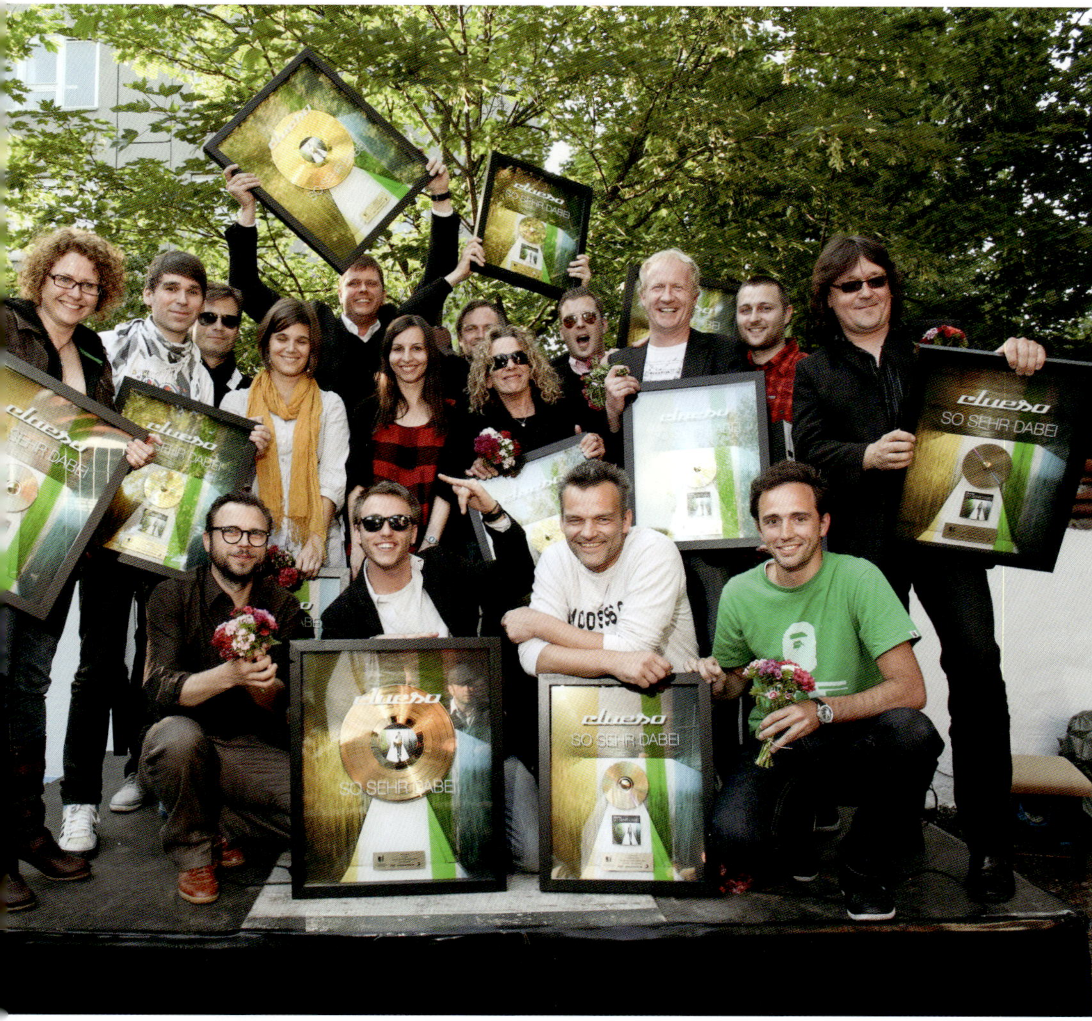

Schon lange an Clueso geglaubt und mit der Goldenen Schallplatte dafür belohnt – das Team vom Label Four Music, der Booking Agentur Four Artists und des Zughafens: Susanne Lorenz, Markus Roth, Alex Richter, Susanne Beck, Mark Löscher, Lucy Maric, Mark Ladage, Claudia Trede, Volker Mietke, Clemens Köhler, Micha Stockum, Mulle, Henrik Torkos, Clueso, Andreas Welskop, Marcus Welther
Erfurt, 10. Juni 2009

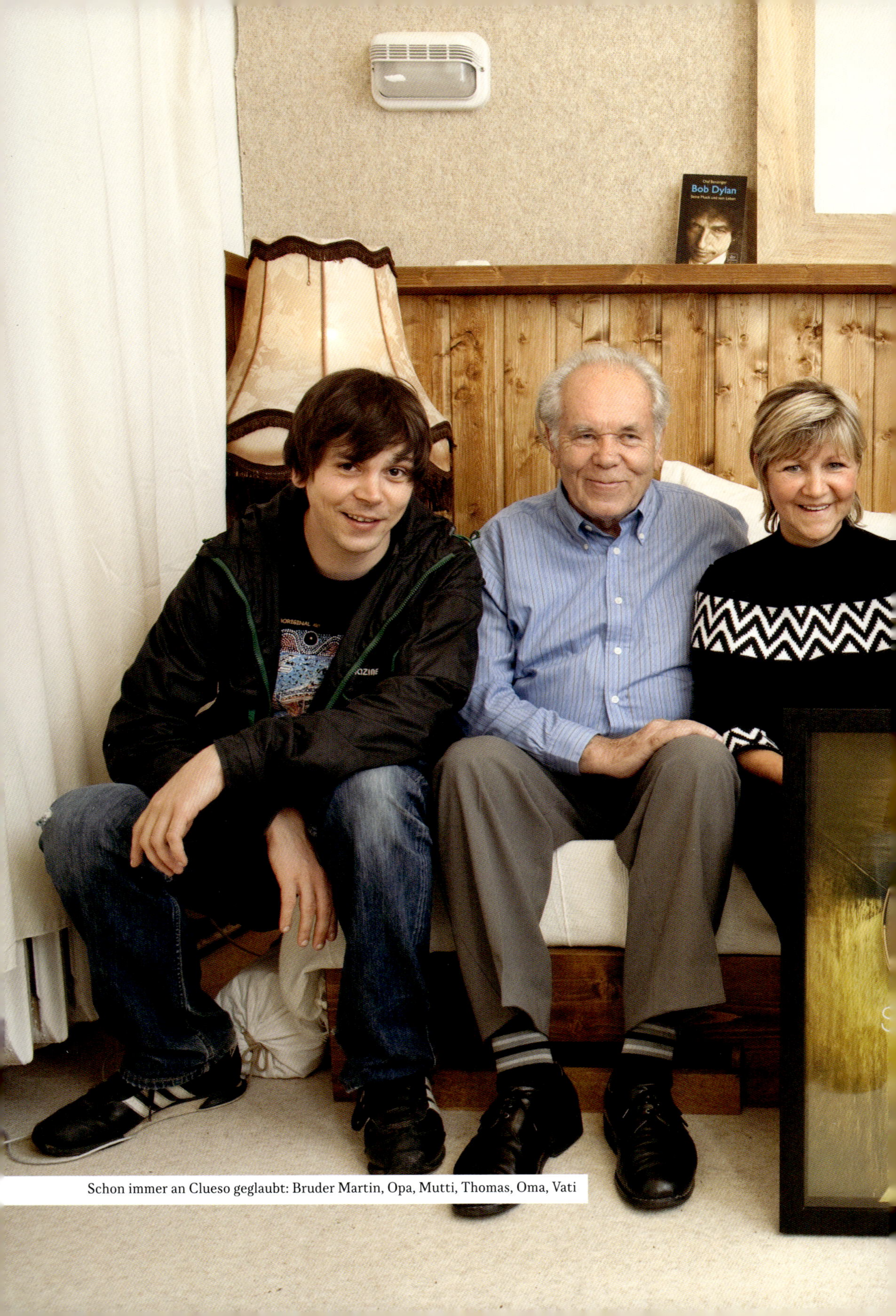

Schon immer an Clueso geglaubt: Bruder Martin, Opa, Mutti, Thomas, Oma, Vati

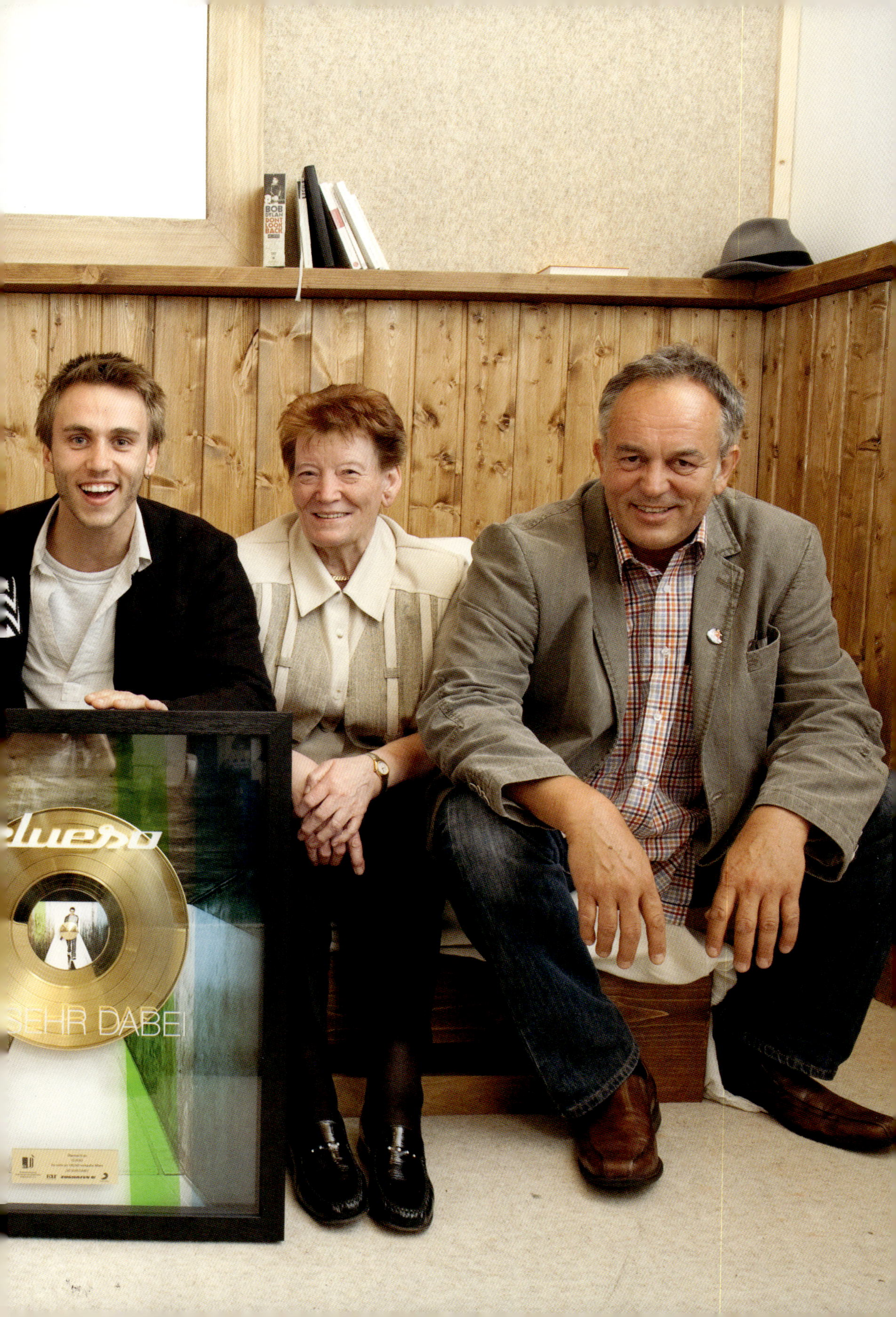
BOB
DYLAN
DONT
LOOK
BACK
SEHR DABEI

GEWINNER

Der Dreh zu *Gewinner* war der kürzeste und anstrengendste Videodreh, den ich jemals hatte. Und gleichzeitig entstand dabei wohl das erfolgreichste Video, wenn man den Klicks im Internet glaubt. Ähnlich wie bei *Chicago* hatte ich mir, während der Song in einer Endlosschleife lief, Filme angeschaut. Irgendwann sah ich dann ein Video, in dem eine schwimmende Frau von einem Wal verschluckt wurde. Ich dachte: Das ist es – ein Unterwasservideo.

Der Song handelt von einer Beziehung, die nicht mehr funktioniert, von dem erdrückenden Gefühl, ohne Halt und Luft im Raum zu hängen. Der Song heißt *Gewinner*, weil ich denke, dass man trotz allem aus jeder Beziehung auch etwas mitnimmt. Im Endeffekt ist man ein Gewinner, obwohl man etwas verloren hat.

Für den Dreh mieteten wir eine Schwimmhalle in Jena. Wir hatten nur sechs, sieben Stunden Zeit, nur eine Nacht, denn in aller Frühe würden die ersten Rentner mit ihren Badekappen auftauchen und gemächlich ihre Bahnen ziehen. Ich bekam also zwei Kilo Blei in die Taschen gesteckt, damit ich trotz der Klamotten schnell untergehen konnte. Was ich dann auch tat.

Eigentlich tauchte ich die ganze Zeit durchs Becken und versuchte, den Text zu singen – unter Wasser. Zwischendurch auftauchen, Luft holen, die richtige Stelle merken, weiter. Draußen kniete Johannes und schlug mit einer Plastikflasche auf den Beckenrand, damit ich den Takt erkennen konnte, denn an eine Unterwassermusikanlage hatten wir natürlich nicht gedacht. Falls es überhaupt so was gibt.

Unser Grafiker Dirk bearbeitete das Video anschließend noch, fügte die Texte ein und retuschierte die Stellen, an denen eine hässliche Fliese oder ein Taucher zu sehen war. Schön, was wir da kreiert haben. Von der Schwimmhalle ist nicht mehr viel übrig geblieben, außer diesen Bildern.

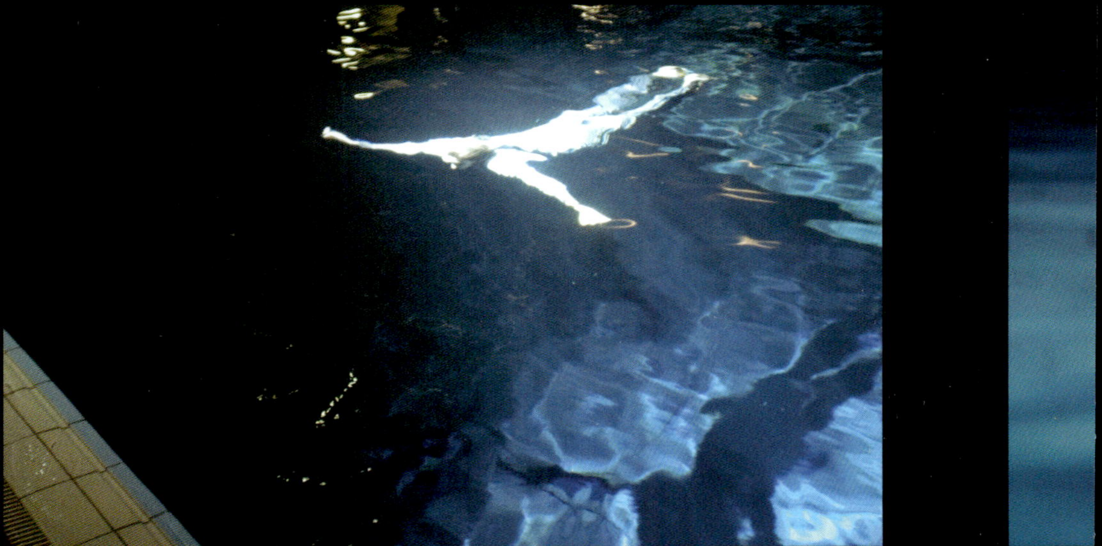

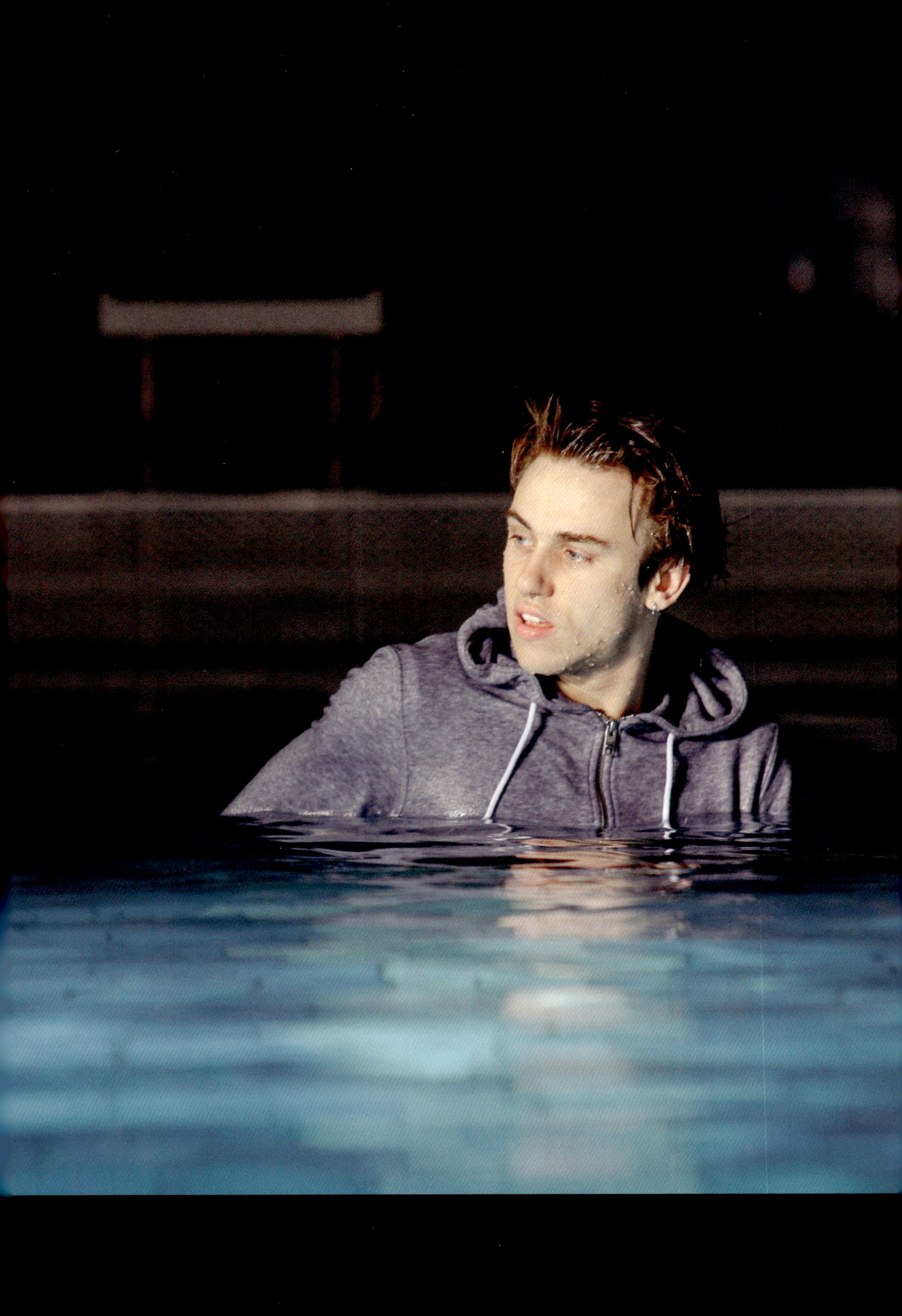

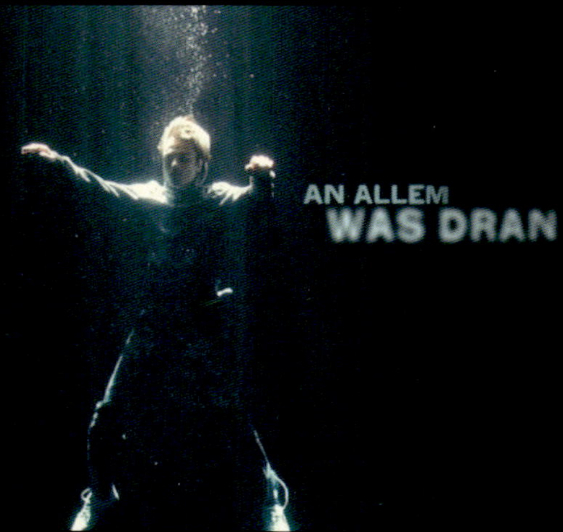
AN ALLEM
WAS DRAN

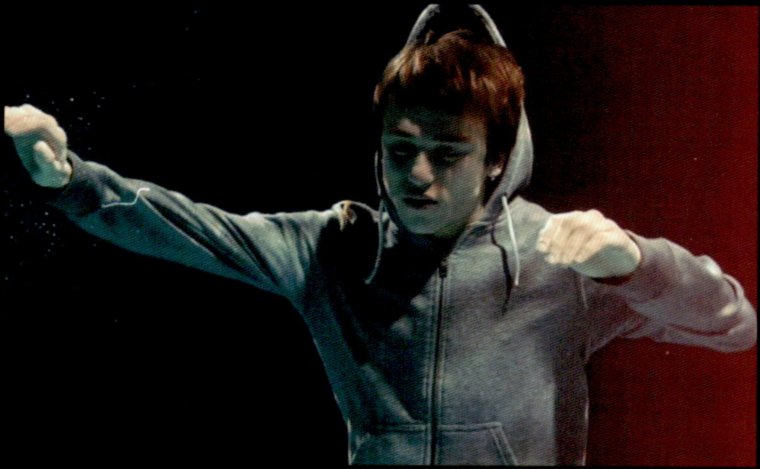

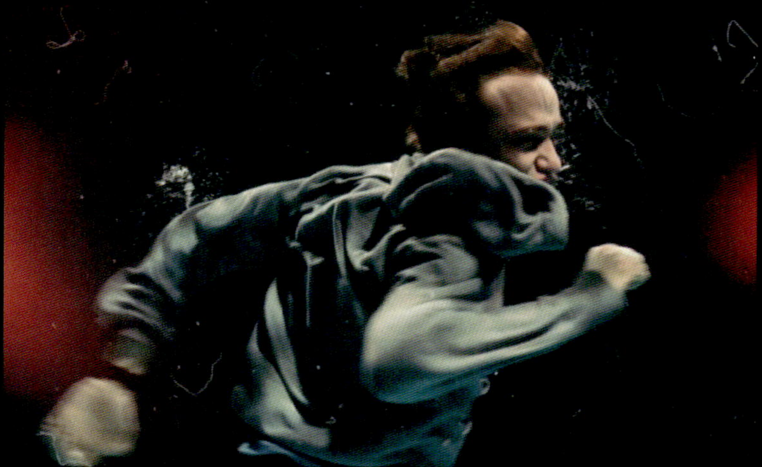

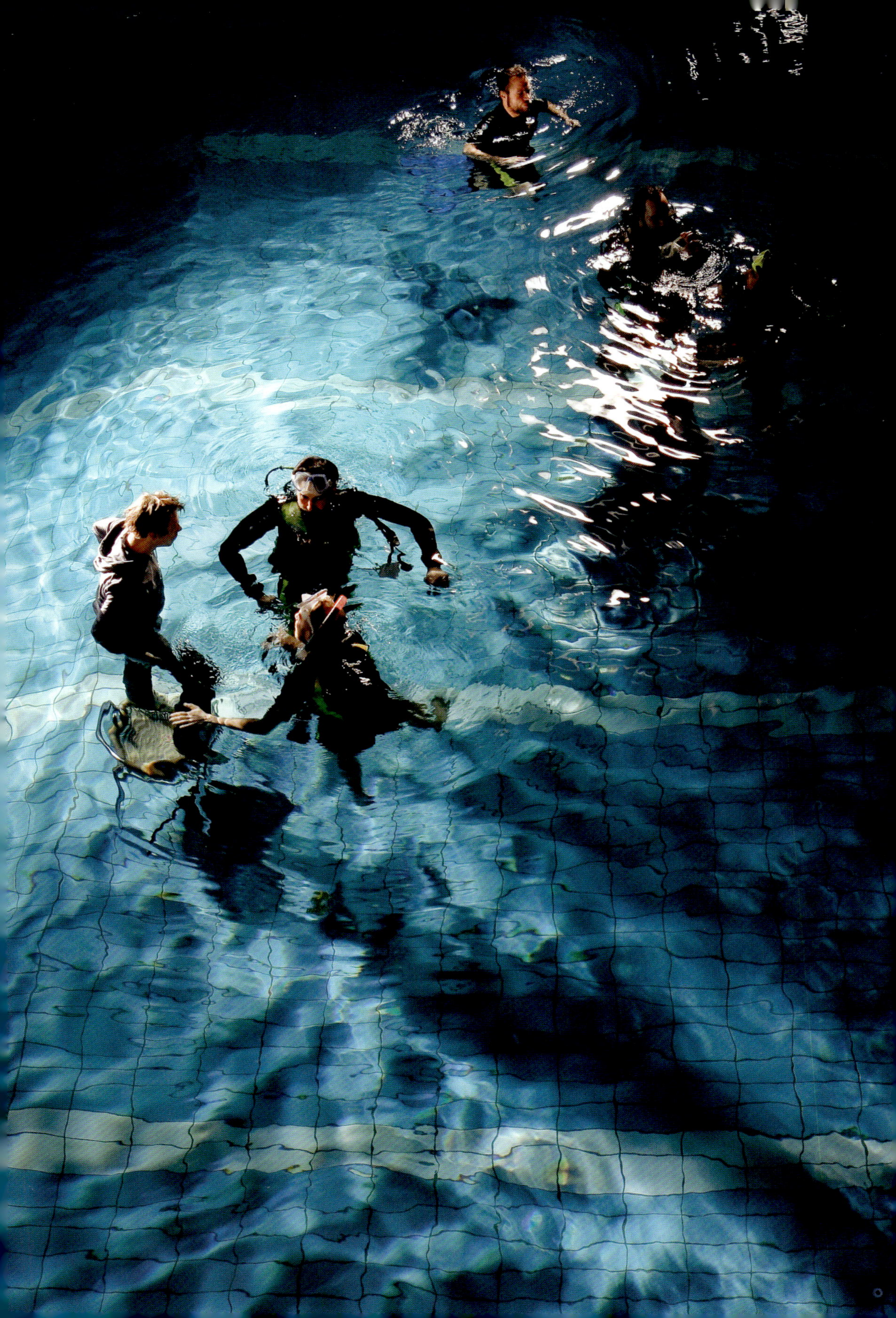

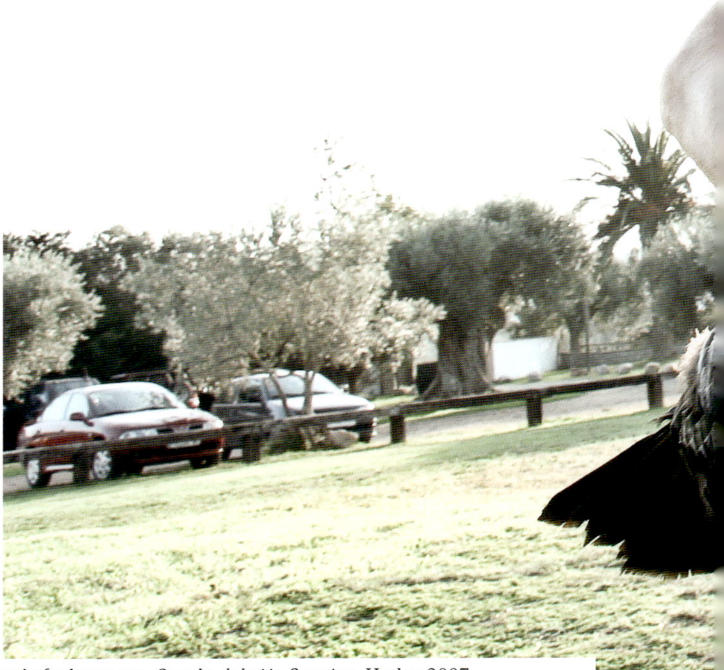

Clueso mit »Geschwür«, dem Maskottchen der Aufnahmen von *So sehr dabei* in Spanien, Herbst 2007

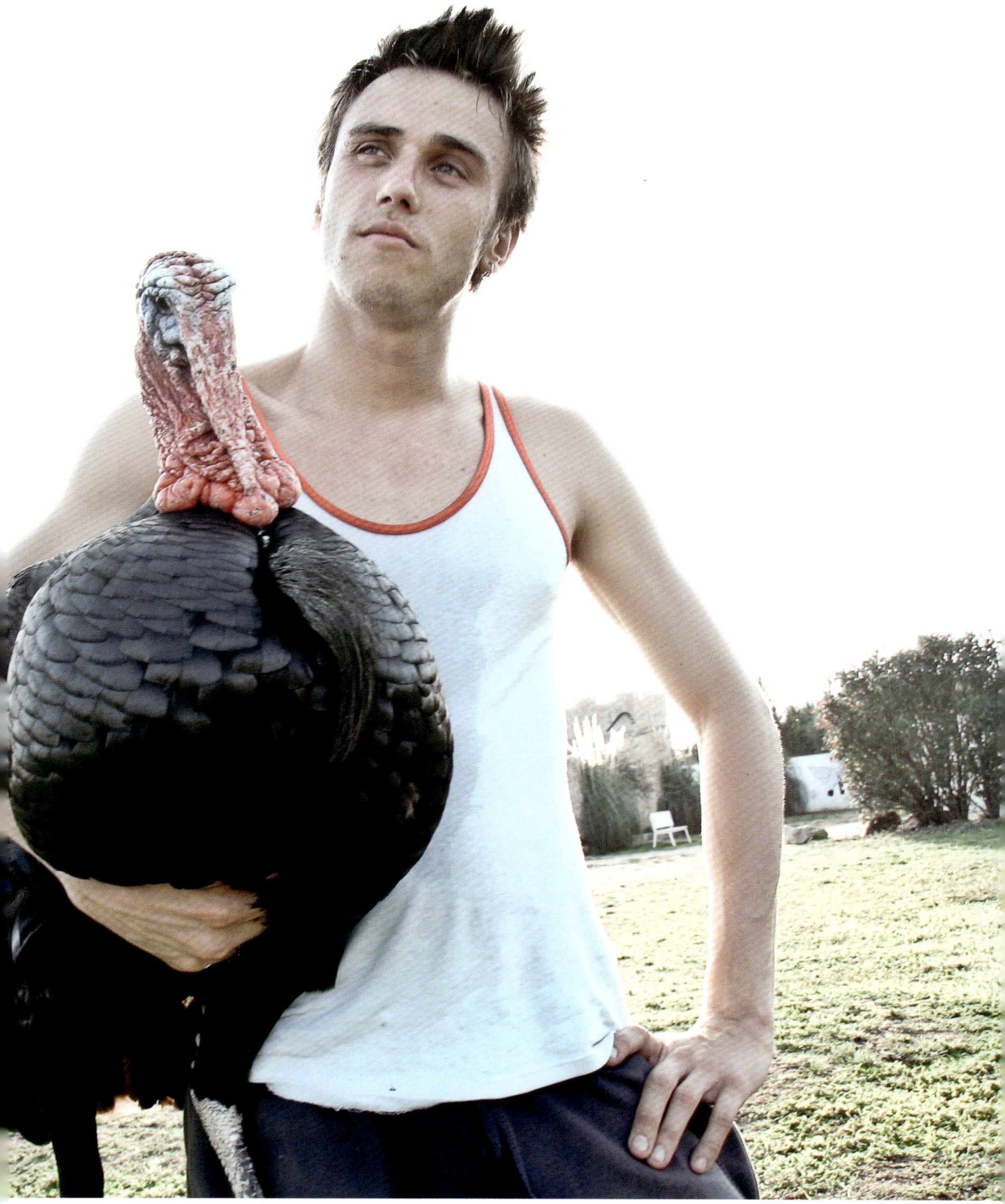

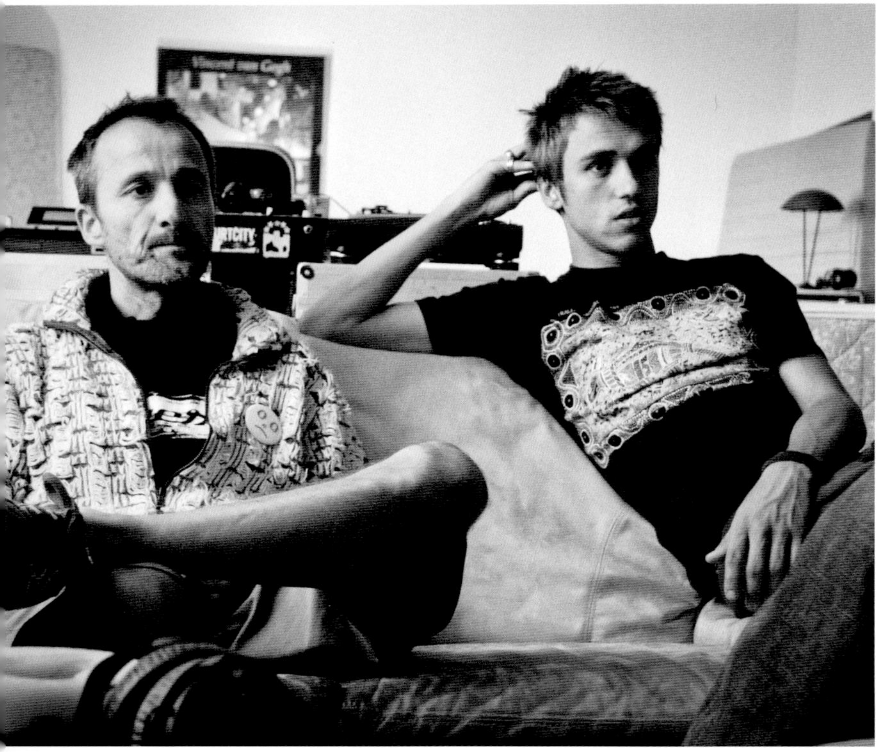

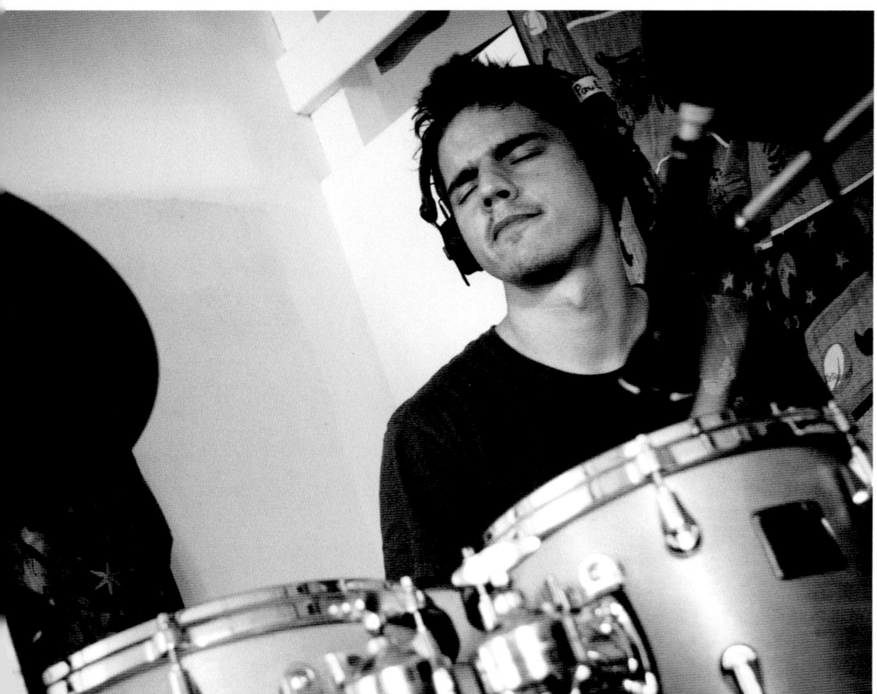

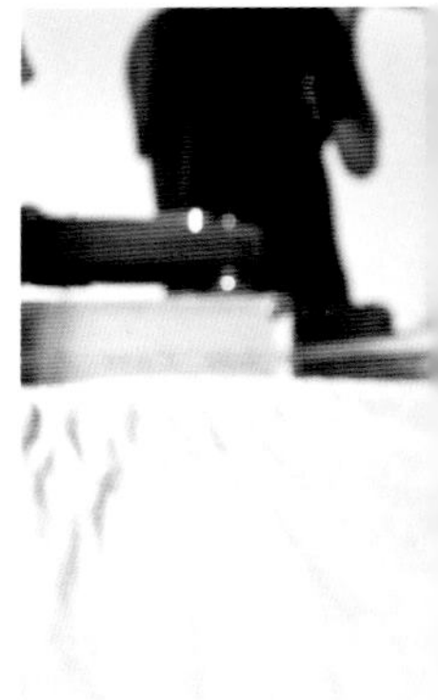

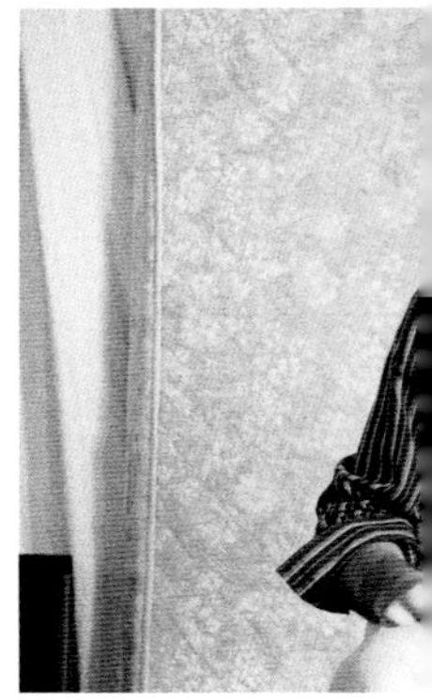

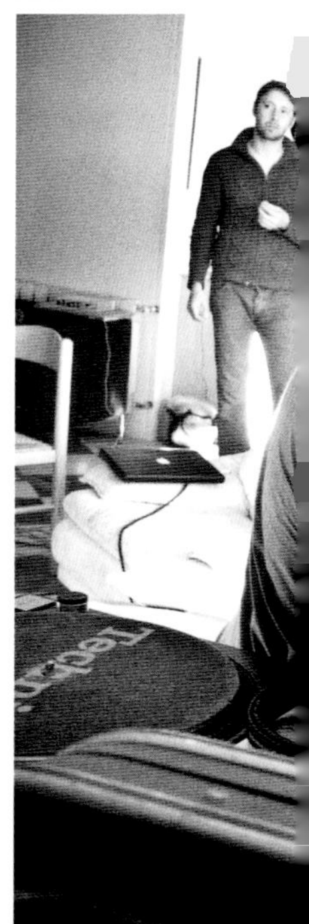

Im Studio in Spanien, Herbst 2007

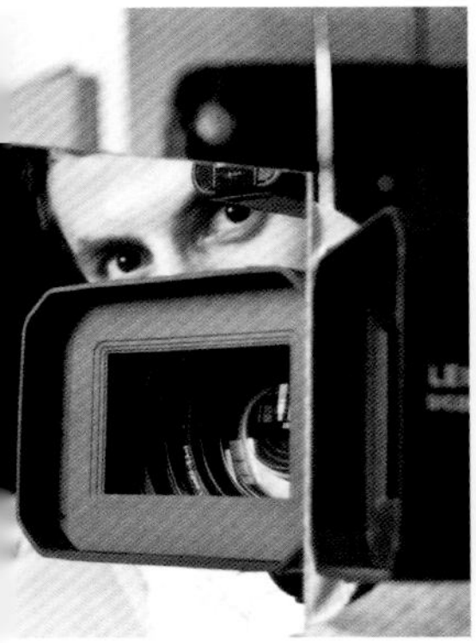

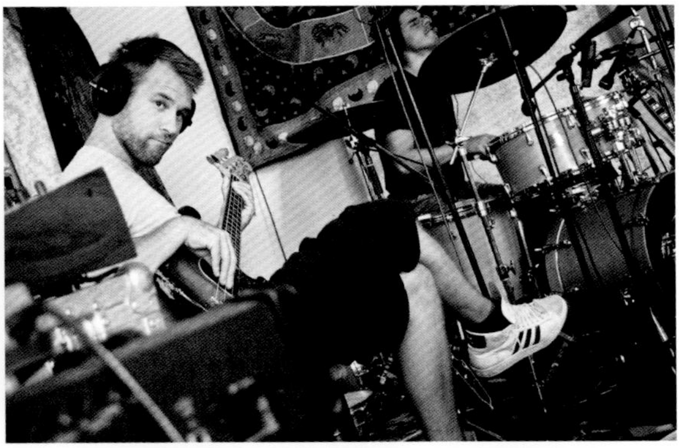

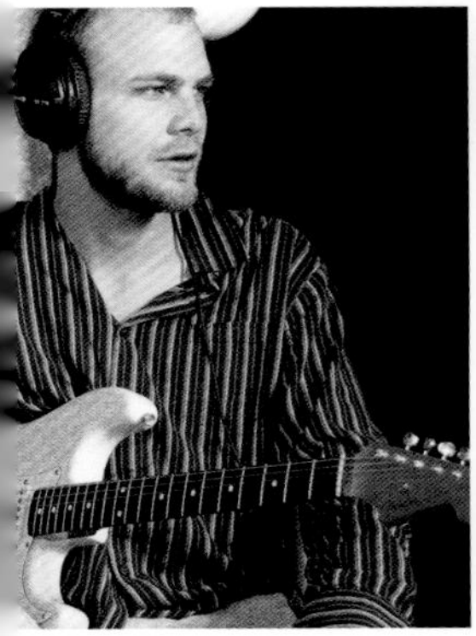

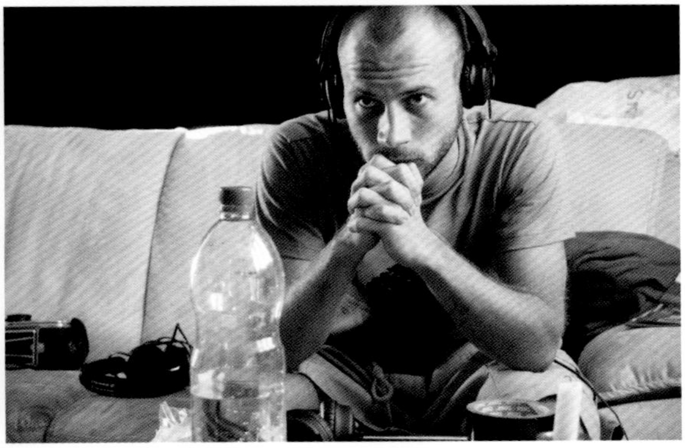

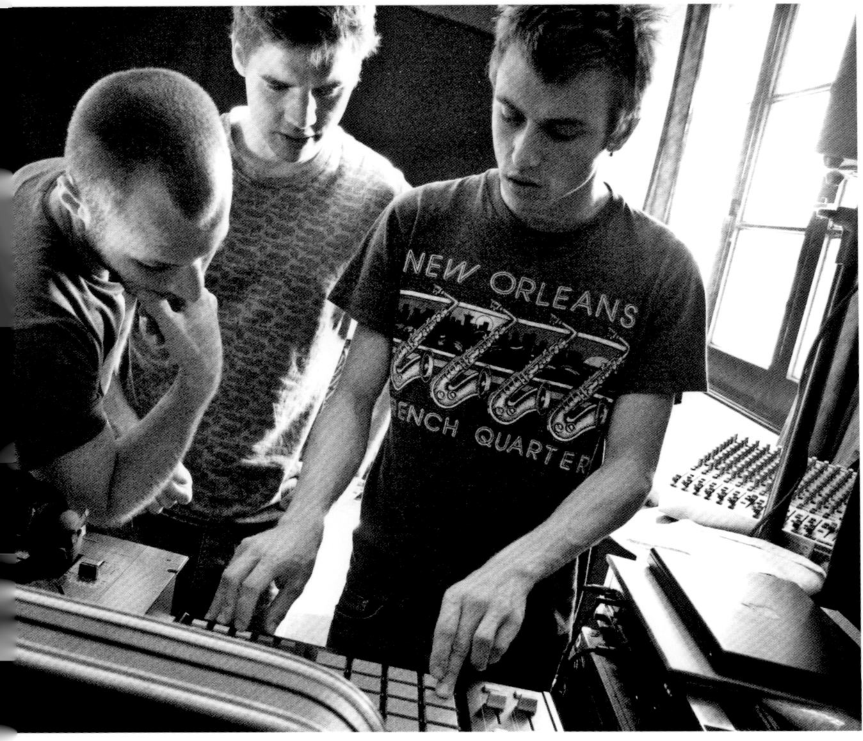
NEW ORLEANS

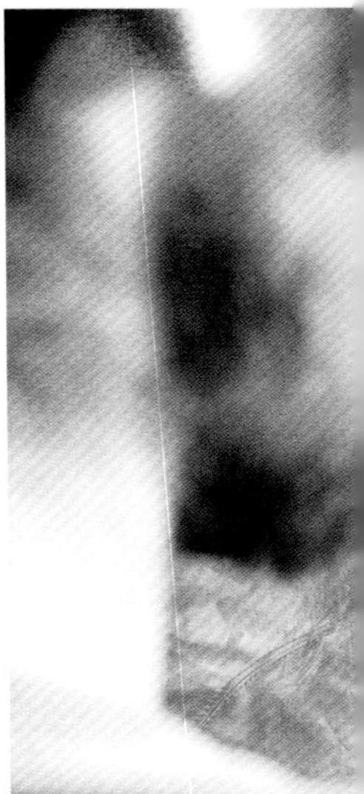

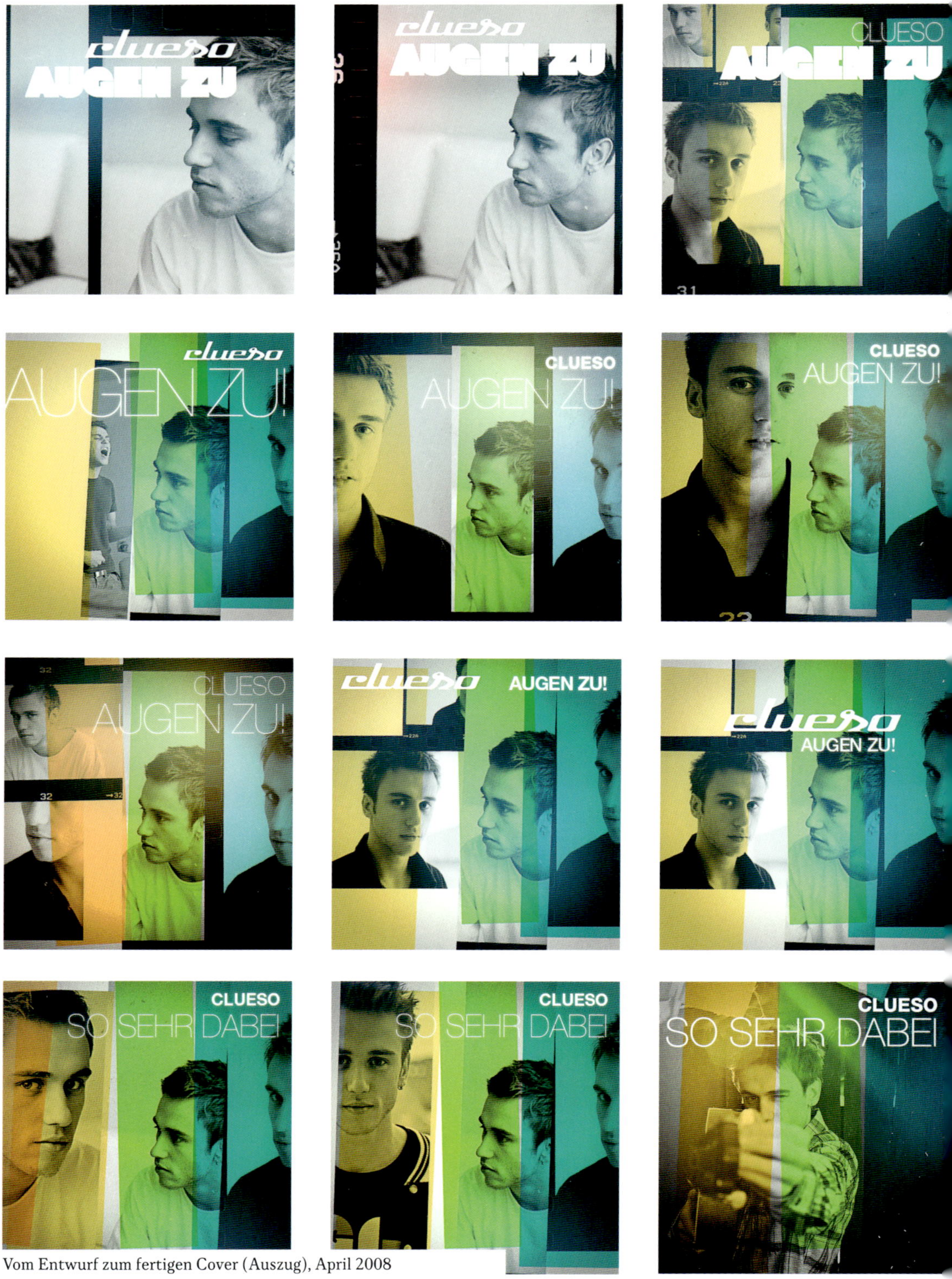

Vom Entwurf zum fertigen Cover (Auszug), April 2008

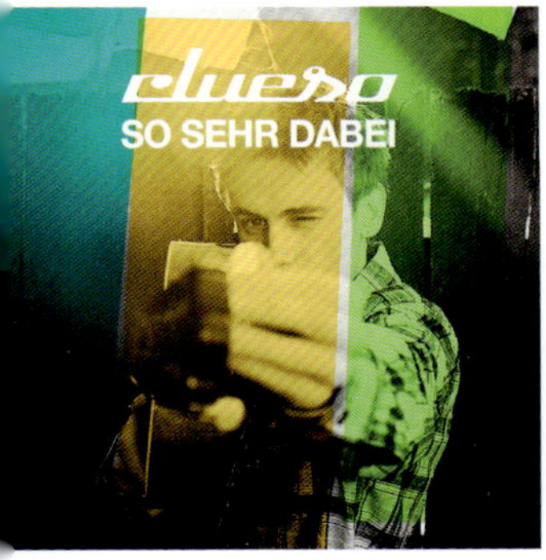
clueso
SO SEHR DABEI

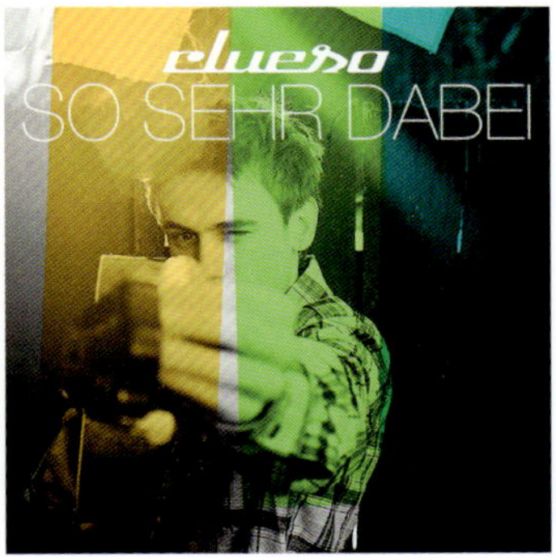
clueso
SO SEHR DABEI

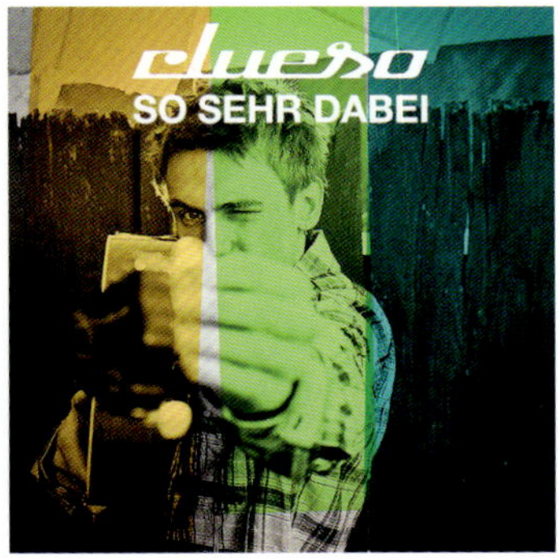
clueso
SO SEHR DABEI

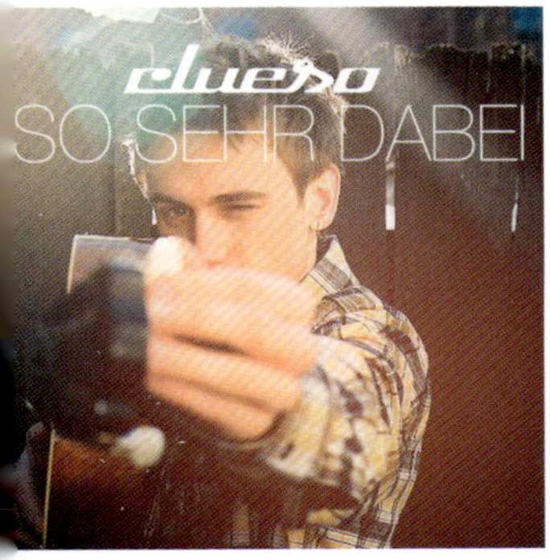
clueso
SO SEHR DABEI

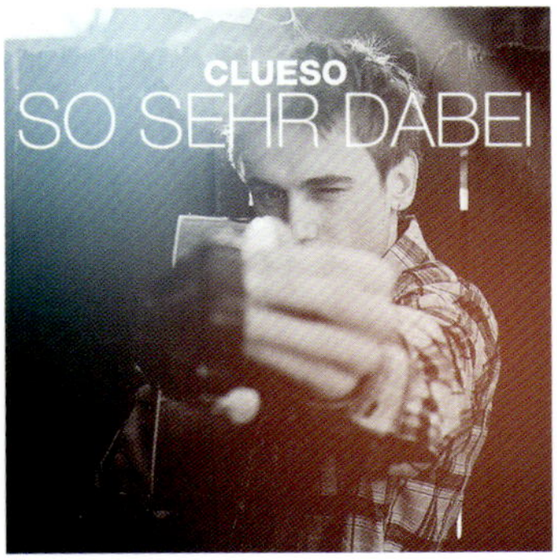
CLUESO
SO SEHR DABEI

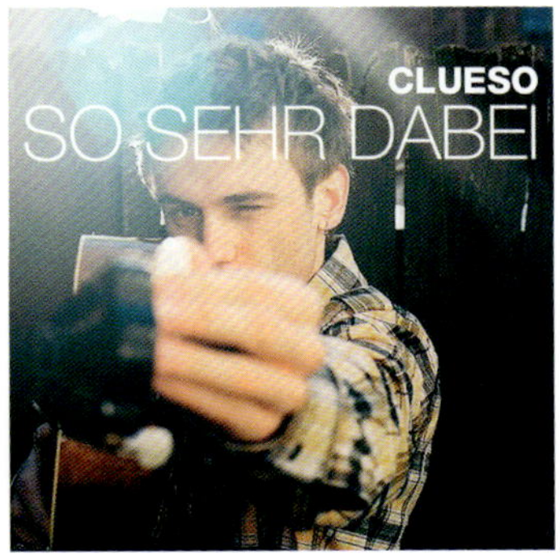
CLUESO
SO SEHR DABEI

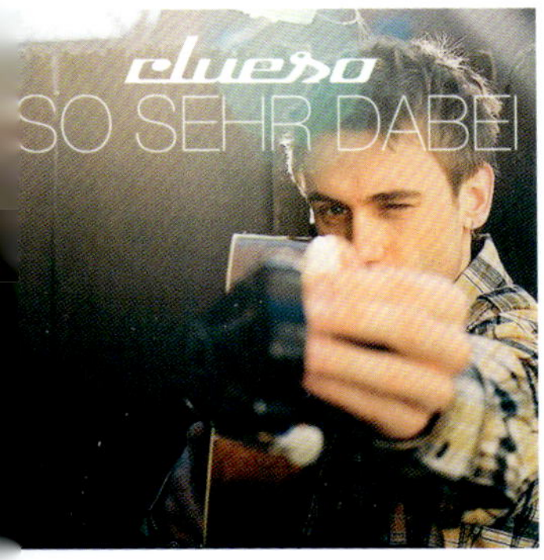
clueso
SO SEHR DABEI

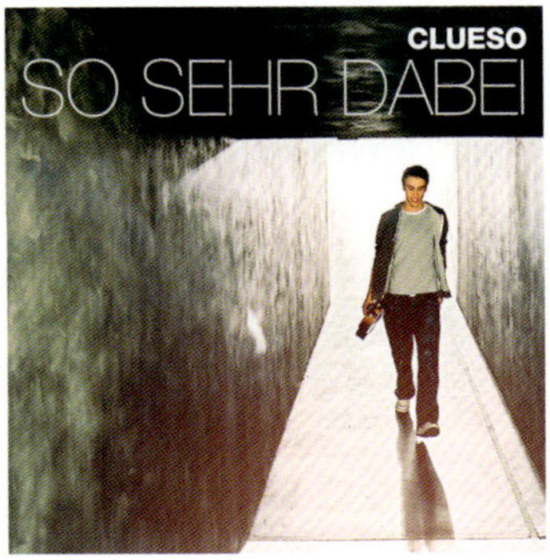
CLUESO
SO SEHR DABEI

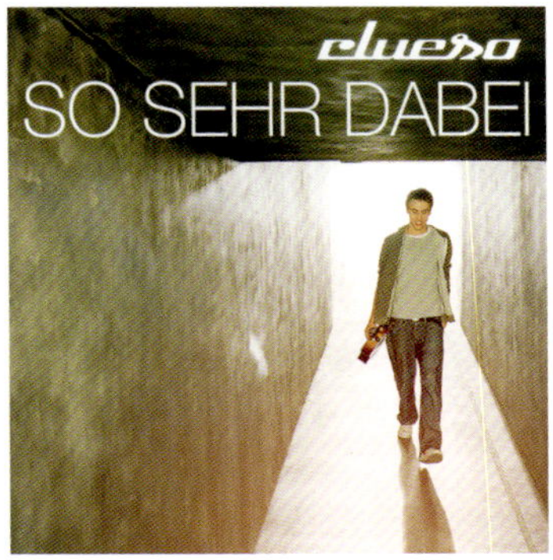
clueso
SO SEHR DABEI

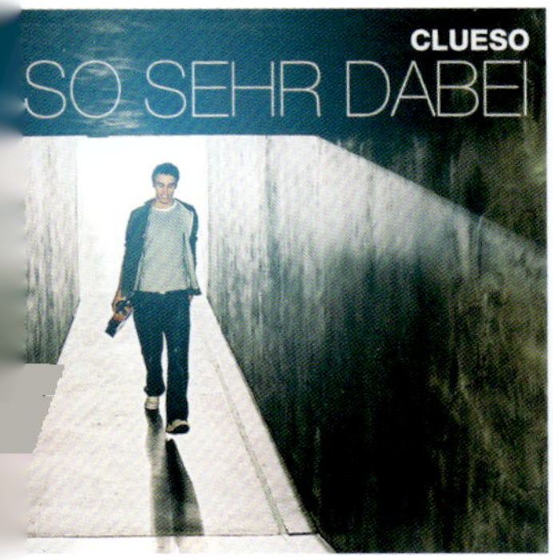
CLUESO
SO SEHR DABEI

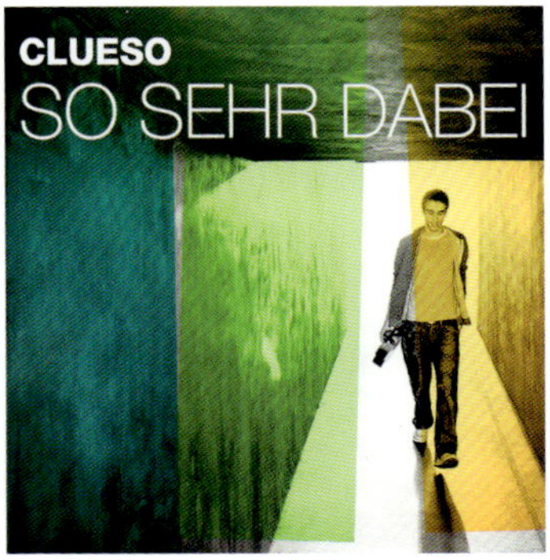
CLUESO
SO SEHR DABEI

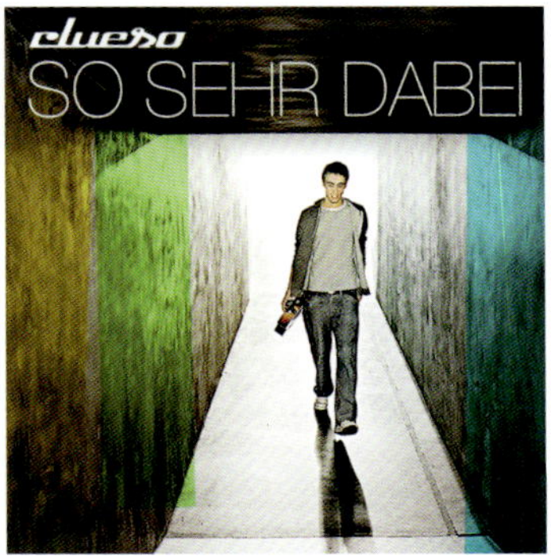
clueso
SO SEHR DABEI

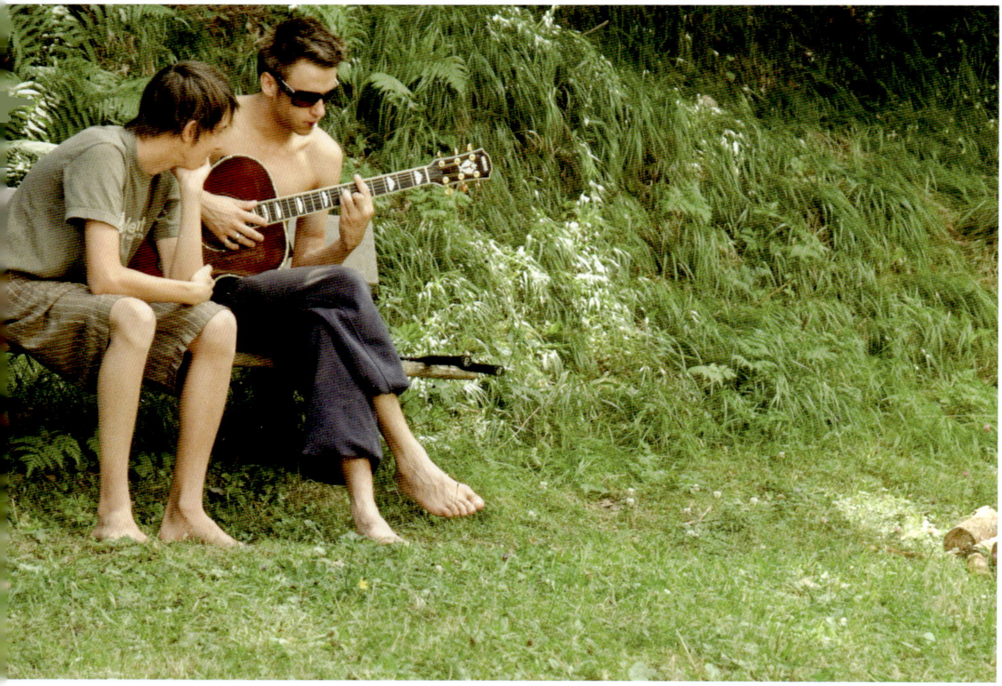

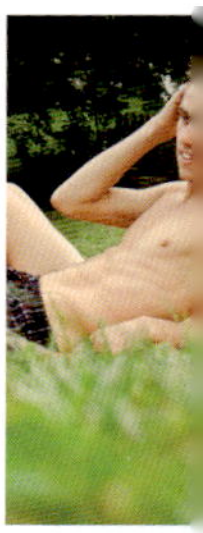

AUGEN ZU

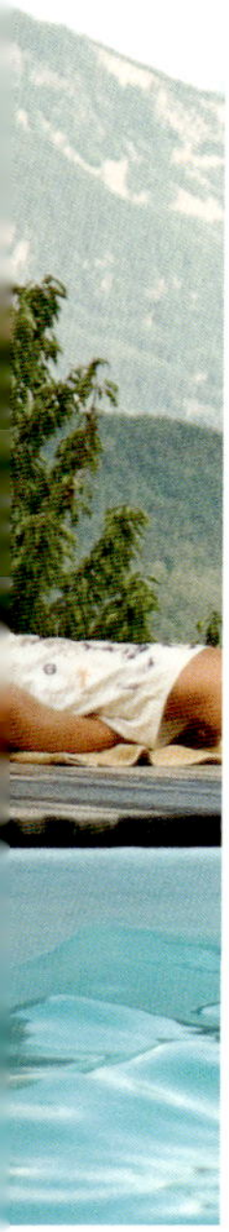

Zusammen mit Koli und Dirk war ich im Urlaub in Südtirol, und hier rechts sieht man einen Schlüsselmoment: In diesem Zimmer habe ich den Song *Augen zu* geschrieben, auf der Gitarre ... das ist genau der Moment von *Augen zu*.

Wir kamen an diesem Tag aus dem Schwimmbad. Es gab dieses Bad in den Bergen, und wir hatten FKK gemacht, und die Besitzerin kam ganz aufgeregt angerannt und meinte, es wäre eine Frechheit, sich hier einfach auszuziehen ... wir sagten, kein Problem, wir würden unsere Handtücher drüberziehen ... und ich hab noch so 'nen Spruch gebracht ... na ja, aber man müsse ja schon in die Schlucht springen, um uns was abzugucken, weil wir ja in Richtung Berge lagen ...

Das fand sie so schlimm, dass sie ihren Mann geholt hatte, der uns in hohem Bogen mit einer wahnsinnig negativen Energie aus dem Bad rausschmiss ... und das machte mich so wütend, dass ich dachte, immer nur das Schlechte sehen, geht schnell ... das war die erste Zeile ... Im Nachhinein muss ich sagen: Danke, du Penner, für diesen geilen Song! Bleib so, wie du bist. Leute wie du zeigen uns, wie gut es uns geht, weil wir in der Musik die Möglichkeit haben, Dampf abzulassen.

Südtirol, Juli 2007

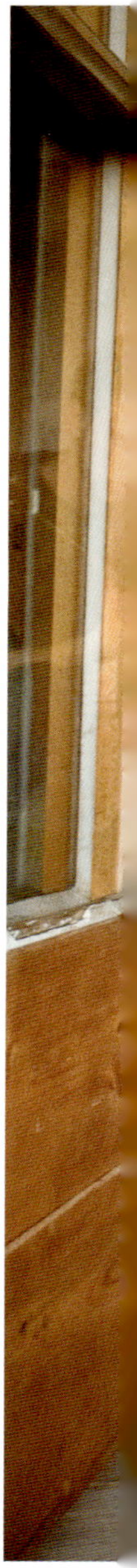

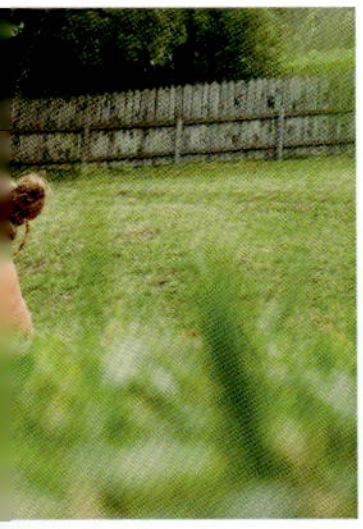
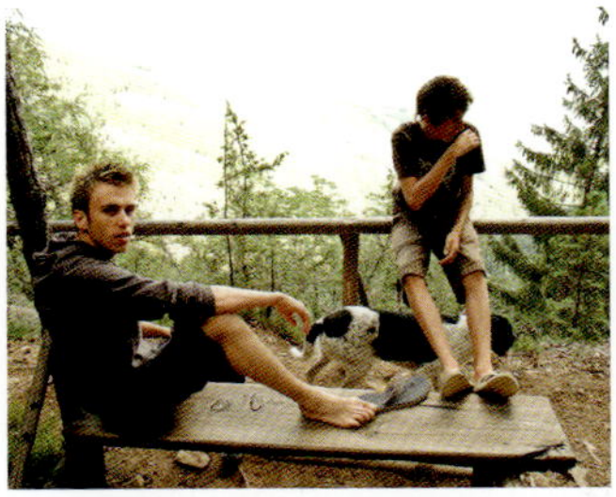
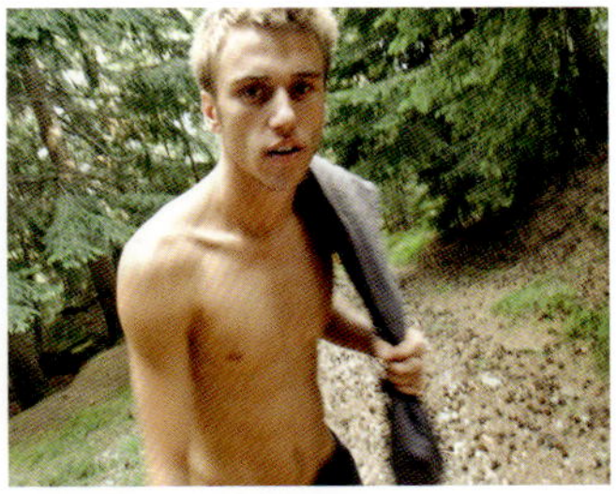
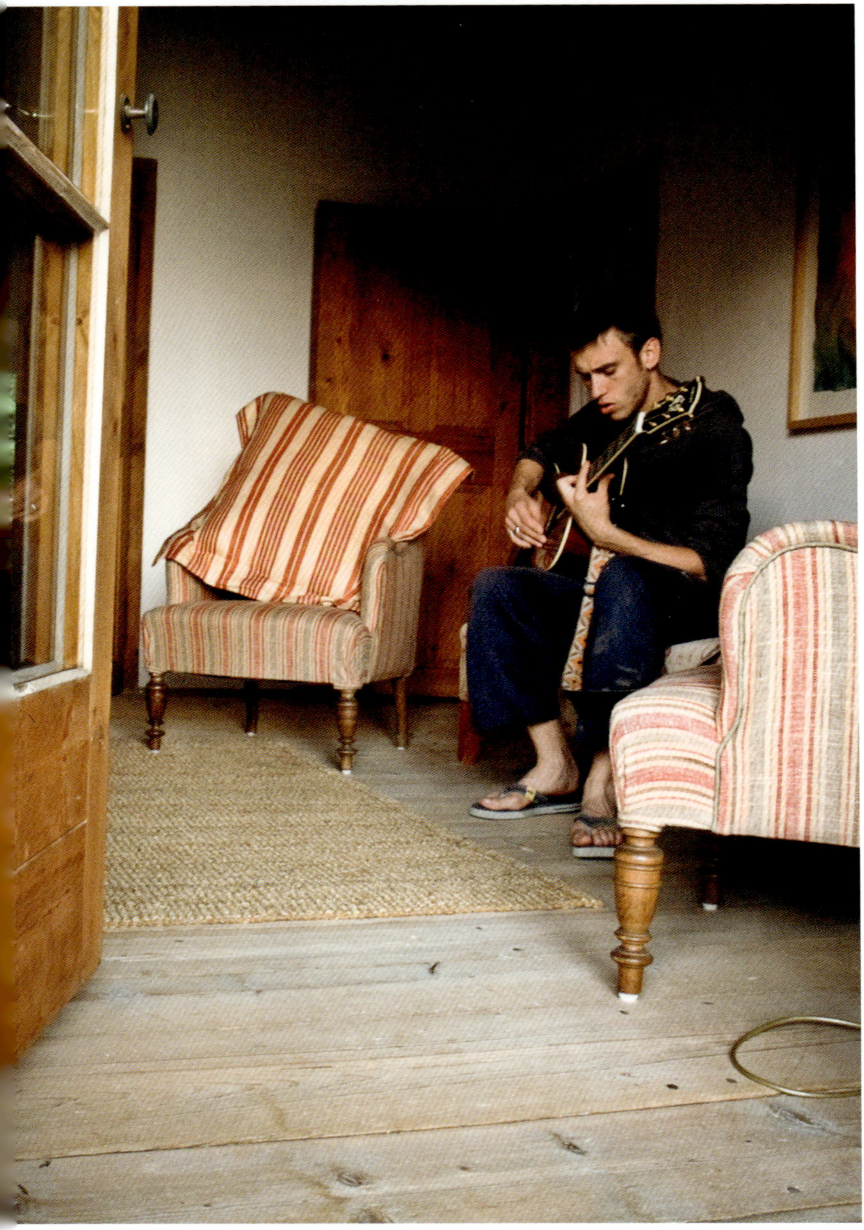
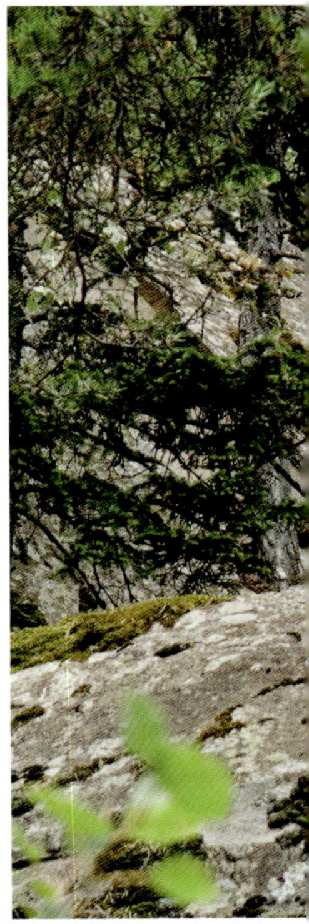
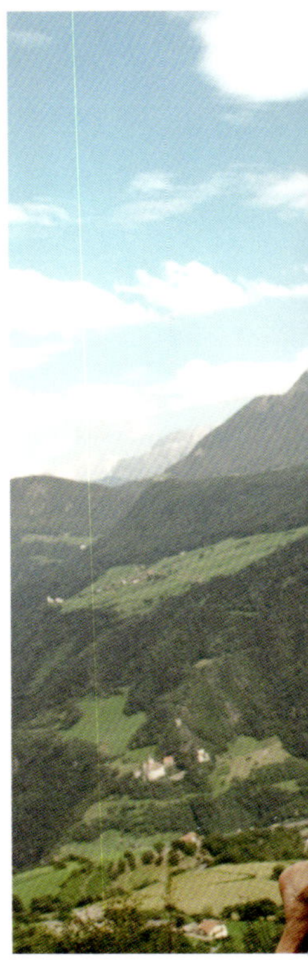

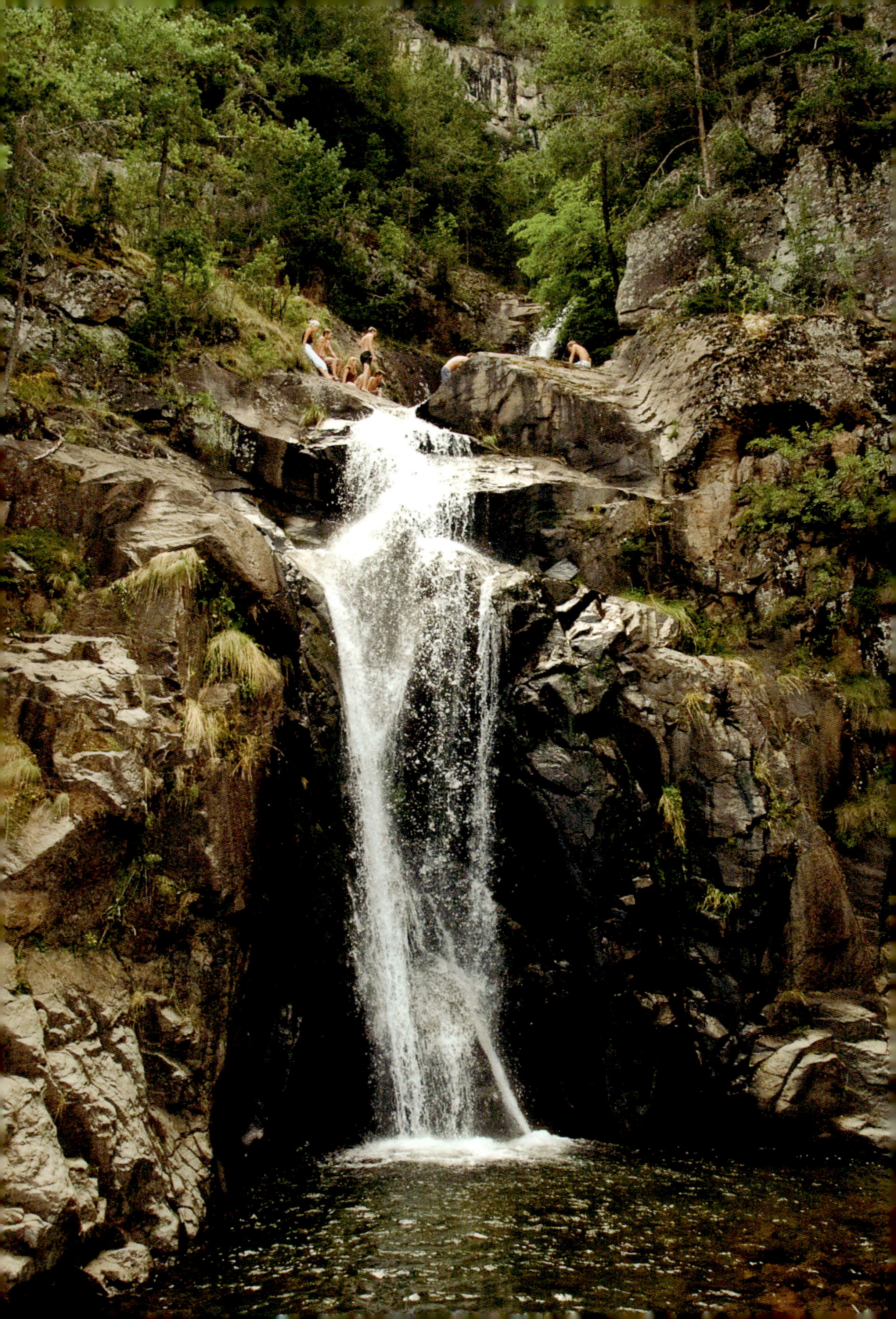

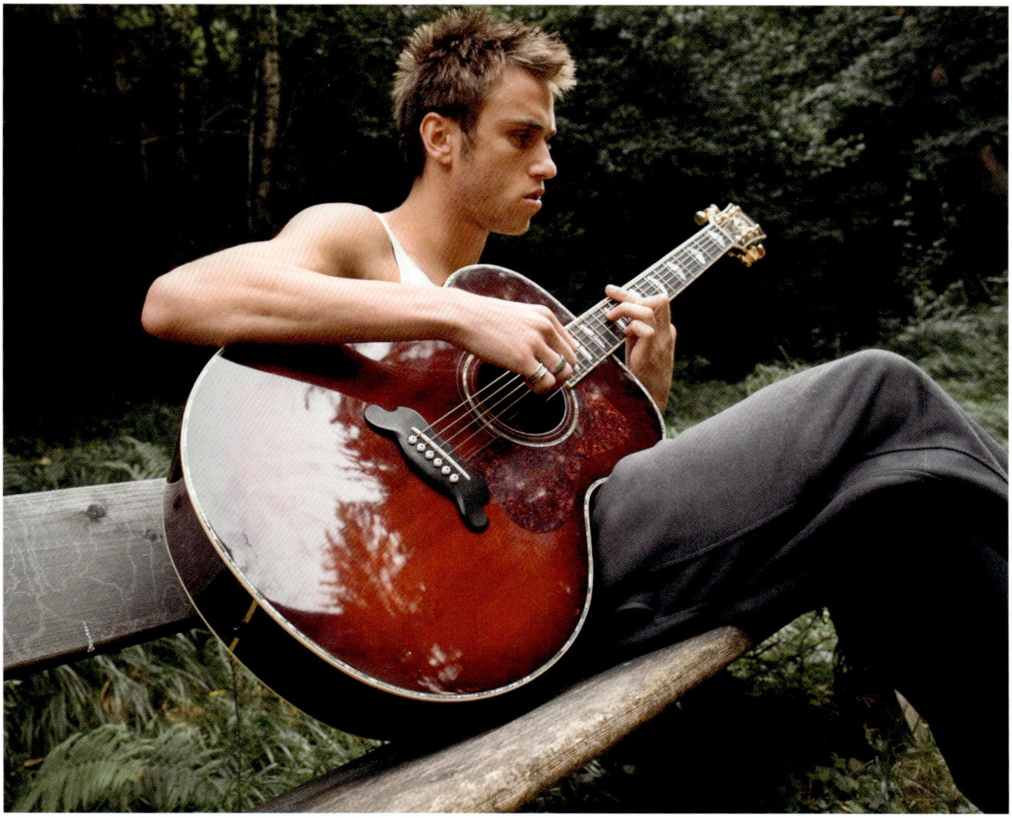

Immer nur das Schlechte seh'n geht schnell
beweg mich gern frei
wenn ich was tu
damit eckt man an wird angebellt
Augen zu
ich dreh mich lieber um und die Musik auf
es tut so gut mal nichts zu tun
ich stell auf laut und nicht auf taub
Augen zu

(Strophe von »Augen zu«, 2007)

LAMPENFIEBER

Wenn ich in Interviews gefragt werde, was zur Hölle an der letzten Tour total aufregend und toll war, fallen mir immer Dinge ein wie der im Hintergrund zerbrochene Teller beim Pokern, der Hall des Naseputzens im Backstage oder Kolis* leicht schräge Posaunenübungen.

Es ist ein Moment der Wachsamkeit, die fast bis zur Ohnmacht ansteigt, bevor man auf die Bühne geht. Man glaubt alles und nichts mitzubekommen. Man fühlt sich erhaben, irgendwie über allem schwebend und nicht mehr direkt angeschlossen.

Es ist dieser Moment aus Glück, Angst, Unsicherheit und Stolz, also dem Gefühl: »Ach, kann das nicht jemand anders machen? Ich will hier weg!« – »Nein, lass mich raus, raus auf die Bühne!«

Das Gefühl, gerade dringend gebraucht zu werden. Dieser schwer definierbare, ständig wiederkehrende Augenblick in meinem Leben – Lampenfieber.

**Koli, der langjährige Posaunist von Clueso meinte übrigens: »Fingerübungen von Gitarristen klingen auch nicht schön.«*

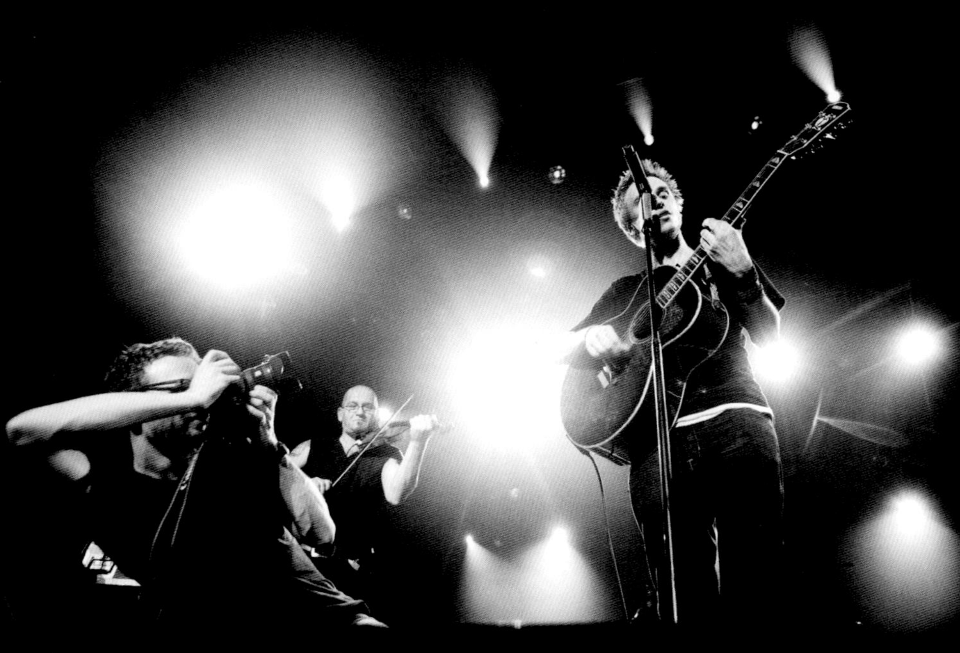

Tourfotograf Tino Sieland und Musikerfreund György Ferenczi, München 2009

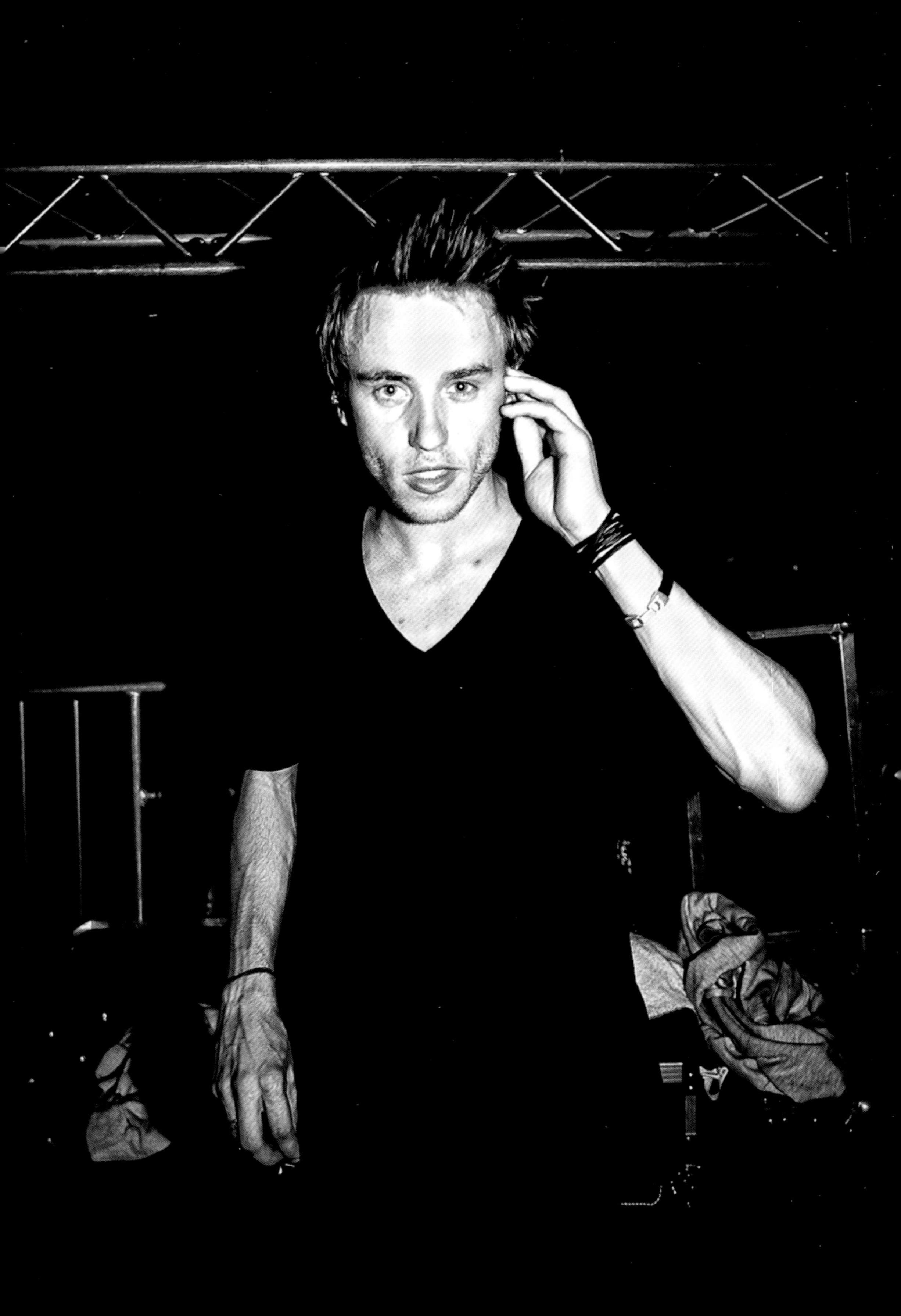

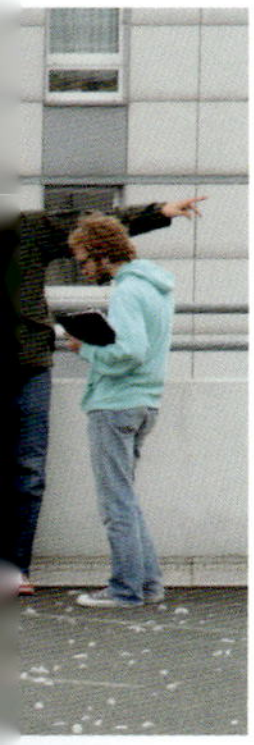

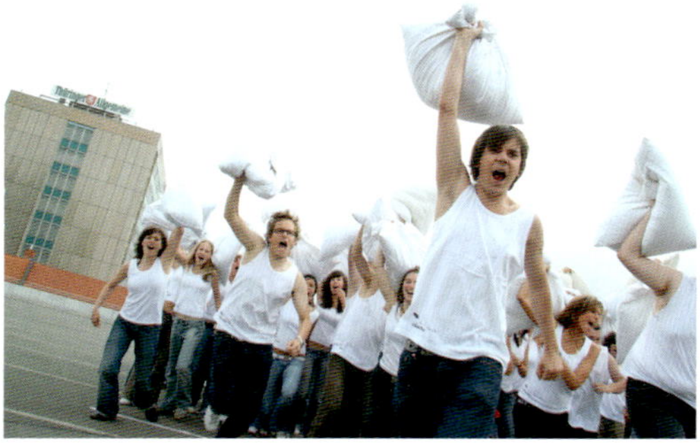

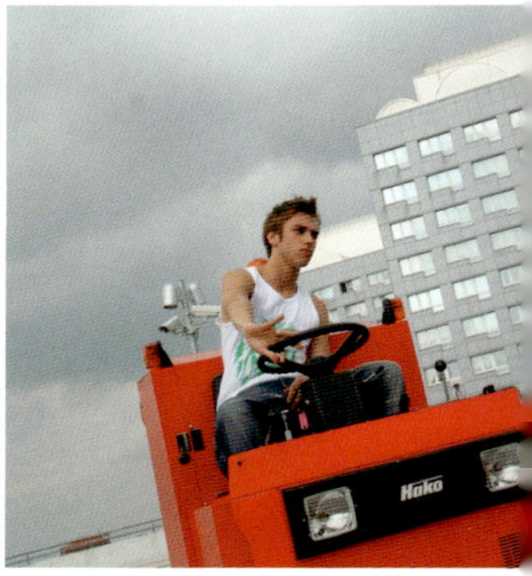
Hako

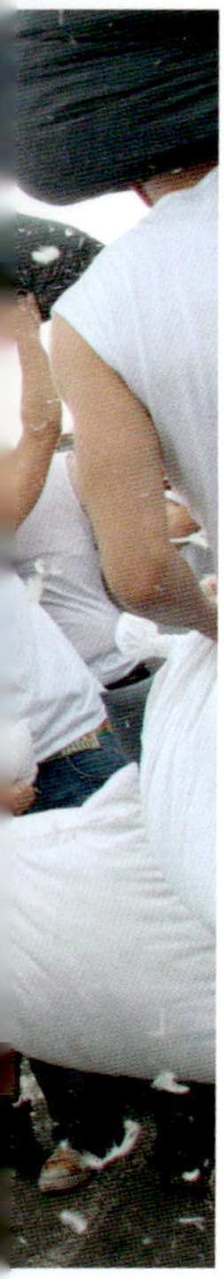

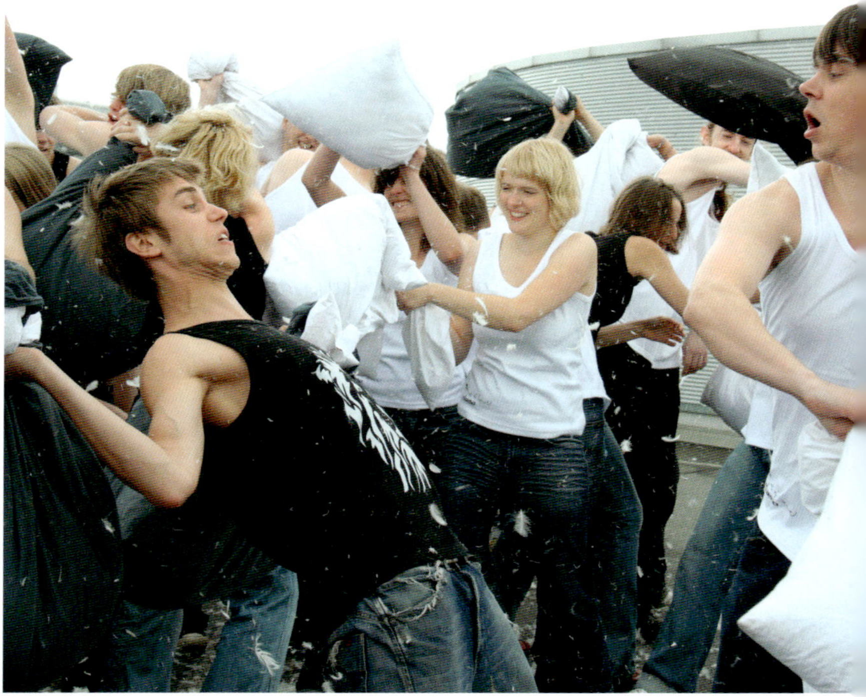

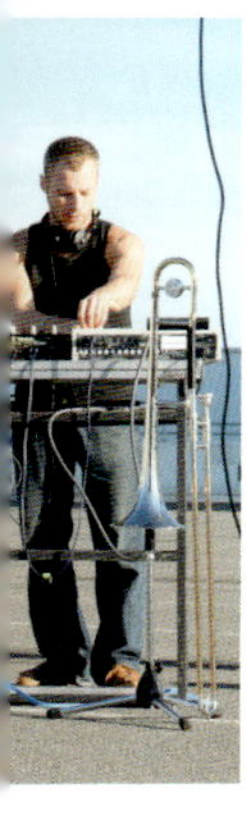

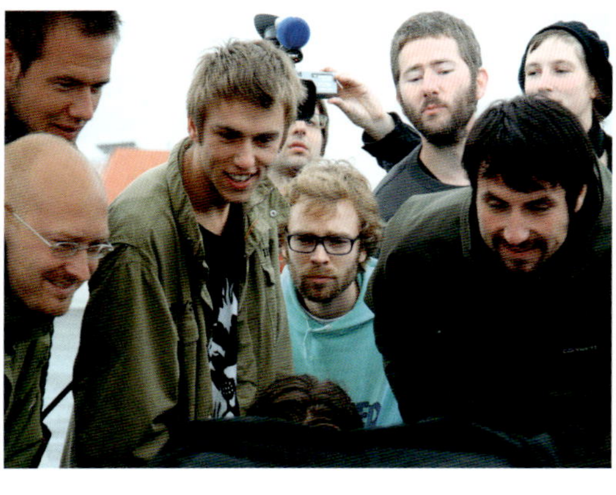

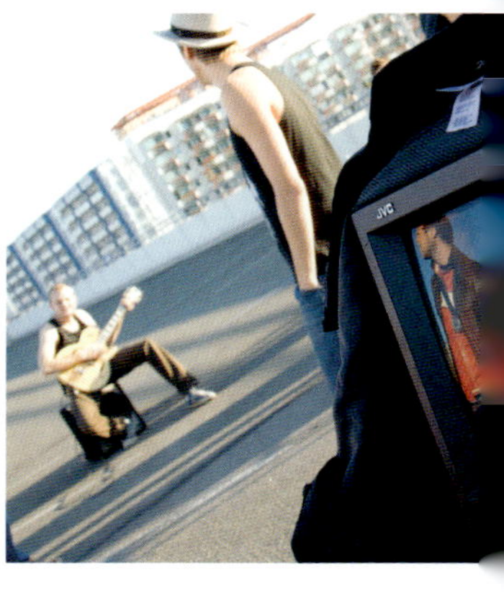
JVC

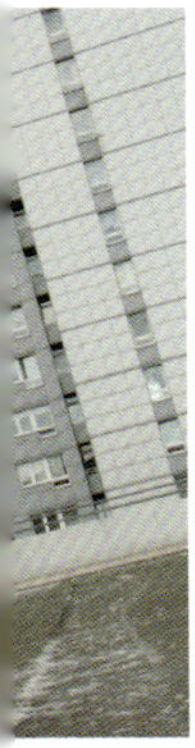
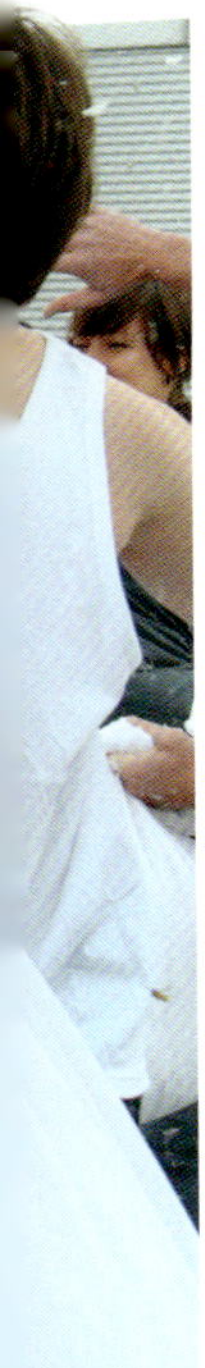
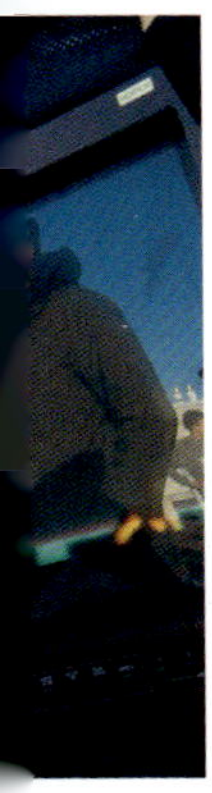
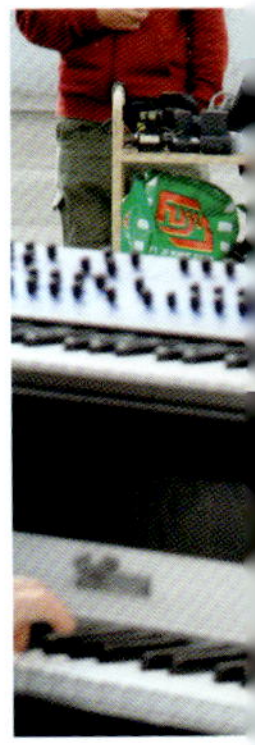
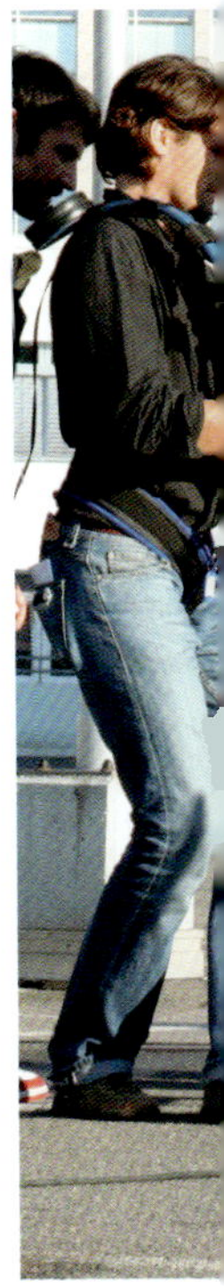
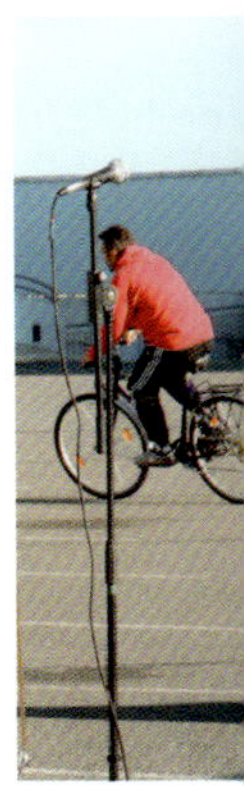

OUT OF SPACE

Out of Space? Wir waren doch eben noch eine kleine Band und plötzlich drehen wir Videos und das auch noch in Eigenregie ...

Eine abgefahrene Zeit: Wir waren in der Musikszene inzwischen bekannt, aber die normale Bevölkerung konnte, wenn sie schon mal etwas von uns gehört hatte, meinen Namen nicht richtig aussprechen.

»Wer: Clu-e-do?« – »Cleu-soo?« – »Clu-e-so?« Nur die wenigsten sagten »Clüüso«. Und Claudia Trede, unsere Promoterin, redete sich inzwischen schon fast sechs Jahre den Mund fusselig, um immer wieder zu hören: Wer ist denn dieser Newcomer?... Clueso?

Auf die Idee für das Video kamen Tino* und ich nachts nach einer wilden Kissenschlacht in unserer WG. Wir waren uns sicher, dass es nichts Sinnvolleres auf der Welt geben könnte als eine Schlacht unter Freunden.

Moritz, den ich noch von der Zeit in Köln kannte, hing mir seit Jahren in den Ohren, es doch endlich mal mit seinem Freund Baris als Regisseur zu versuchen: »Der ist fit, tickt ähnlich wie du und ist mindestens genauso verbissen.« Okay – überredet.

Die Begegnung war für mich eine der inspirierendsten der letzten Jahre, und aus unserer kreativen Zusammenarbeit wurde eine enge Freundschaft mit vielen Songs und Videos.

Baris und ich trafen uns damals im Zughafen und als wir gerade überlegten, wie wir das Video umsetzen könnten, nahm ich meine Gitarre und zupfte einfach so drei Akkorde – wie ein Mantra spielte ich sie vor mich hin ... Baris fragte sofort: »Was ist das für ein Song?«

Ich meinte nur: »Keine Ahnung, das kam grad so ...«

Baris meinte: »Hey, dazu würde irgendwas Wiederkehrendes in der Lyrik passen, ähnlich wie ein Gebetsgesang oder eine Formel, die man immer wiederholt.«

Erst wusste ich nicht, was er von mir wollte, aber ich ließ mich darauf ein ... Ich schrieb einen Satz auf und er dichtete mit, als hätte er nie etwas anderes gemacht. Unsere Gedanken überschlugen sich, wir fuhren uns aufgeregt und freudig ins Wort und in Windeseile hatten wir eine Strophe fertig. Wir entwickelten ein regelrechtes Konzept für diesen Song – die Idee war, eine Art lyrisches Möbiusband zu erzeugen, sodass man als Zuhörer außen langlaufen könnte und innen ankäme oder umgedreht. Zumindest war dies das Bild, was wir hatten.

Der Chorus folgte und in wenigen Minuten hatten wir ein fertiges Lied, eine Art gesungenes Gedicht, ohne gewohnt chronologische Struktur: *Gewinner*.

Wir schauten uns den Text an und Baris meinte: »Wow! Da haben wir wohl was zu verarbeiten!«

Das Video zu *Out of Space* rückte für diese Stunden in den Hintergrund, denn wir saßen einfach da und schrieben noch zwei weitere Songs.

Baris war der Regisseur, der sehr genau wusste, welche Bilder zusammenpassten, und ich begann, diese mit Worten auszumalen, die er wiede-

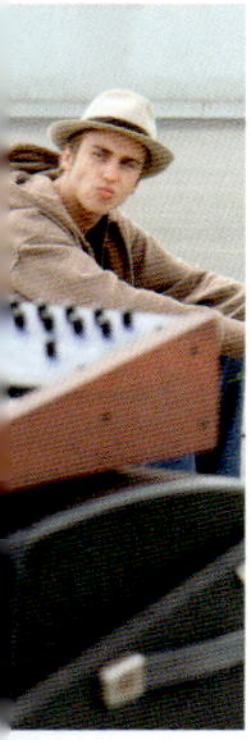

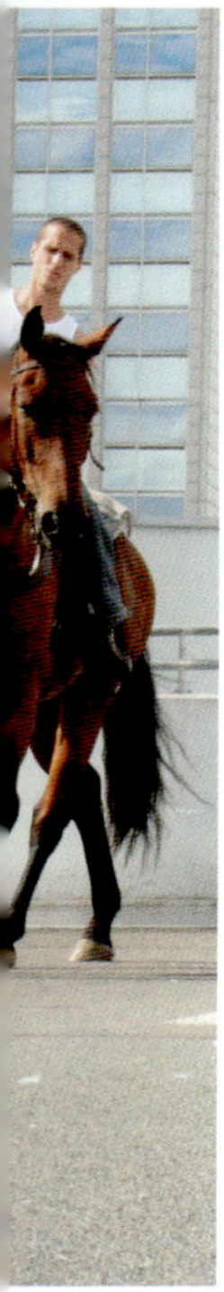

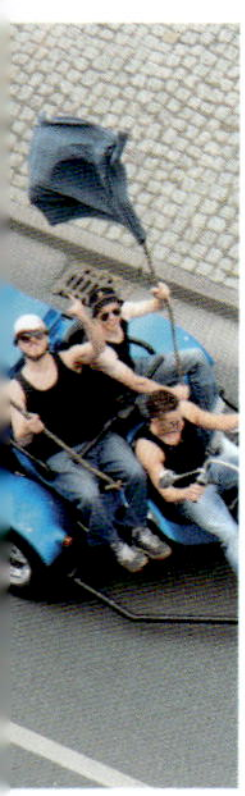

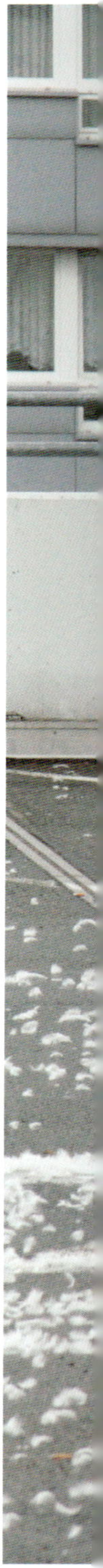

rum unter die Lupe nahm. Dabei behielt er immer das Wesen oder die Idee eines Songs vor Augen, und so konnte ich mich fallen lassen, einfach die Filter rausnehmen, schreiben ohne nachzudenken.

Inzwischen haben wir viele Songs zusammen geschrieben, auch ein paar mit anderen Künstlern für deren LPs wie Max Herre, Ingo Pohlmann oder Norman Sinn.

Aber wir wollten ein Video drehen. Am Abend schaute ich mir für die Idee mit der Kissenschlacht alle erdenklichen Geschichtsepen der letzten Jahre an, unter anderem *Braveheart* – ein sehr gutes Vorbild, so musste es werden.

Zwei Mannschaften, die sich gegenüberstehen, zwei Anführer und ein Kissengemetzel, dass die Federn fliegen. Als Anführer der Gegenmannschaft kam nur einer infrage ... mein zwei Jahre älterer Bruder Martin. Mit ihm hatte ich die meiste »Schlacht-Erfahrung«. Schon als Kinder haben wir uns mit Kissen im wahrsten Sinne des Wortes die Nächte um die Ohren geschlagen. Am Ende lagen wir meist am Boden, haben uns vor Lachen die Bäuche gehalten, oder einer heulte, weil es zu heftig war. Noch in der gleichen Nacht schrieb ich ihm eine SMS, was er von der Videoidee hielte. Die Antwort war kurz und bündig: »Ich mach dich fertig!«

Baris führte Regie und ich holte noch die Jungs von Blumentopf, mit denen ich mich super verstand, und Immo und Big LeBastie**. Irgendwer besorgte ein Pferd, ein Trike, zwei Puffbohnen-Kostüme (das Maskottchen von Erfurt) und wir luden die Fans der ersten Stunde und viele Freunde ein, vorbeizukommen und sich mit uns zu prügeln, bis die Sonne untergeht.

* *Tino ist ein Freund aus dem engsten Kreis. Als Inspirationsquelle und Kreativkopf ist er auch maßgeblich am »Weit weg«-Design beteiligt und bekannt durch den Track »Ey Tino« vom selben Album.*

** *Blumentopf (Hiphop-Band aus München), Immo und Big LeBastie (beide Sänger und Rapper) sind alte Musikerfreunde.*

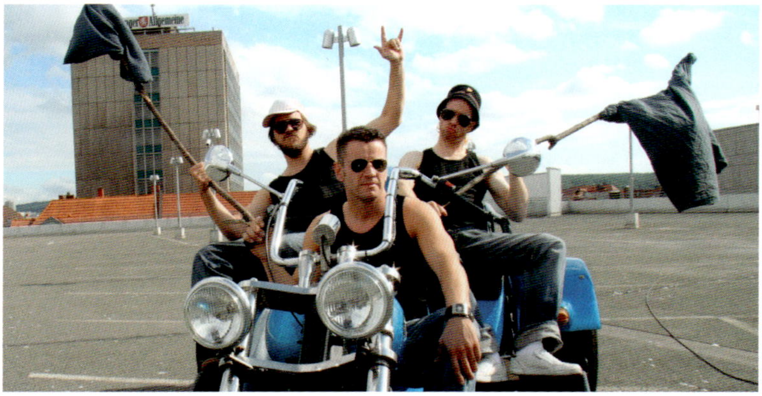

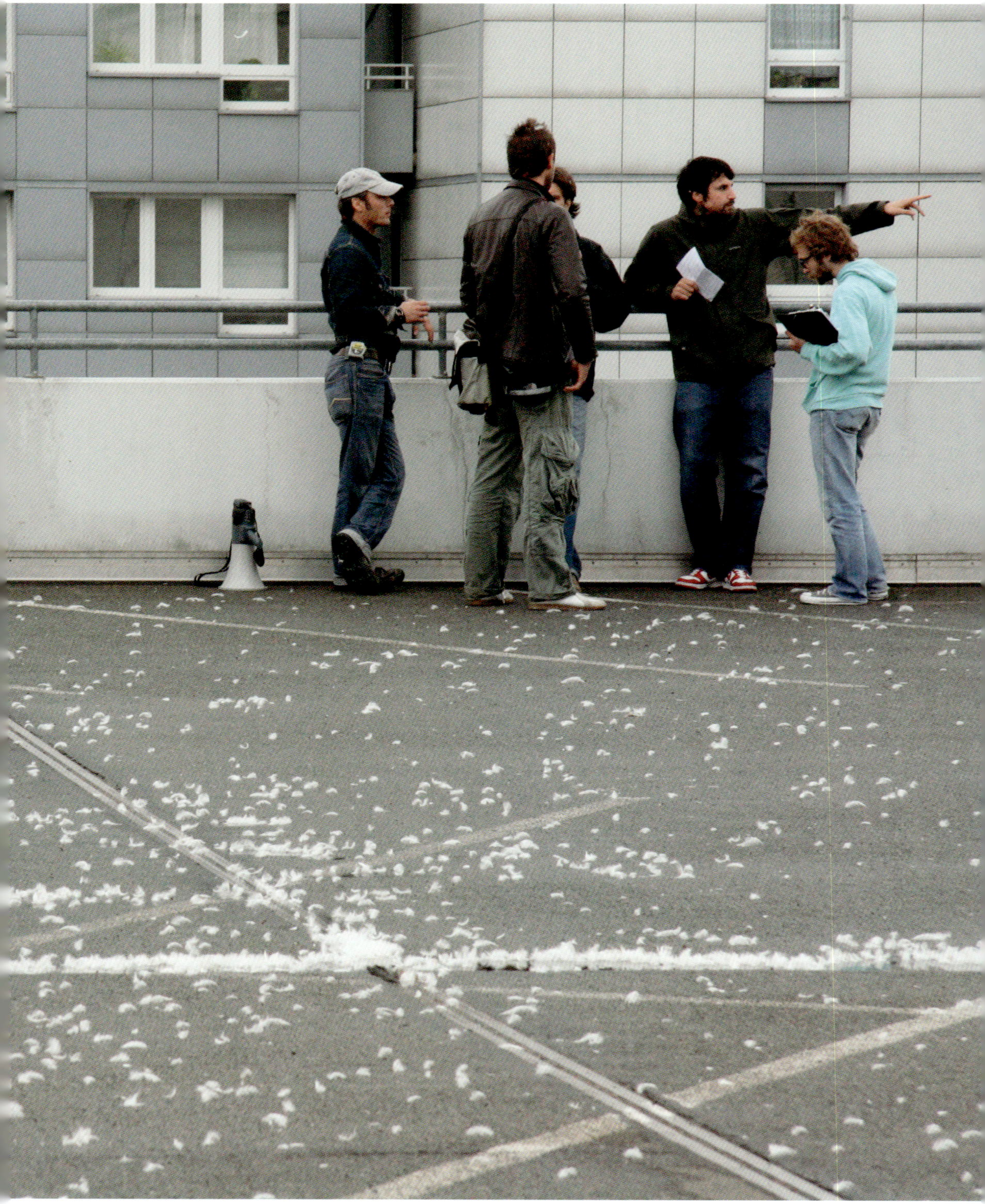

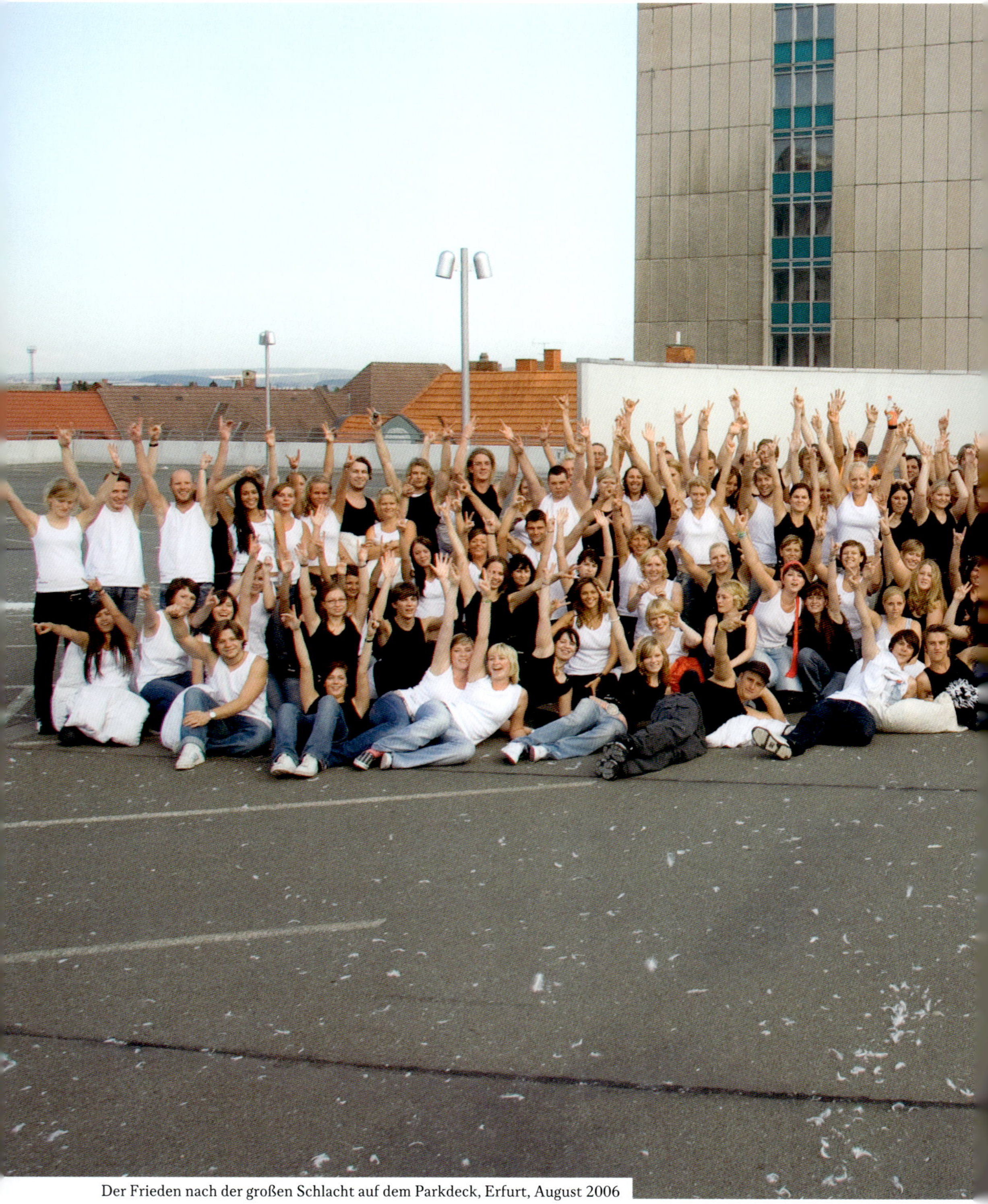

Der Frieden nach der großen Schlacht auf dem Parkdeck, Erfurt, August 2006

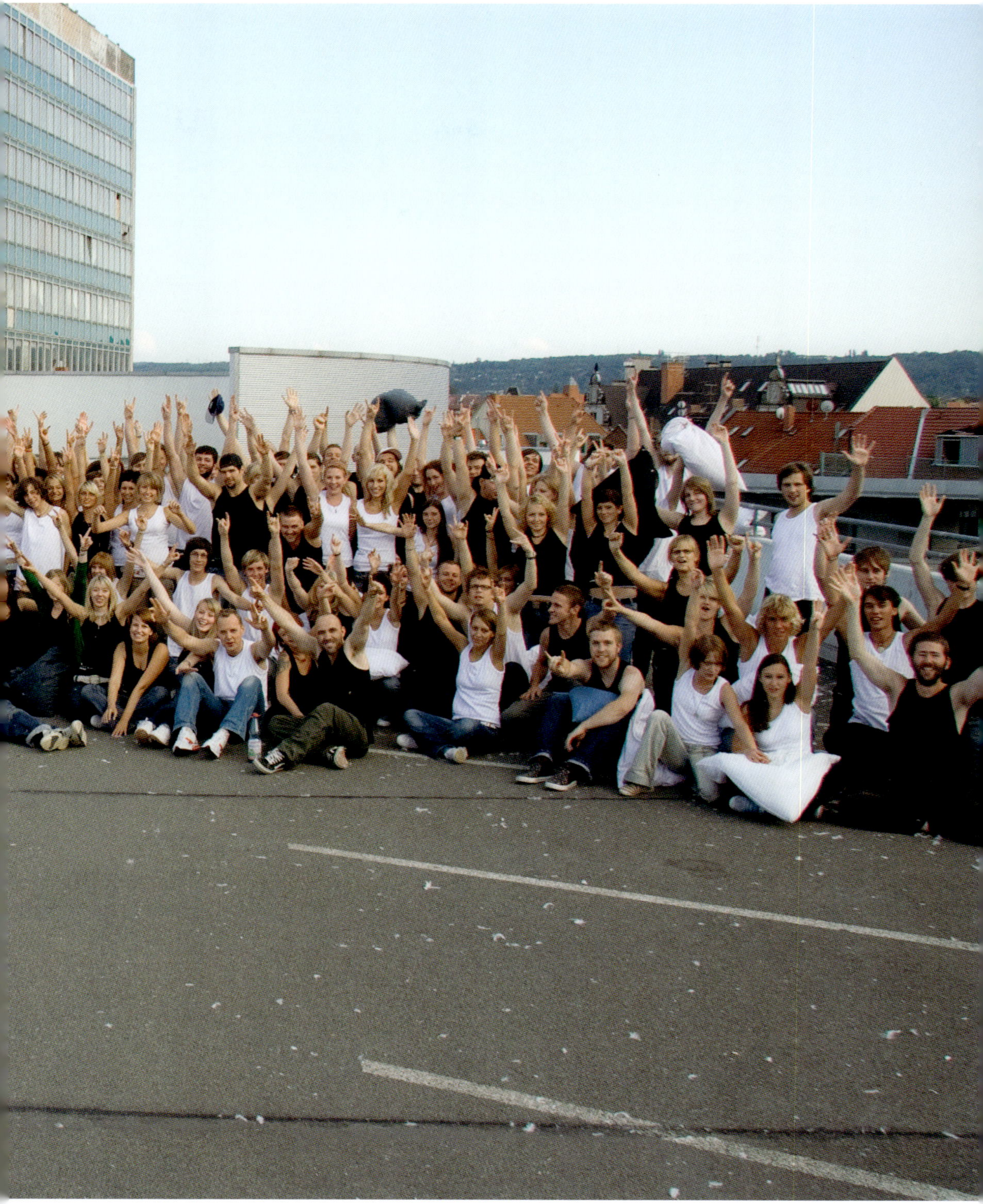

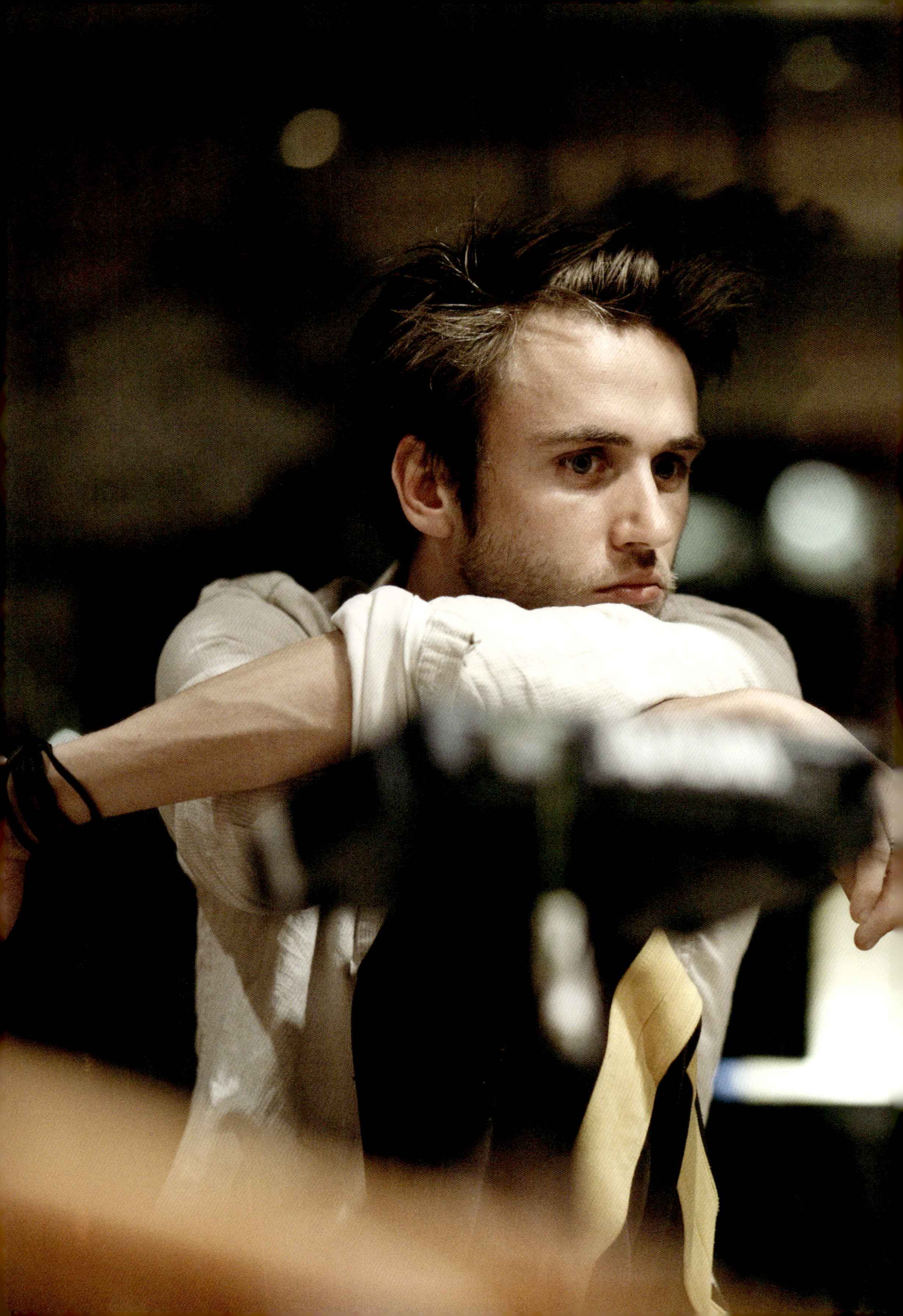

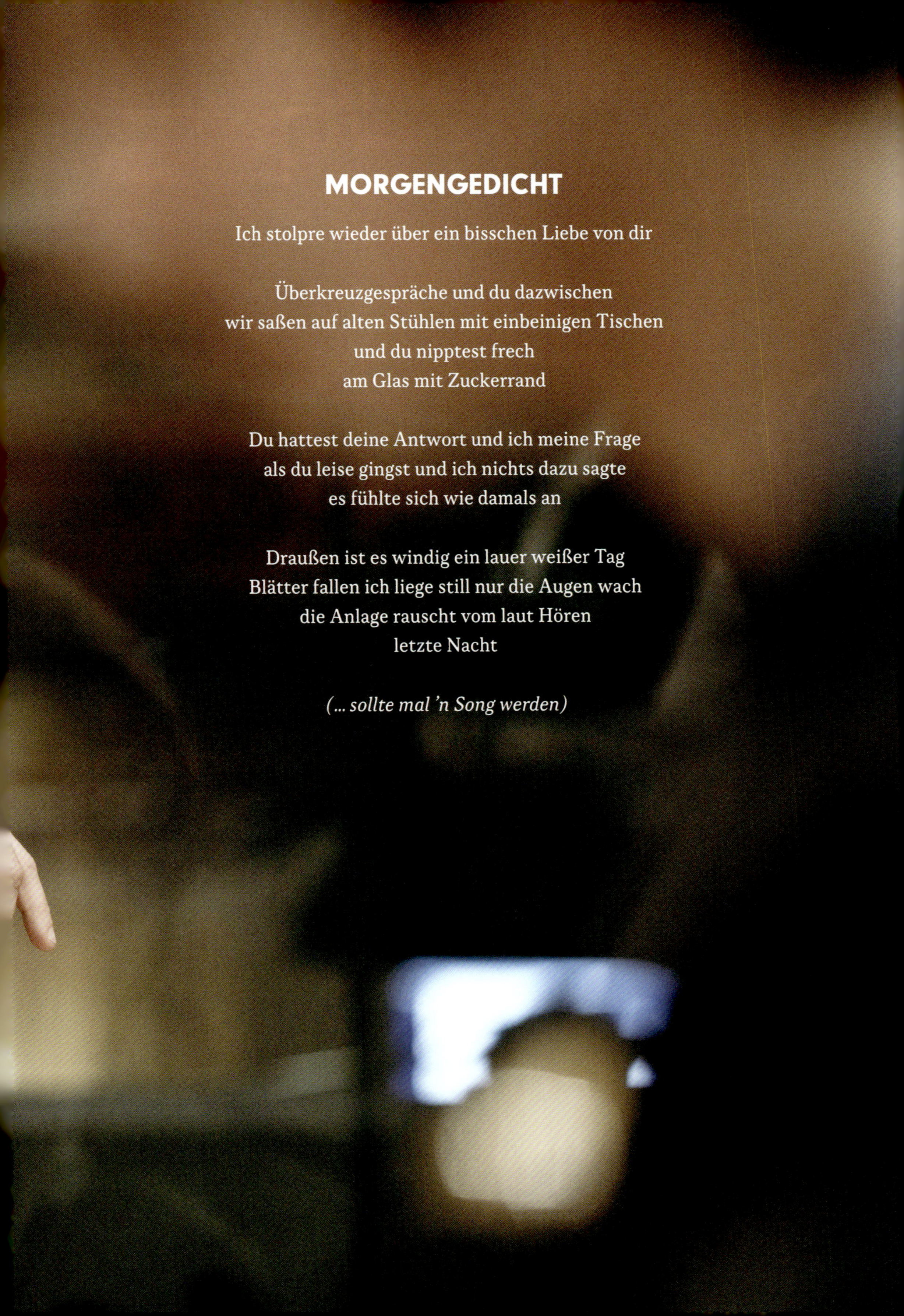

MORGENGEDICHT

Ich stolpre wieder über ein bisschen Liebe von dir

Überkreuzgespräche und du dazwischen
wir saßen auf alten Stühlen mit einbeinigen Tischen
und du nipptest frech
am Glas mit Zuckerrand

Du hattest deine Antwort und ich meine Frage
als du leise gingst und ich nichts dazu sagte
es fühlte sich wie damals an

Draußen ist es windig ein lauer weißer Tag
Blätter fallen ich liege still nur die Augen wach
die Anlage rauscht vom laut Hören
letzte Nacht

(... sollte mal 'n Song werden)

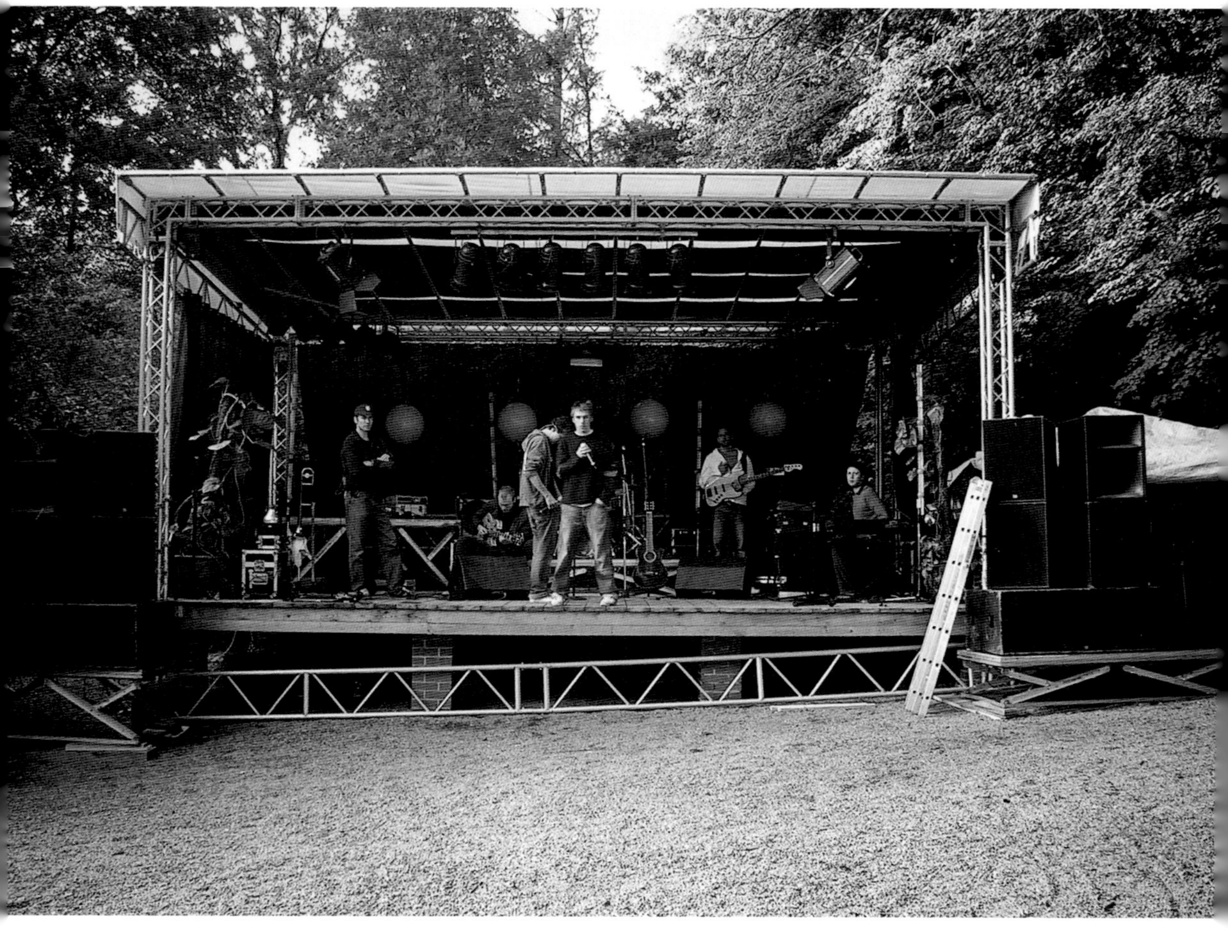

Sudhaus in Tübingen, 12.8.2006

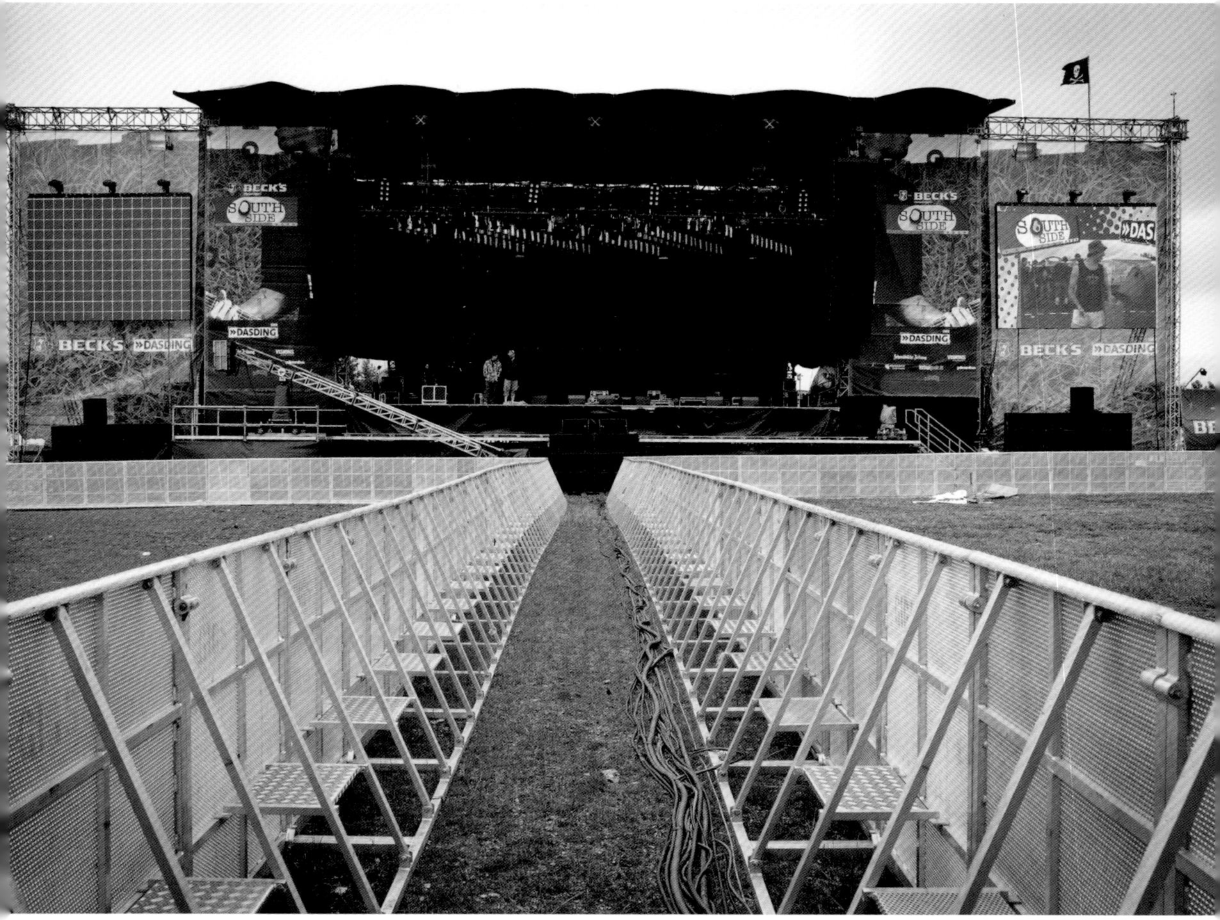

Southside Festival, 19.6.2009

Text: 2001

SAG MIR WO

Seitdem ich von mein' Eltern entfernt auf Reisen bin,
fühl ich mich im Kern wie 'n Waisenkind auf der Suche nach dem heißen Sinn,
der kleinen Ewigkeit, nur is das eklig weit,
also beweg ich mich halt auf dem Lebensasphalt in Richtung FREIHEIT,
die ein' fürstlich empfängt, wenn man sich auskennt,
dabeibleibt, seinem Schatten vorausrennt,
nur brauch ich auch mal Zeit, um mich mal auszuruh'n, abzumatten,
Resümee zu zieh'n, den Rest der Welt laut auszubuhen,
deswegen such ich nach beiden verkrampft wie 'n Epileptiker,
beweg mich tagtäglich und täglich wird es heftiger,
ich bin nicht lebensmüde, nur brauch ich Ruhe für morgen,
wie kann ich für Ruhe sorgen, wenn ich ständig umworben von Großstadtlärm und Musik bin,
von Props ausgesetzt wie Kritik bin, schweißgebadet wie 'n Fick bin,
ich brauch 'nen Tempel, nicht das Loch,
wo meine Sachen steh'n, ist mein Zuhause,
will mich ausruh'n, brauch 'ne Pause.

Sag mir wo, Baby, sag mir, wo ist mein Zuhause, sag mir wo,
sag mir, wo ist mein Zuhause, sag mir, wo, Baby, sag mir, wo ist mein Zuhause?

Wenn ich nach Hause komm,
dann mit der Gewissheit,
dass das Wort »dauerhaft« für mein Domizil auf Dauer halt Beschiss bleibt,
das reibt mich tagelang, ich bleib Nomade, Mann,
deplatziert greift mein Gedankengang,
nur schwer komm ich dagegen an,
ihr seid der Meinung, alles kalter Kaffee, was ich sag,
den nächsten Platz, die nächste Stadt seh ich am nächsten Tag,
deswegen halt ich's nie lang aus, außer am Mikrofon,
ich weiß, mein Refugium bleibt wie ich vorm Publikum,
es gibt viele, deren Weitsicht ist so ausgeprägt,
dass das momentane Herz nur kleinlich schlägt,
sich alles peinlich bewegt, alles sinnlos klein scheint wie von oben herab,
man nicht mehr Sinn für Ruhe, nur noch Sinn fürs Toben hat,
was ich sag, wirkt verboten hart,
aber ich sag nur, was ich fühl.
Ich hab Hummeln im Arsch,
dauernd sitzen ist für mich zu viel,
will mich bewegen, was bewirken,
das mit Überschall,
ich will von Stadt zu Stadt,
denn zu Hause bin ich überall.

Sag mir wo, Baby, sag mir, wo ist mein Zuhause, sag mir wo,
sag mir, wo ist mein Zuhause, sag mir wo, Baby, sag mir, wo ist mein Zuhause?

Text: 2009

GEWINNER

An allem, was man sagt, an allem, was man sagt, ist auch was dran!
Egal wer kommt, egal wer geht, egal, es kommt nicht darauf an.
Ich glaube nichts, ich glaub an dich, glaubst du an mich, ich glaub, ich auch.
Ich frage mich, ich frage dich, doch frag ich nicht, fragst du dich auch?

Ich bin dabei, du bist dabei, wir sind dabei, uns zu verlier'n.
Ich bin dabei, bist du dabei, sind wir dabei, uns zu verlier'n?
Ich bin dabei, du bist dabei, wir sind dabei, uns zu verlier'n.
Ich bin dabei, bist du dabei, bin ich dabei, uns zu verlier'n?

Leichter als leicht geht es vielleicht, leichter als das, was vielleicht war!
Leichter als leicht, ist nicht weit von hier zu dem, was noch nicht war.
Suchst du mich, dann such ich dich. Ist die Versuchung groß genug?
Ich lass es zu. Komm lass es zu. Komm lass es uns noch einmal tun!
Ich geb nicht auf. Gehst du mit mir? Gehst du mit mir mit auf uns zu?
Fällt dir nichts ein? Komm, leg nicht auf, komm, reg dich auf und komm zur Ruh.

Ich bin dabei, du bist dabei, wir sind dabei, uns zu verlier'n.
Ich bin dabei, bist du dabei, sind wir dabei, uns zu verlier'n?
Ich bin dabei, du bist dabei, wir sind dabei, uns zu verlier'n.
Ich bin dabei!! Du bist dabei!! Wir sind dabei!!
Ich bin dabei!! Bist du dabei?! Sind wir dabei?!

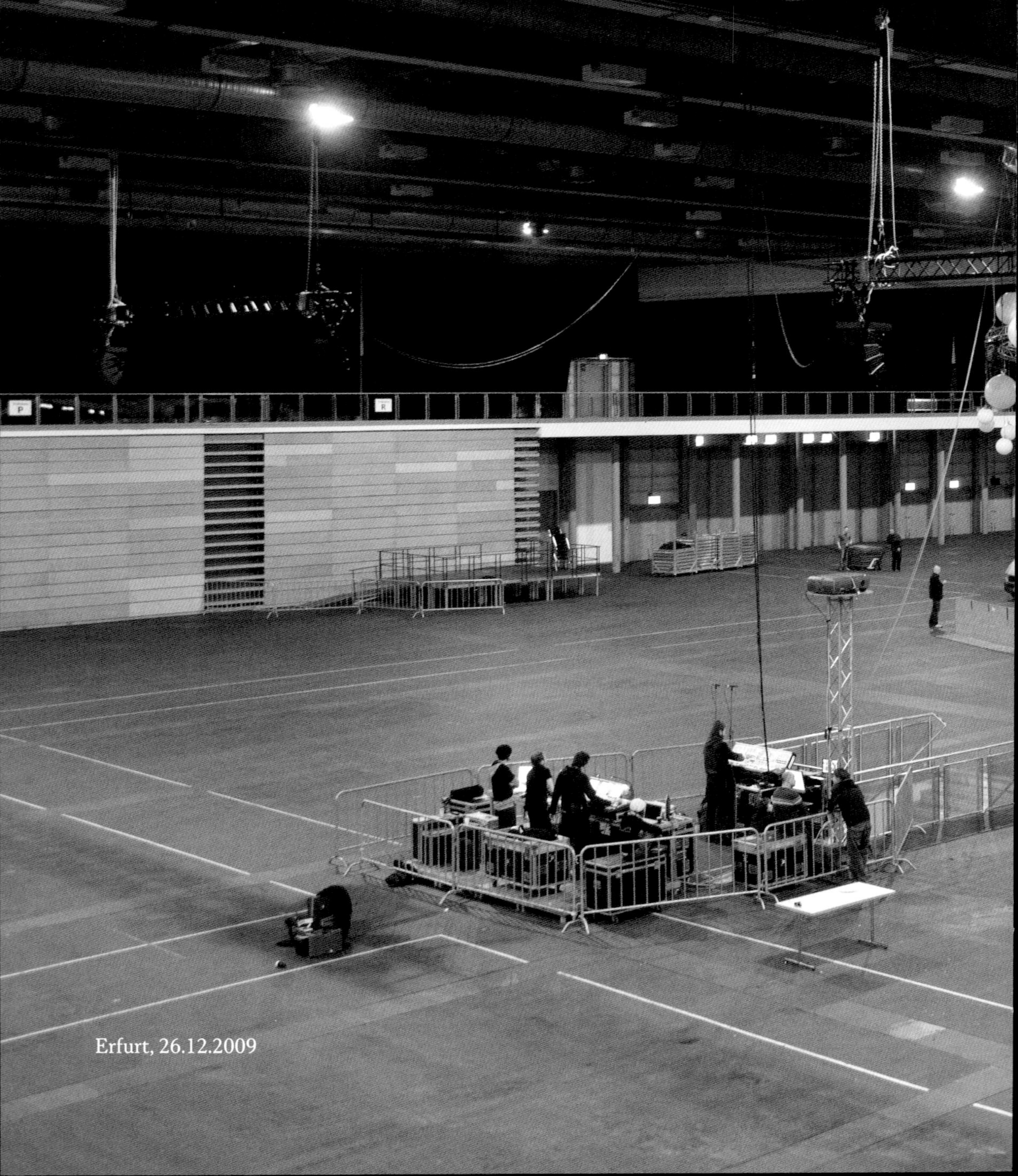

Erfurt, 26.12.2009

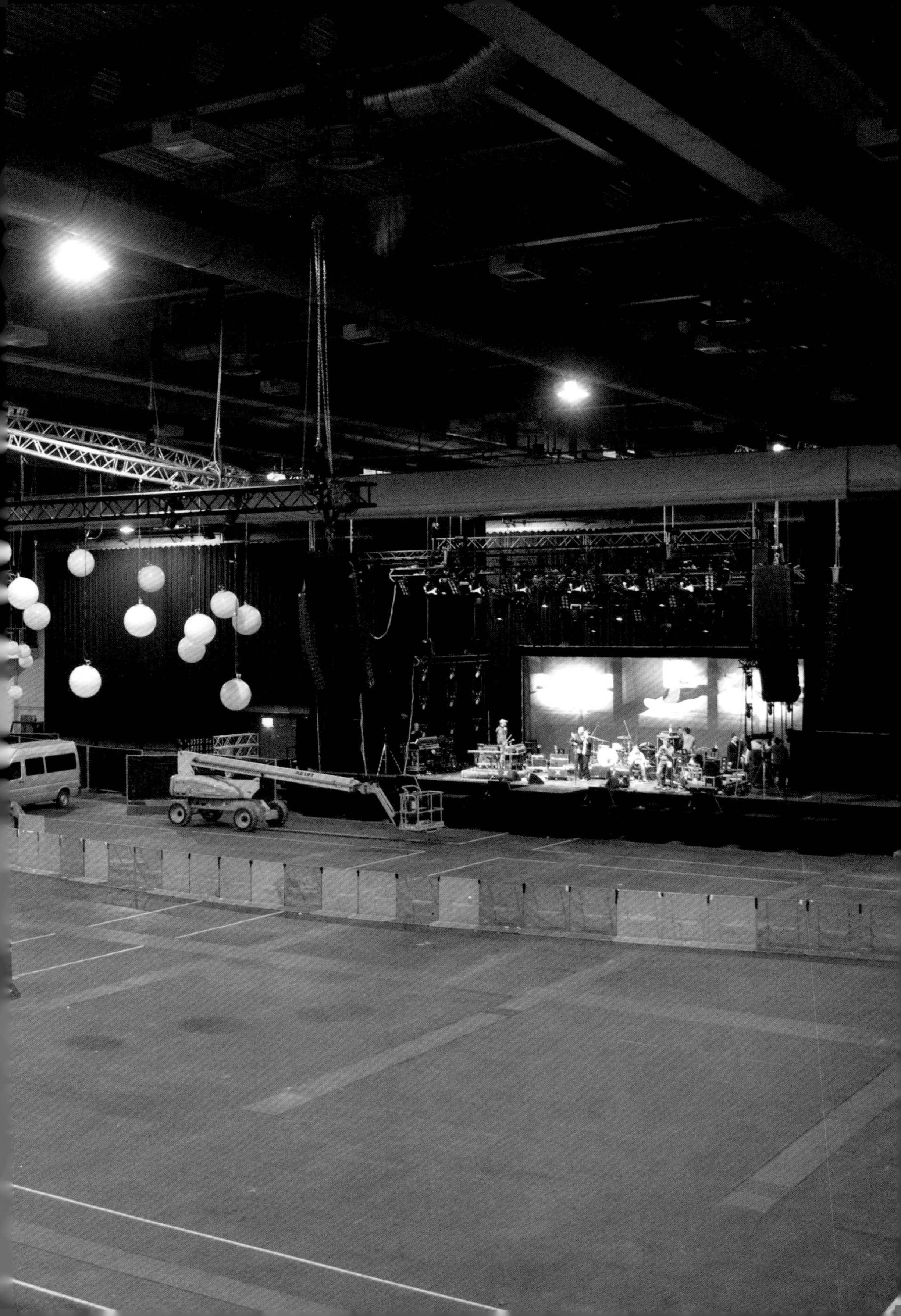

FLUGHÄFEN

Ich mag Flughäfen. Das liegt nicht nur am angenehmen Gefühl des Verreisens, sondern auch daran, dass man, wenn man irgendwo zwischenlandet, in der Regel Zeit übrig hat, sodass man am Boden für eine gewisse Zeit in der Luft hängt. Dazu sieht man Menschen aus der ganzen Welt. Man fühlt sich mit ihnen verbunden oder besser gesagt »dazugehörig«. Wie auf einem Festival in einem Backstage mit Künstlern aus aller Herren Länder. Eigentlich ist ein Flughafen ungemütlich, eine Abfertigungshalle für Menschen von Menschen mit wenig Sinn für Gemütlichkeit.

Aber ich mag diese Umgebung, in der Familien auf dem Boden rumlungern, Leute auf unbequemen Bänken pennen und die Schuhe brav daneben liegen. Ich mag, wie Internetsüchtige um eine Steckdose kämpfen oder Typen wie ich auf dem Klo ihre alten Socken wegschmeißen, um in frische, neugekaufte, völlig überteuerte Markenartikel zu schlüpfen, während draußen exotische Frauen in Uniform mit ihrem Rollkoffer dem Kapitän hinterherwackeln und die ihnen nachstarrenden Männer nicht mit dem Arsch angucken – ja, da könnt ich ausflippen vor Freude.Was ich auch mag: dass mich wenig Leute ansprechen.

Auf Flughäfen fühl ich mich weltnah, eroberungslustig und auf Mission ... ja selbst auf einem Inlandsflug beweg ich mich so, als wär ich auf einer Weltreise. Ich weiß nicht, wie viel Zeit ich in den letzten Jahren durch Workshops mit dem Goethe-Institut, Videodrehs oder Pressereisen auf Flughäfen verbracht hab. Aber der von Kuala Lumpur war für mich der beeindruckendste von allen. Ein niemals schlafendes Monster von Flughafen, mit Zügen, die scheinbar führerlos durch eine Glas-Mamor-Welt gleiten und einen mit automatischen Ansagen wie von selbst zur nächsten noch größeren Halle führen.

Ich werde den Aufenthalt in Kuala Lumpur aufgrund einer kleinen Begegnung mein Leben lang nicht vergessen. In einem Café saß mir gegenüber ein zierliches von der Morgensonne angeleuchtetes Mädchen. Wir saßen an einem Tisch neben einer Glasscheibe, die bis ins Unendliche in die Höhe zu ragen schien, während dahinter in einem Aquarium tonnenschwere Flugzeuge wie riesige weiße Wale umherschwammen, nach oben und unten tauchten oder einfach nur stumm zur Seite schielend vorbeischwebten.

Sie lächelte nach jedem kleinen Bissen, den sie machte, und schnipste frechen Blickes einen Krümel weg, der sich zwischen Mittel- und Zeigefinger verirrt hatte ... Und lachte wieder herzlichst und voller Wärme, als sie sah, dass er nur knapp an meinem Kaffee vorbeiflog.

Neben mir stand meine Gitarre, zu der sie andauernd rüberschielte, als wollte sie sagen: »Na los, spiel ... bitte, nur ein kleines Lied ... für mich.« Als ausgleichende Gerechtigkeit musterte ich unauffällig ihren Körper. Sie hatte schöne Haut und ein liebevolles Muttermal am Hals, kleine süße Brüste und trug unaufdringliche, lässige Kleidung. Mir ging durch den Kopf, ihr einfach meine Nummer oder E-Mail-Adresse zuzustecken.

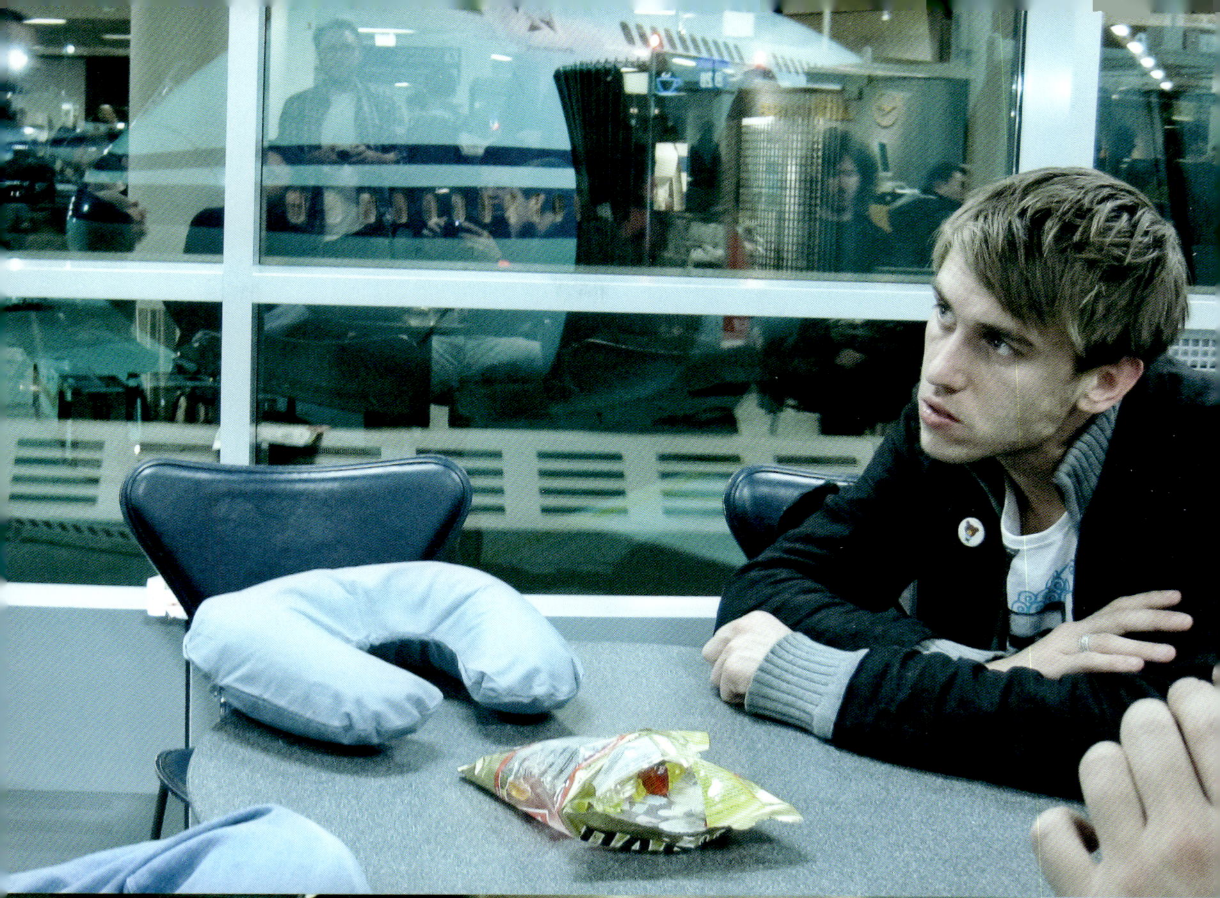

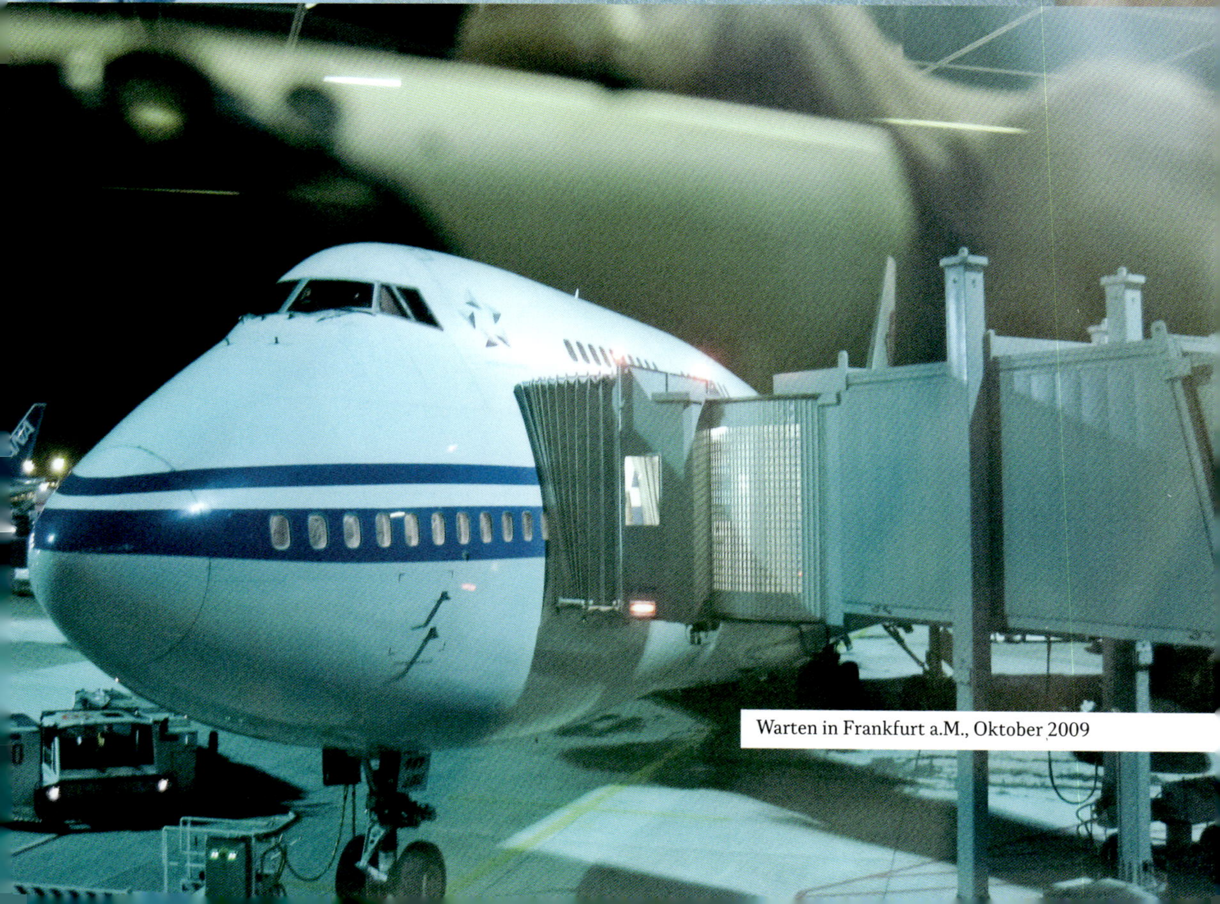

Warten in Frankfurt a.M., Oktober 2009

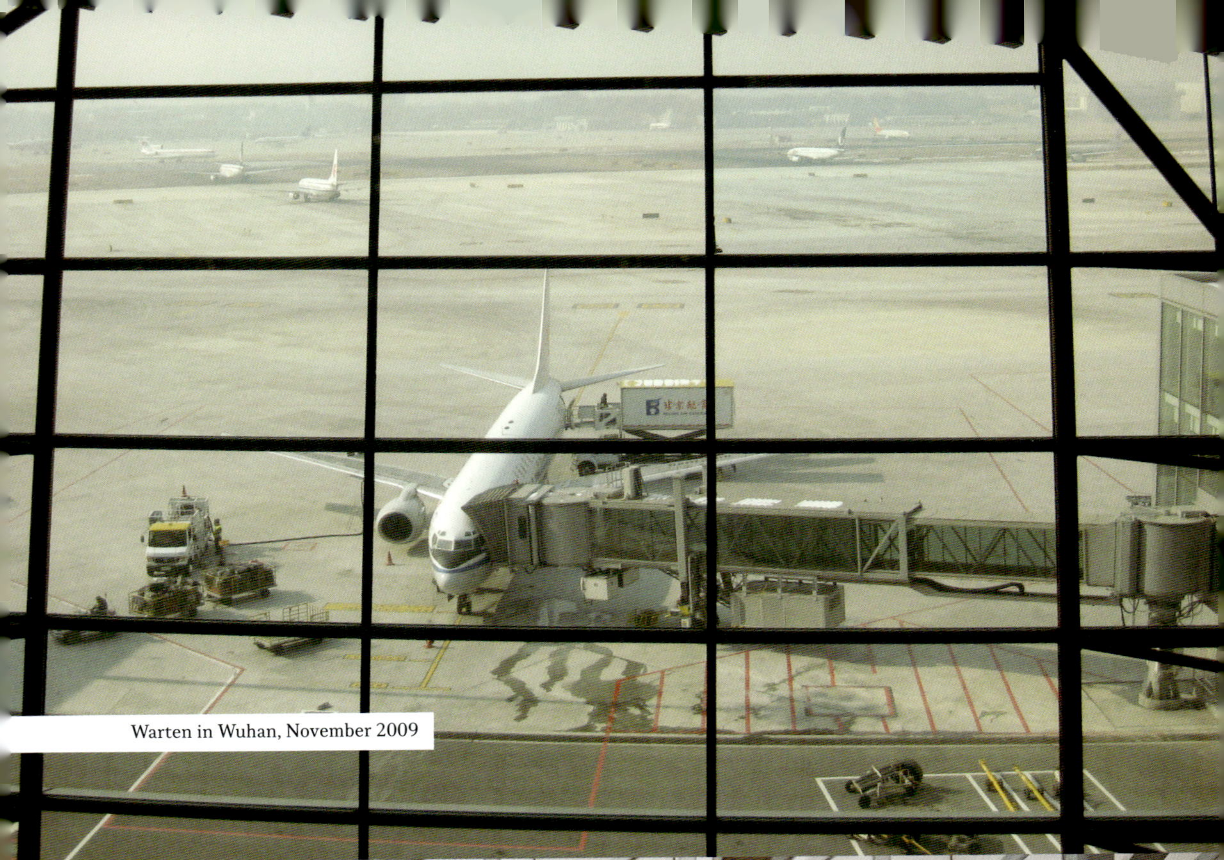

Warten in Wuhan, November 2009

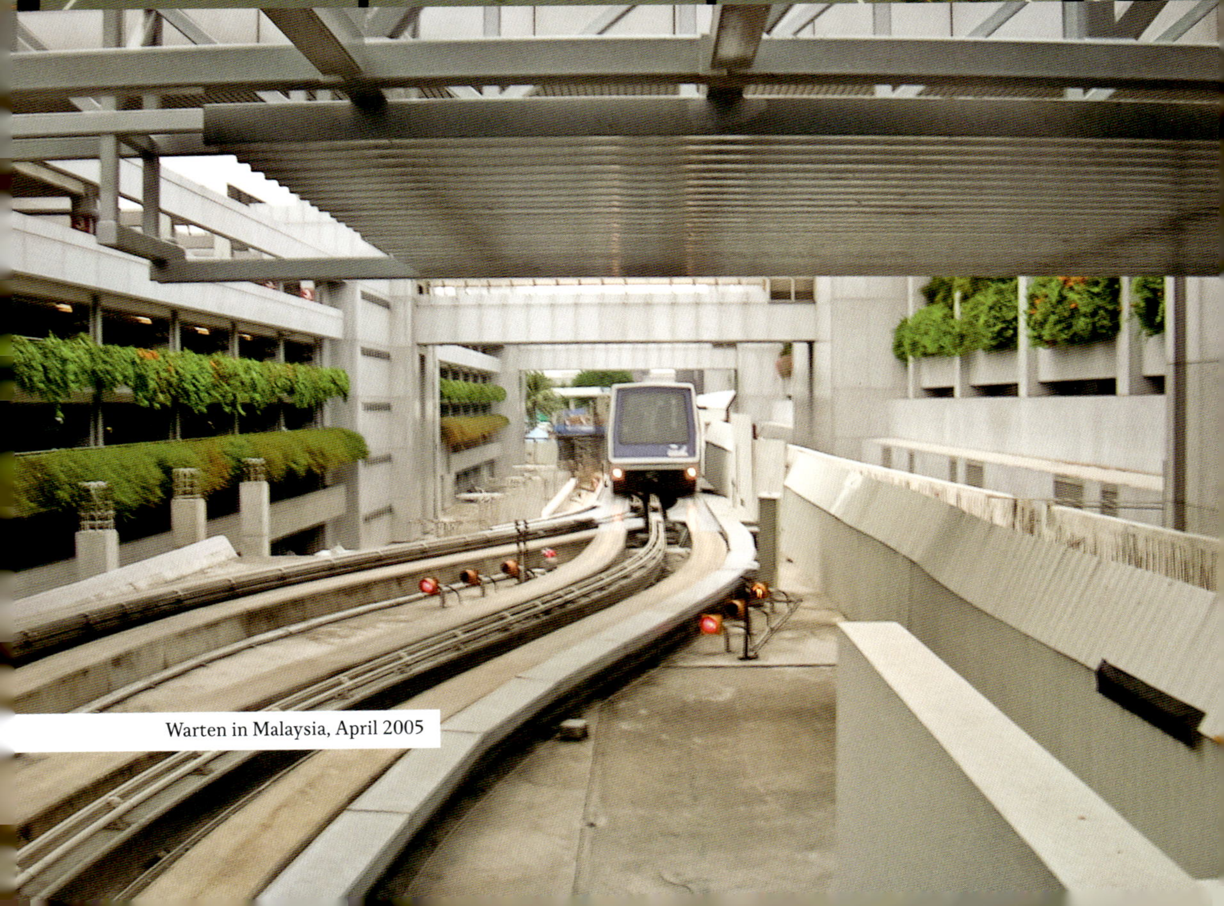

Warten in Malaysia, April 2005

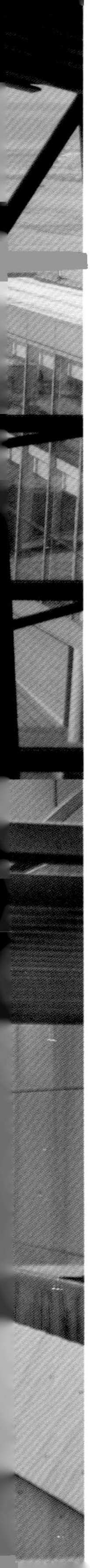

Aber was dann? Sofort wurde ich dabei gebremst, einen kleinen Schritt in die von vornherein aussichtslose Situation zu wagen. Aus welchem Land kam sie? Vermutlich kam sie grad aus dem Urlaub und wahrscheinlich würde gleich ihr nach Sonnencreme riechender Freund vom Klo kommen.

Plötzlich sprang sie auf, lief links in die Halle neben dem Duty-free-Shop und umarmte ein anderes hübsches Mädchen. Sie kam zurück, nahm ihre Tasche und sagte leise: »Bye«, schaute mir dabei zum ersten Mal ernst und länger in die Augen, drehte sich um und war für immer weg. Ich hatte noch sieben Stunden Aufenthalt, sie aber in dieser Zeit nicht mehr gesehen. Ständig schwirrten mir Textzeilen durch den Kopf – ich fand ein Plätzchen in einer der oberen Etagen. Perfekt! Ein leeres Gate – ein Boden mit Teppich, ein Fenster mit Blick auf die Landebahn, kein Mensch, nur meine Gitarre, ein silberner Mülleimer und ich.

Es lief ab wie im Traum. Ich schaute noch einmal zu den Walen, packte die Gitarre aus, suchte eine Melodie in zwei sehnsuchtsvollen sommerlichen Akkorden und schrieb auf die Ticketrückseite die erste Strophe von *Mach's gut*. Ich wusste, dass es ein guter Song werden würde, voller Sehnsucht – ich hatte ein Gefühl wie Fern- und Heimweh zugleich.

Ich schrieb die ersten Gedanken in ganz einfachen Sätzen auf.

»Egal, wohin du gehst ... mach's gut.«

Ein stolzes, wenn auch leicht trauriges Gefühl überkam mich, als sich später der riesige Flieger vom Boden stöhnte und dieser übergroße Flughafen allmählich zu einem kleinen metallenen Seestern wurde, der im Weiß verschwand, als wir lautlos in die Wolken tauchten.

Mach's gut (vom dritten Clueso-Album *Weit weg*)

Ich check ein und du checkst aus
wir war'n zu früh am selben Gate
Aufenthalt im gleichen Haus
der eine kommt der andere geht
Passagiere sind nur Besucher
vielleicht kommst du ja vom andern Kontinent
mach's gut egal wohin du gehst
mach's gut egal wohin es dich auch trägt

Unter uns die Erde
in 'nem Vogel der nicht mit den Flügeln schlägt
unbezwungene Berge
alles klein was sich sonst groß versteht
Passagiere sind nur Besucher
vielleicht fliegst du grad über 'nen anderen Kontinent
Mach's gut egal wohin du gehst
mach's gut egal wohin es dich auch trägt

MASCHINE

Den Schlaf kann ich mir heute wohl schenken • die Maschine ist am Klappern Rattern und Denken • dort • hinter der Stirn • box ich mit Schatten • kämpfe mit den Fäusten • kann trotzdem nichts machen • die Zeit hängt wie ein Klotz in meinem Nacken • denk nach • oft über Sachen die längst schon in Sack und Tüten sind • Gedanken stampfen • wie ein wütendes Kind • ich kann mich nicht wehren • weil alles überhandnimmt • es ist ein kratzendes wachsendes • Fieber von innen • ich bin genervt von dieser nächtlichen Reise • und werfe wütend meine Decke beiseite • geh raus • und es fängt an zu pissen • auf dem Boden • der Mond zerspringt in den Pfützen

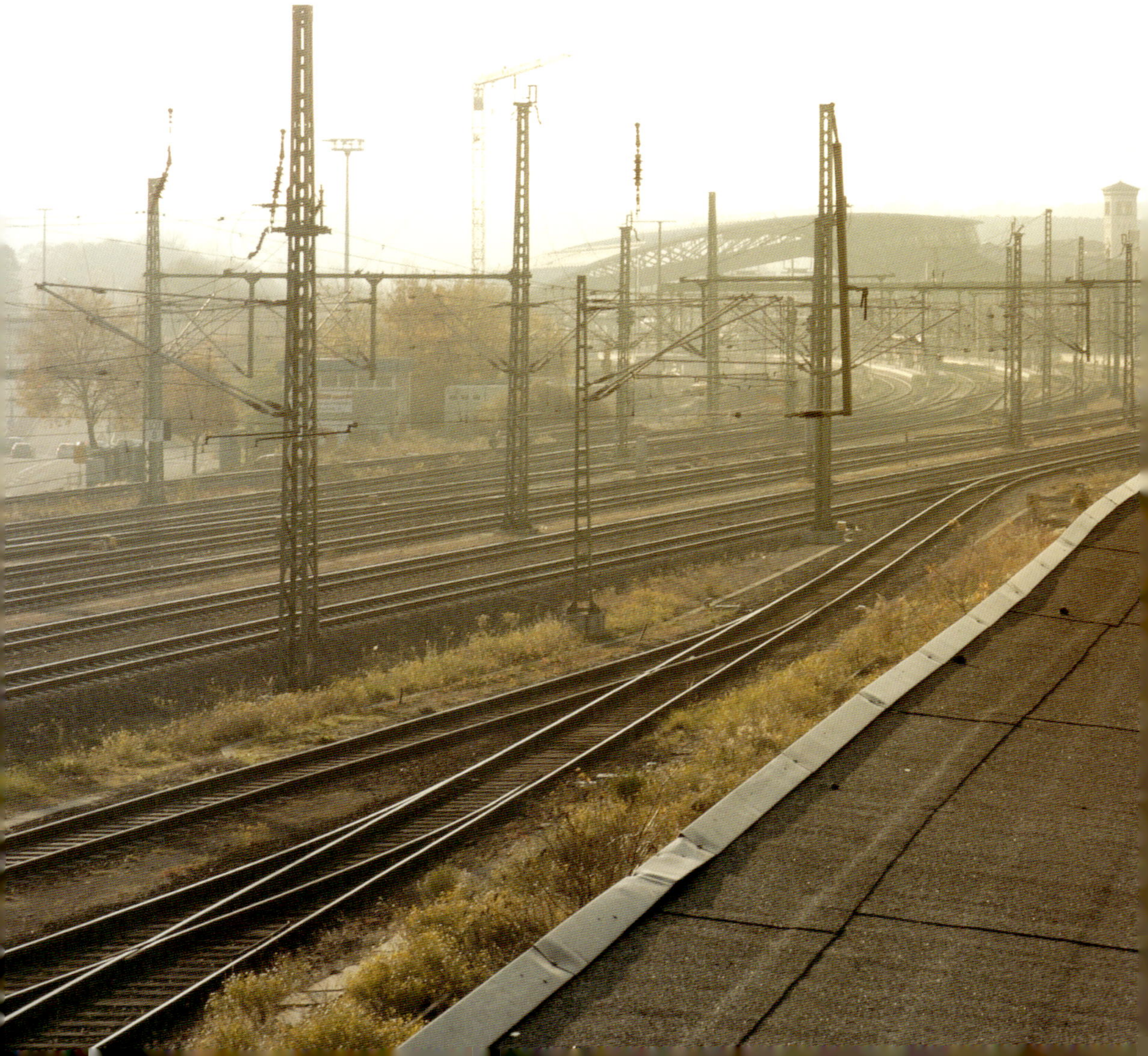

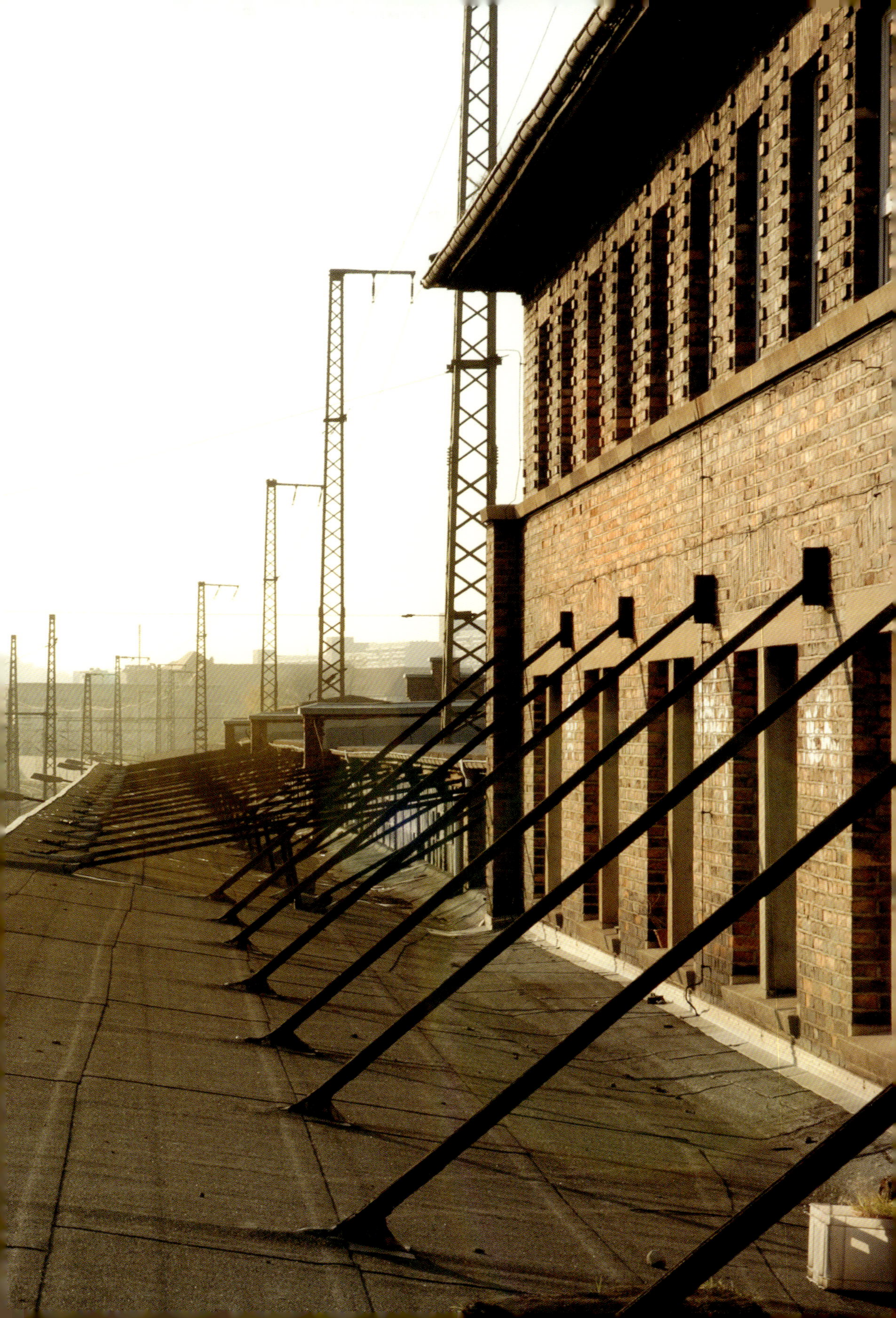

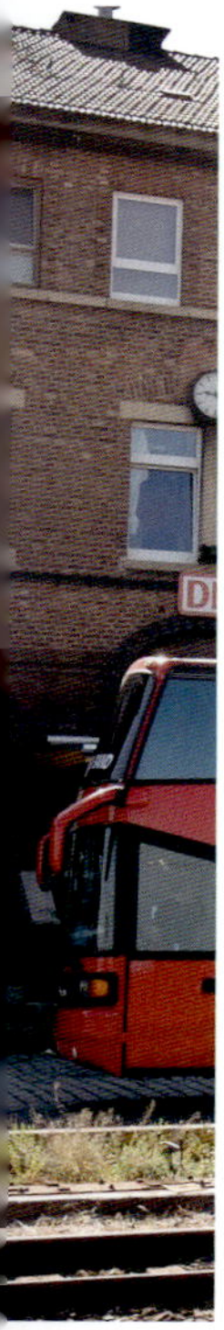

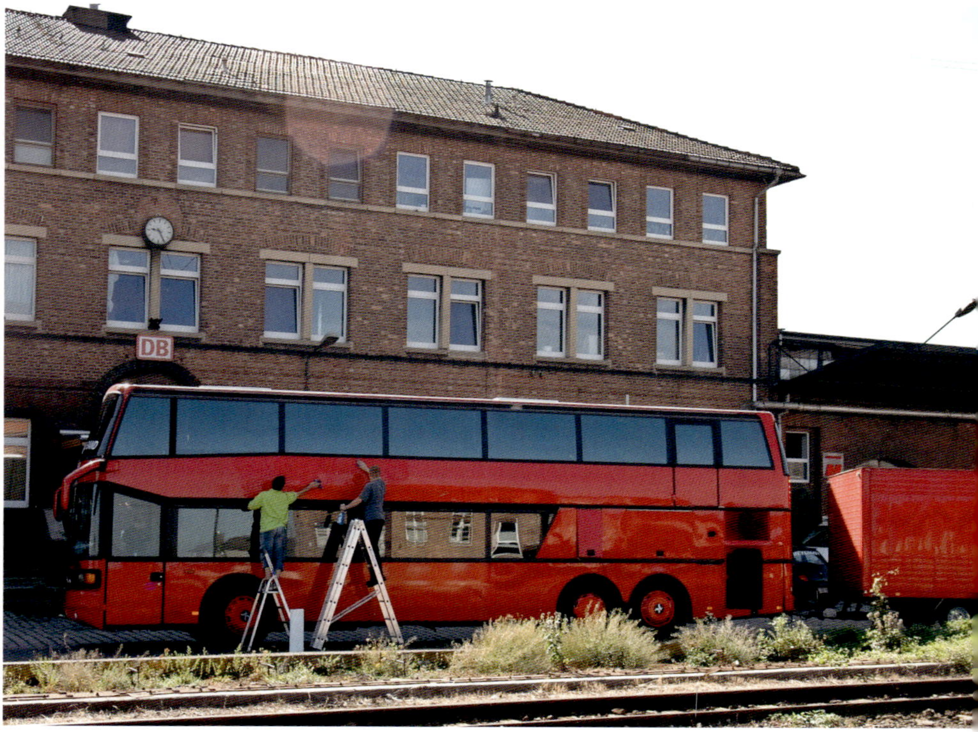
DB

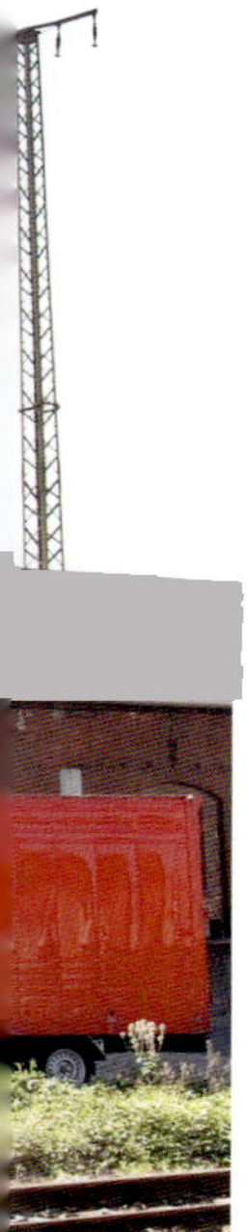

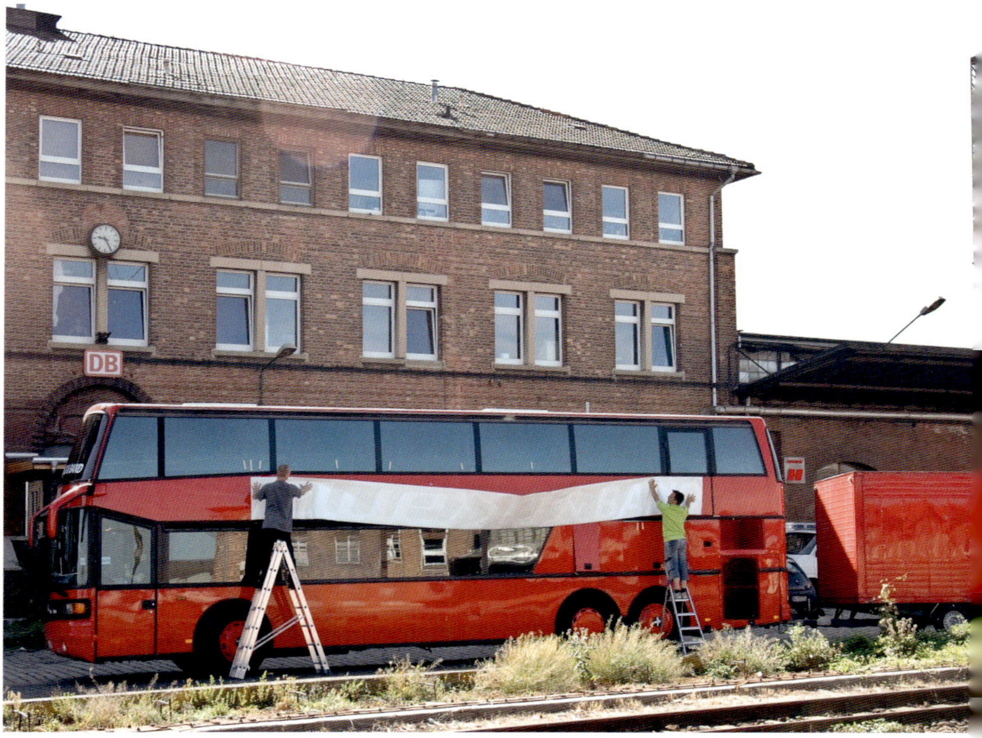
DB

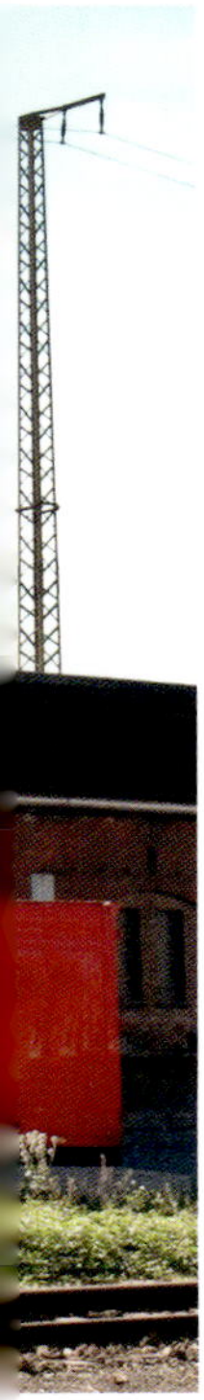

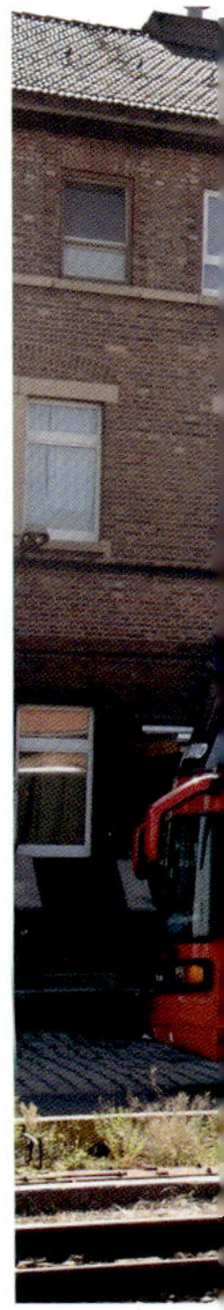

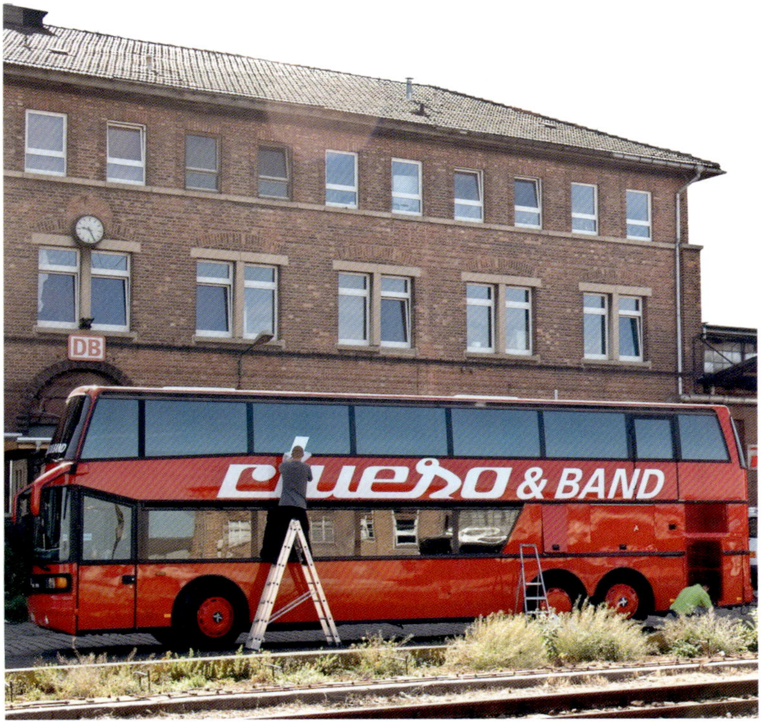

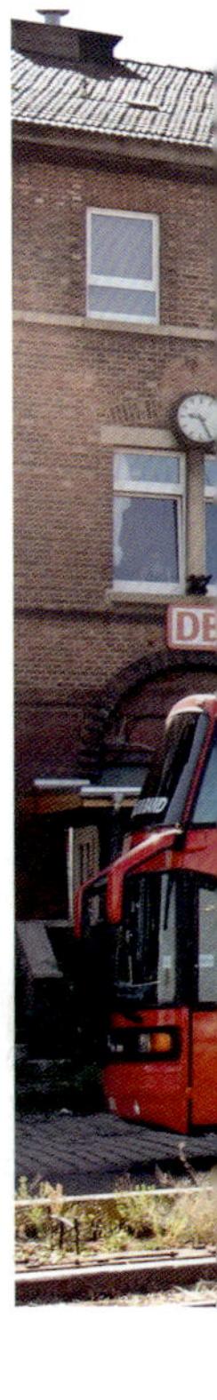

HAFEN UND SEIN

Der Zughafen ist meine Basis, mein Zuhause. Was in der Musik Klang und Kunst ist, sind im Zughafen Hingabe, Leidenschaft, Innovation und eine tief verwurzelte soziale Idee, die auch in meiner Musik und allen dazugehörigen Projekten zu finden ist sowie in den anderen Kunstkollektiven, die in dem unscheinbaren Haus Zum Güterbahnhof 20 angesiedelt sind.

Das alte Backsteinhaus stand 2001 leer – nach neun Jahren sind die zweitausend Quadratmeter in Eigenregie ausgefüllt. Im Zughafen findet man Kunst und Kultur in Form von Studios und Betrieben, künstlerischen Interessenkollektiven und kleinen Firmen, ein Netz von Synergien liegt über dem Haus, das dem Untergang geweiht war, wie so viele verfallene Backsteingebäude in anderen Geisterstädten oder -gegenden.

Eigentlich muss man selbst einmal dort gewesen sein, um diese angenehme Energie zu spüren. Deshalb hatte Andie schon relativ früh die Idee, »Elternabende« zu veranstalten – wir grillen und zeigen unseren Familien, was so alles entstanden ist ...

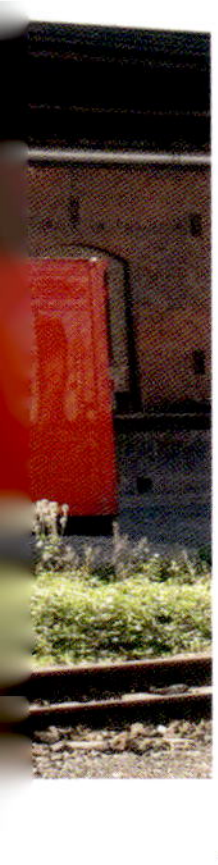

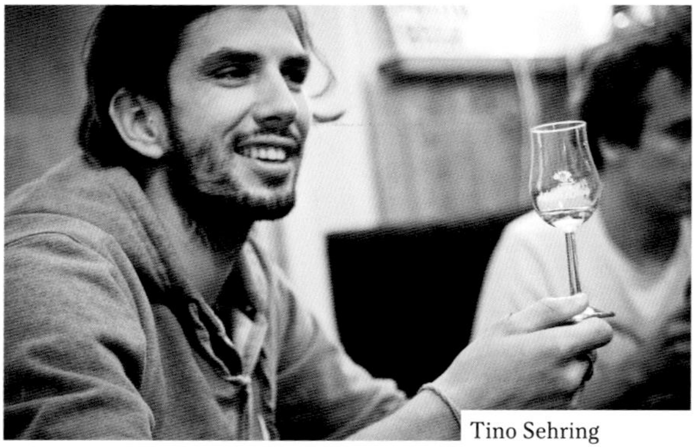

Tino Sehring

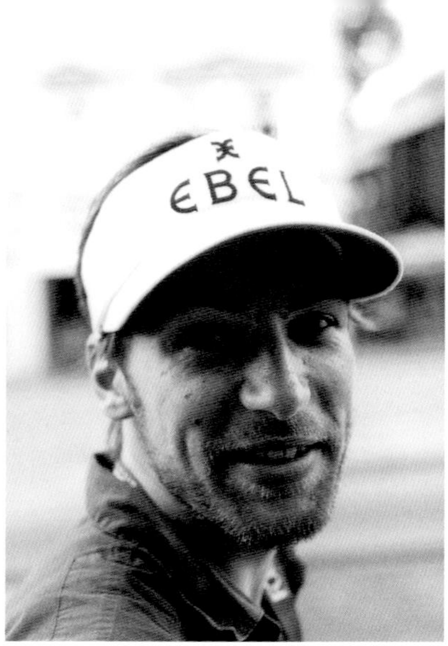

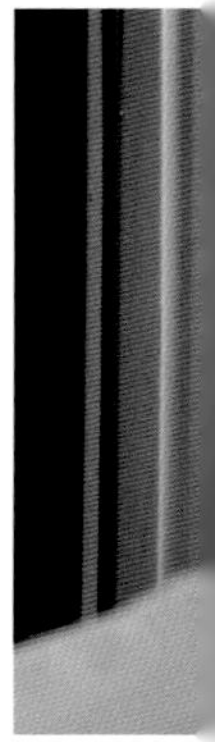

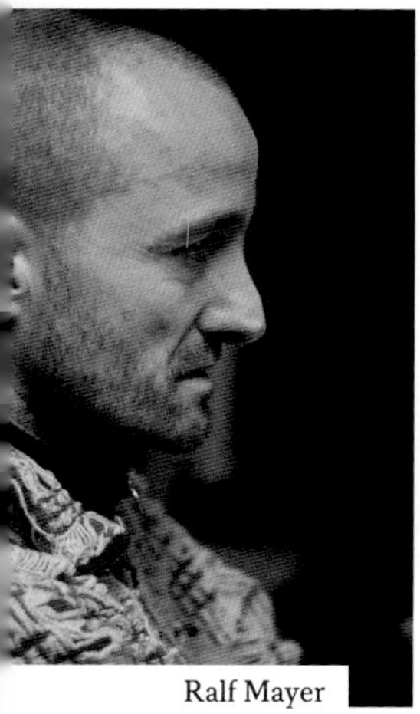

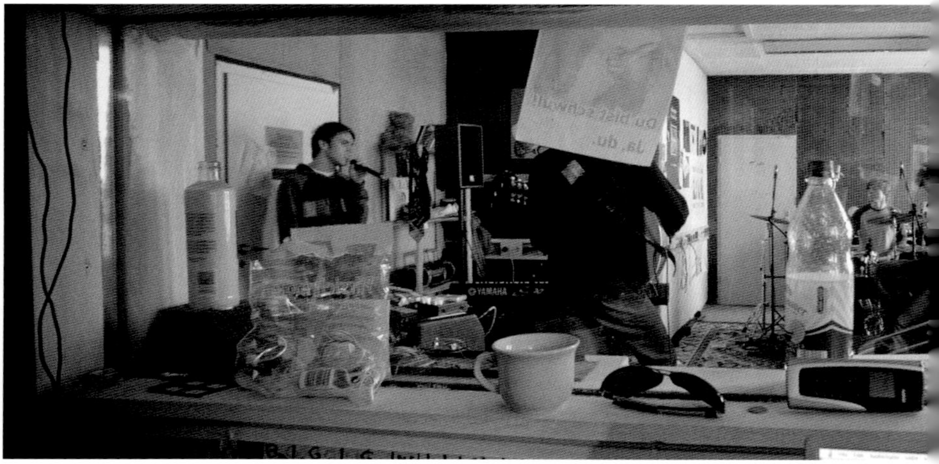

Ralf Mayer

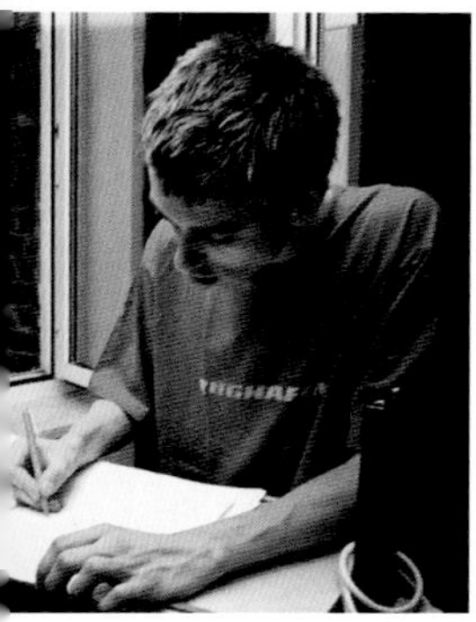

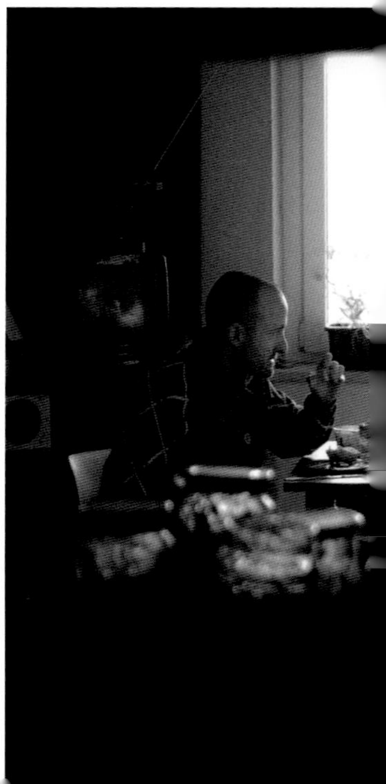

Im Zughafen, Erfurt

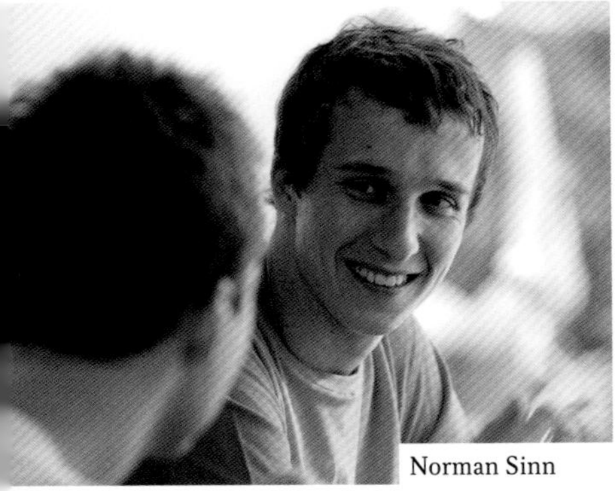

Norman Sinn

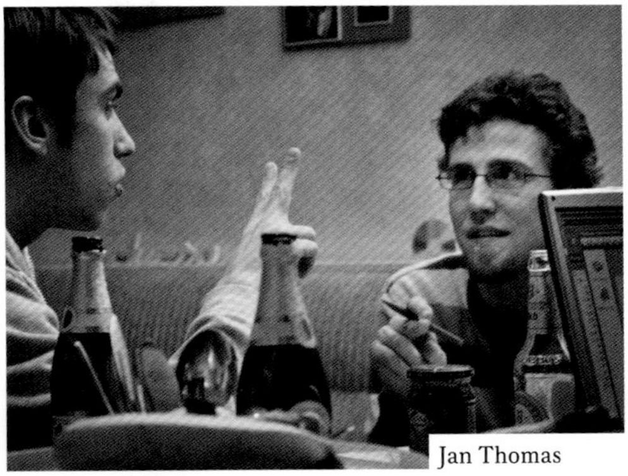

Jan Thomas

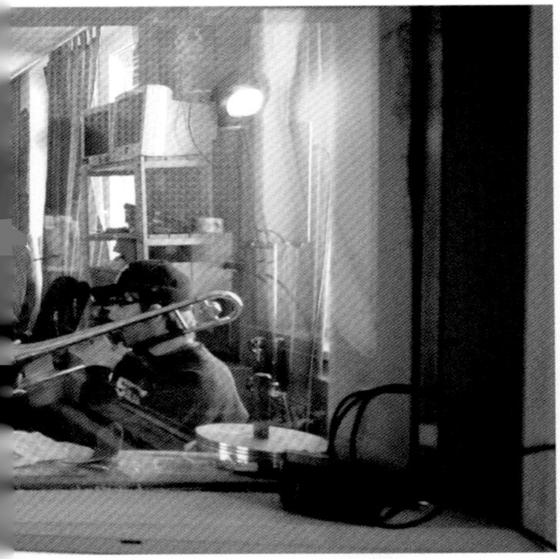

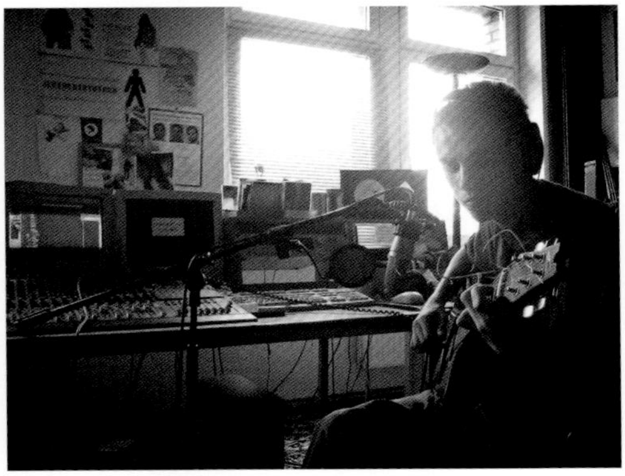

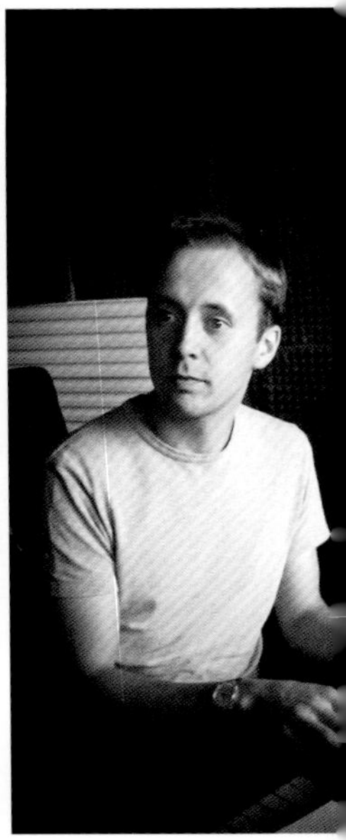

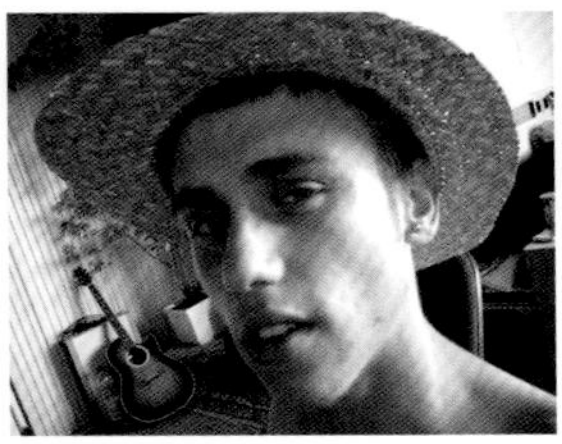

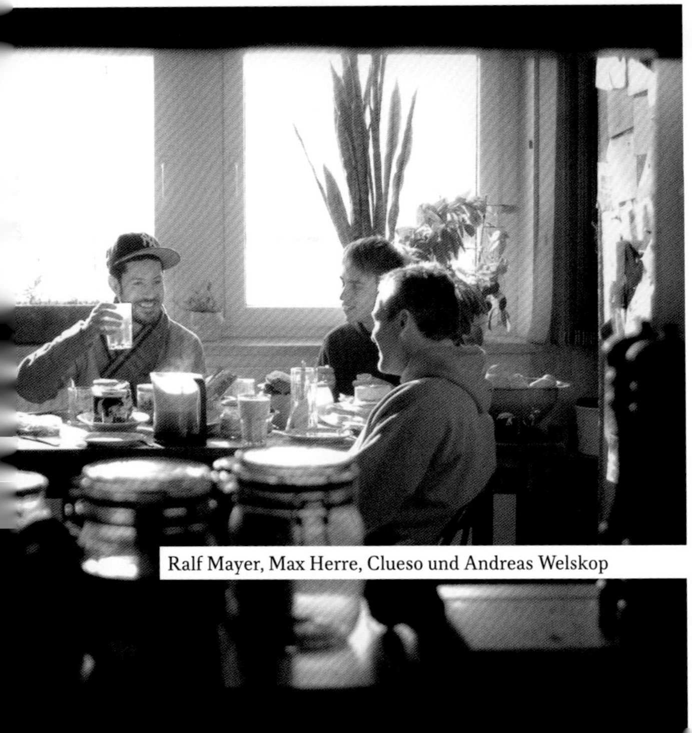

Ralf Mayer, Max Herre, Clueso und Andreas Welskop

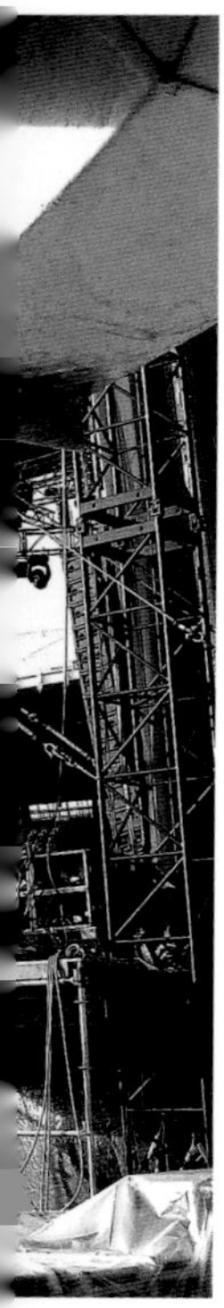
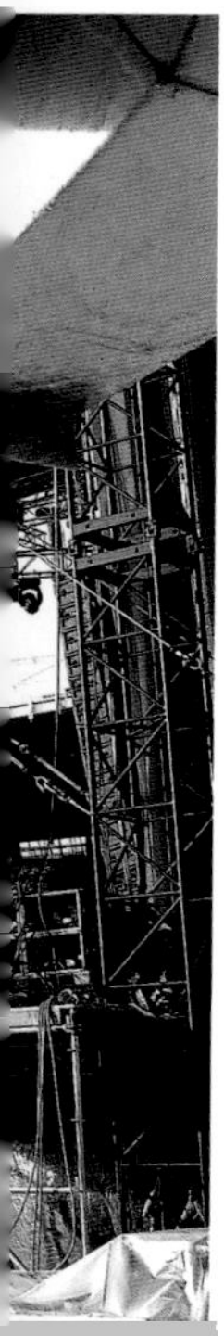

MEIN NAME IST CLUESO

Es war vergleichbar mit einem Ausflug in ein fremdes Land, ein weites Land mit tausend Gerüchen, riesigen, seltsam aussehenden Gebäuden, einer uralten Kultur und skeptisch blickenden Ureinwohnern.

Die Gespräche verstummten, als wir in das Leipziger Zentralstadion einbogen. Securitys warfen nur einen kurzen Blick auf den Stagepass – ein leicht zu übersehendes Handzeichen und ein mit schwarzer Folie abgeklebter Bauzaun schob sich wie von Geisterhand beiseite. Wir durften passieren – Sesam öffne dich! –, mein Herz schlug bis unters Kinn.

Überall standen Techniktrucks, Tourbusse in allen Varianten und Farben, mehrere Cateringzelte, Arbeiter, Busfahrer, Köche, Promotionladys, noch mehr Securitys und Kamerateams. Menschen liefen wie an einem Filmset nach dem Kommando »Action« geschäftig hin und her.

Und wir spielten unsere Rolle als Vorband! Alle spielten mit – niemand schenkte uns Beachtung.

Wir hielten auf einem Parkplatz vor dem Eingang zum Spielfeld, hörten ein kurzes Donnern, dann eine lange Hallfahne bis hin zu einem Echo – durch die Reflexion der Wände im Stadion. Die Band lief mit offenem Mund, die Autotüren ebenso offen, Richtung Spielfeld.

Plötzlich standen wir vor einem schwarzen Monolith, der unter tiefem Brummen nebelschnaufend von einem ufoartigen Lichterkranz überdacht war. Für uns ein heiliger Ort ...

Die Bühne von Herbert Grönemeyer.

Andie, mein Manager, und Martin Renius, unser Live-Mischer (der wichtigste Mann auf Tour), hatten sich schon mit den anderen Technikern und Soundmännern bekannt gemacht und kamen nun freudestrahlend zurück. Andie flüsterte: »Das kann doch gar nicht sein, die sind alle so nett zu uns!« Das war nicht ganz so normal, wie man denkt. Als nicht gleich supererfolgreiche Band wird man im Konzertbusiness nicht gerade mit offenen Armen empfangen. Ich weiß noch genau, wie die Sonne in das Stadion brannte und ich mich seitlich in den Schatten drehte und folgenden Gedanken hatte: Der Hofstaat sagt viel über den König.

Ich hielt kurz inne und legte einen kleinen freudigen Schwur ab: Solange ich die Mittel und Macht dazu habe, werde ich immer darauf achten, wer für mich und für wen ich arbeite oder mit wem ich es zu tun habe. Das ist wichtiger als Geld und Erfolg, denn es macht die Zeit angenehm, die man investiert, und formt die Zukunft positiv.

Herbert kam zu uns in die Kabine, begrüßte jedes Bandmitglied einzeln und sagte uns, dass er sich sehr freue, dass wir dabei seien, und wenn es irgendetwas gäbe, was wir bräuchten, sollten wir ihm einfach nur Bescheid sagen. Toll.

Die Stunden verflogen im Wind der Aufregung und nur wenig später stand ich auf der Bühne vor sechzigtausend Menschen. Die alle auf jemand anders warteten.

Sekunden plumpsten wie Steine auf meine Brust. Ich weiß nicht mal

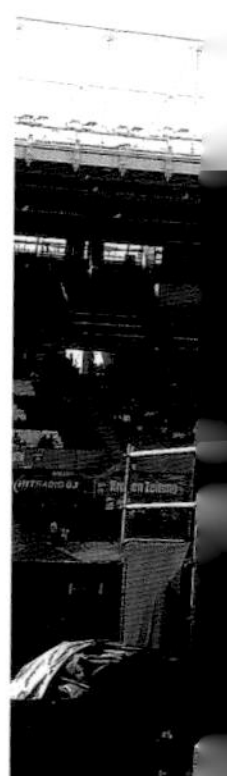

mehr, ob mein Herz schlug oder nicht – alles, was ich spürte, war eine Kraft, die mich zum Mikrofon zog und mich ohne nachzudenken sagen ließ, dass »ich« äh »wir« die Vorband seien und Herbert schon unterwegs sei.

Dann drehte ich mich zur linken Tribüne, die mit den vielen sitzenden Menschen aussah wie ein bunter Teppich, der vom Haupteingang zur Bühne ausgerollt war. Ich hielt das Mikrofon so fest, als hinge mein Leben davon ab, und fragte laut, ob man mich dort verstehen oder sehen könne, dazu begann ich, aufgeregt zu winken ... keine Reaktion.

Ich schaute kurz in die Sonne, um irgendeinen Punkt zu fixieren – da bemerkte ich, dass sich links etwas tat und die Ersten stumm zurückwinkten.

Abgefahren ... »Yeah – okay!«, sagte ich. »Wir machen das so: Die rechte Seite begrüßt winkend die linke und die ganz vorne heben kurz die Hand als Signal für die ganz hinten! Lasst einander vorstellen!«

Mit ein wenig Verzögerung taten alle genau das, was ich gesagt hatte. Wahnsinn, so viele winkende Menschen hatte ich noch nie gesehen – ein Rest meiner Stimme hallte noch durch die Ränge.

»So! Jetzt sind wir uns nicht mehr ganz so fremd – und wir können anfangen ... Meine Name ist Clueso.«

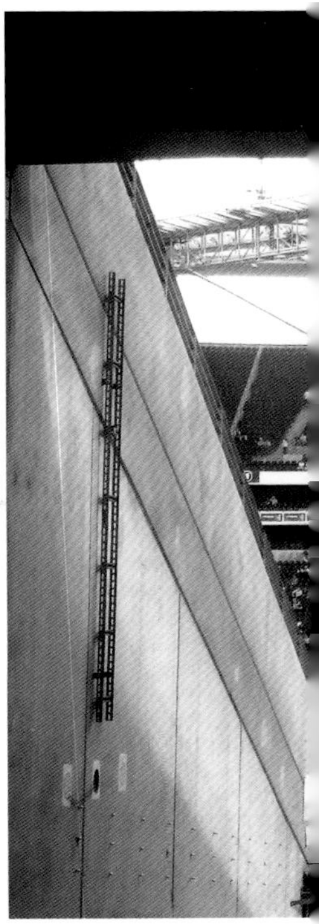

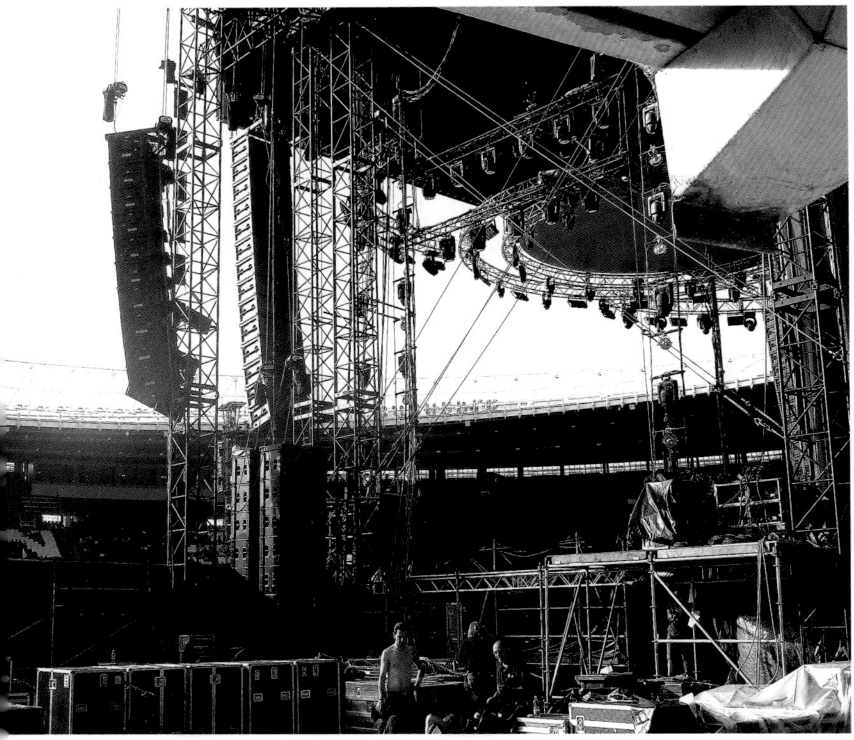

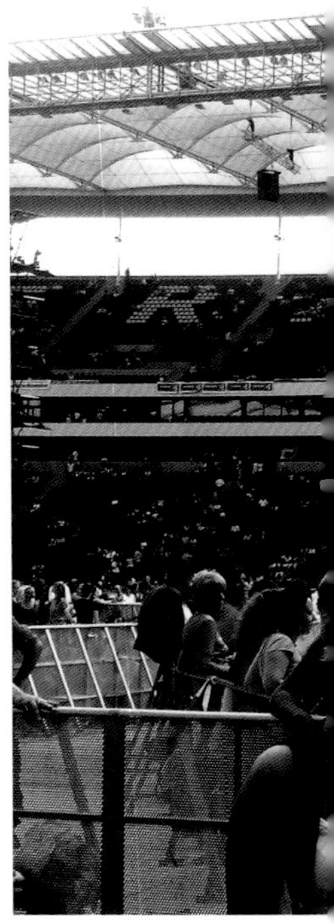

DER SCHLÜSSELMEISTER

Ich weiß, ich feile an einem Schlüssel
mit jeder Erfahrung forme ich eine kleine Kerbe
mit scheinbar endlosen Reibungen immer wieder
den Schlüssel vor Augen
ich habe schon viele Schlüssel
die Zeit dreht die Welt draußen
vom Weiß ins Blau
vom Gelb ins Grün
vom Roten wieder ins Weiß

Ich habe schon viele Schlüssel geformt –
die meisten nicht ganz allein
einige davon für Türen
die ich erst in Zukunft finden muss
andere wiederum hab ich schon des Öfteren benutzt
und werde sie immer wieder verwenden
ein paar sind nie ganz fertig geworden
aber ich trage sie mit den anderen immer bei mir
es gibt sogar welche
die sind so massiv und gehärtet
dass sie lange halten
vielleicht sogar noch von meinen Nachkommen
benutzt werden

Aber dieser hier wird ein ganz besonderer Schlüssel
er ist geschmiedet für eine Tür in mir
die ich öffnen möchte
in Zukunft
diesmal nicht angetrieben von einer Idee
nur von einem Duft

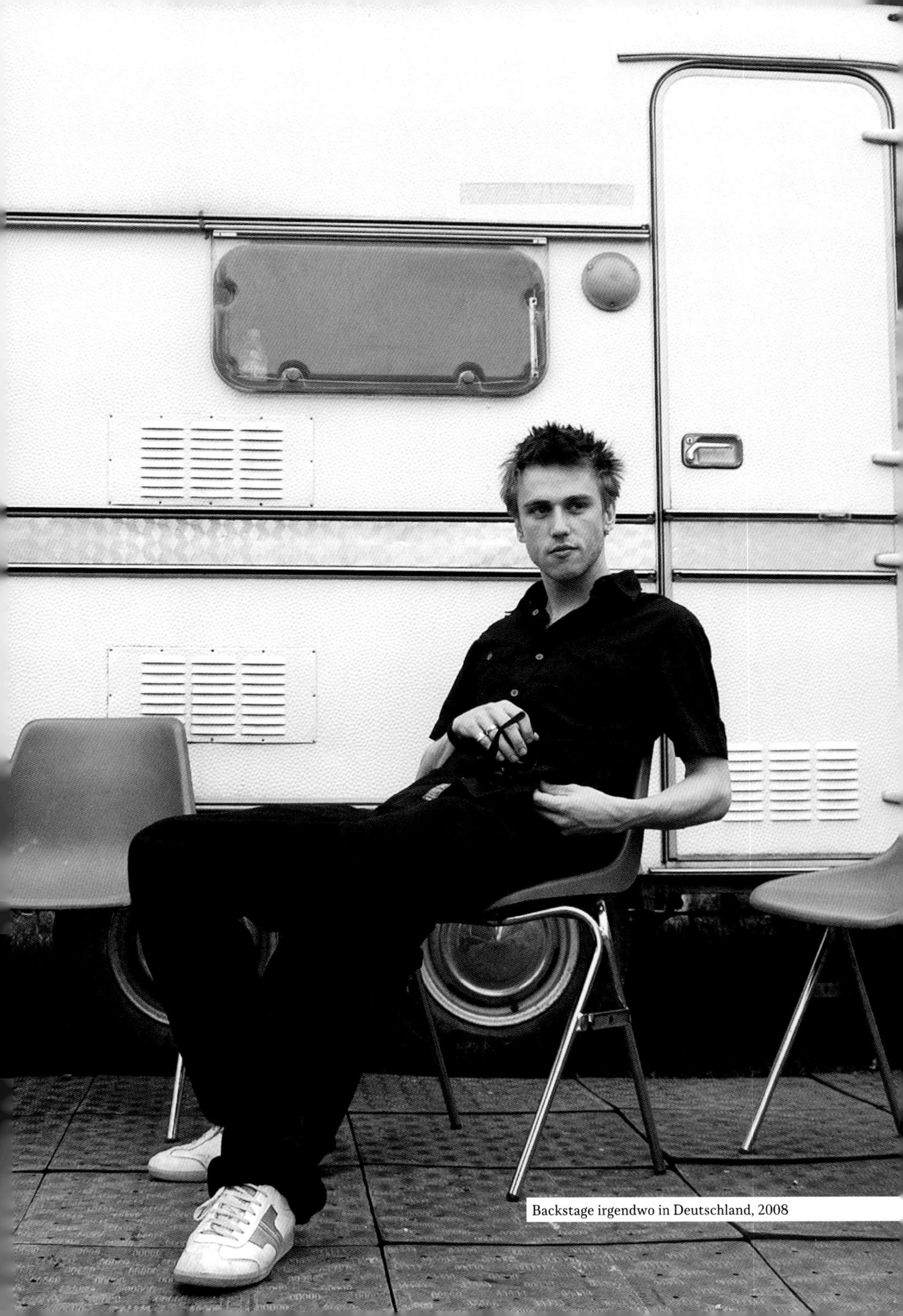

Backstage irgendwo in Deutschland, 2008

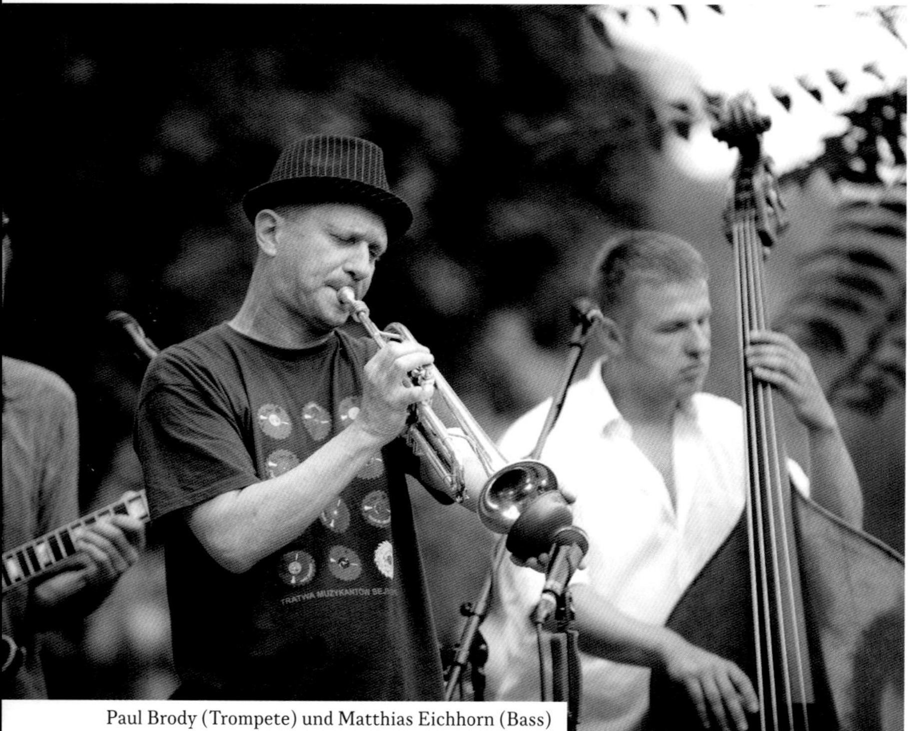
Paul Brody (Trompete) und Matthias Eichhorn (Bass)

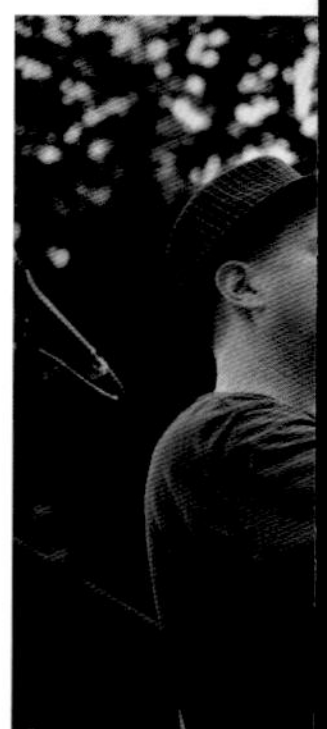

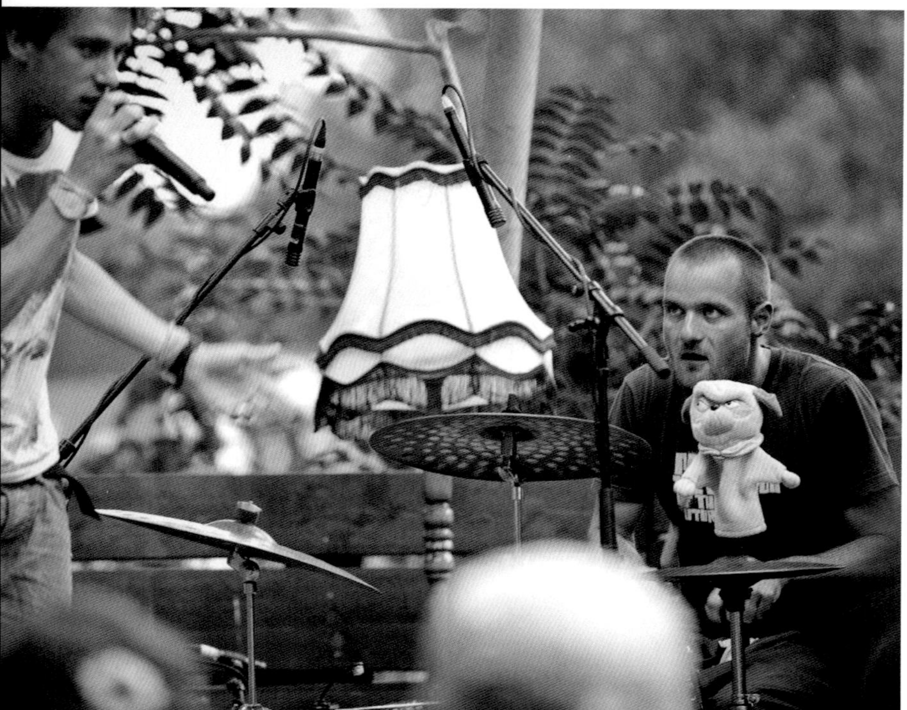
Jan Roth (Drums)

EIN TRIO MIT VIER LEUTEN

Der verlängerte Arm meiner Seele, ein Lieblingsprojekt, schon wieder eins? Ja! Es ist mir eine Ehre, mit Künstlern wie Paul Brody, Christoph Bernewitz, Jan Roth und Matze Eichhorn Musik zu machen: pure Leidenschaft, die in jeder Sekunde eines jeden Songs leuchtet.

Die Triomusiker werden noch viele Stunden mit mir haben, das Wichtigste an dieser Besetzung und den Konzerten: viel Improvisation, Inspiration, Schauspiel, Chanson, Jazz – Lyrik in Tonform mit Musik in Textform! Und eigentlich zu fünft.

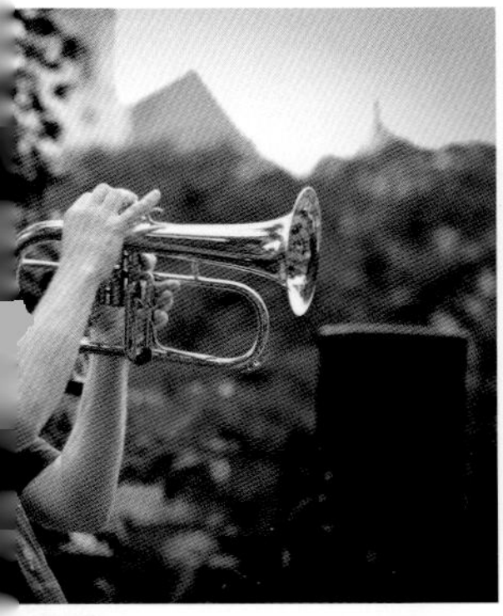

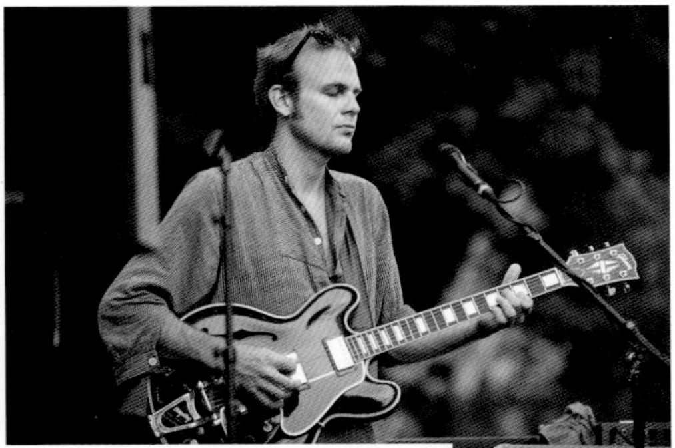

Christoph Bernewitz (Gitarre)

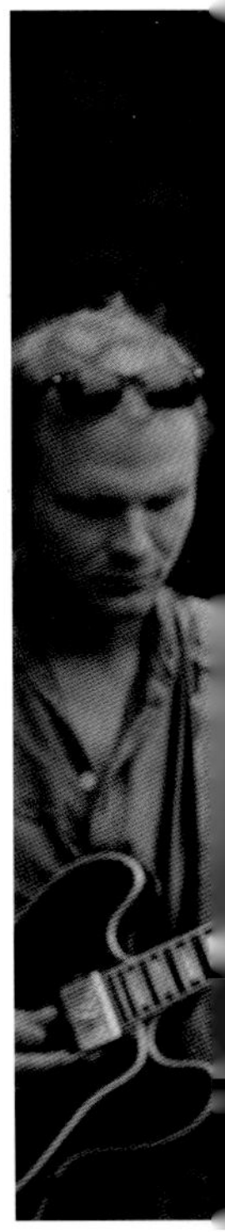

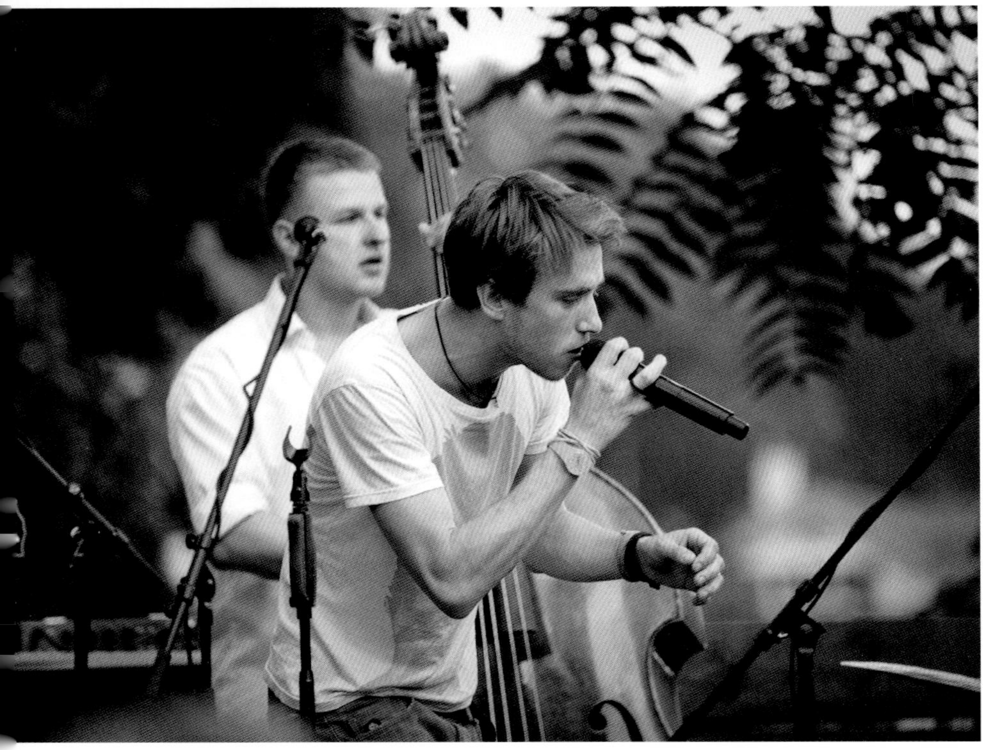

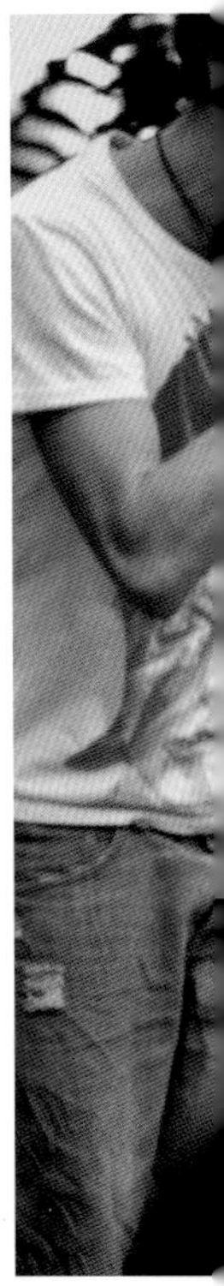

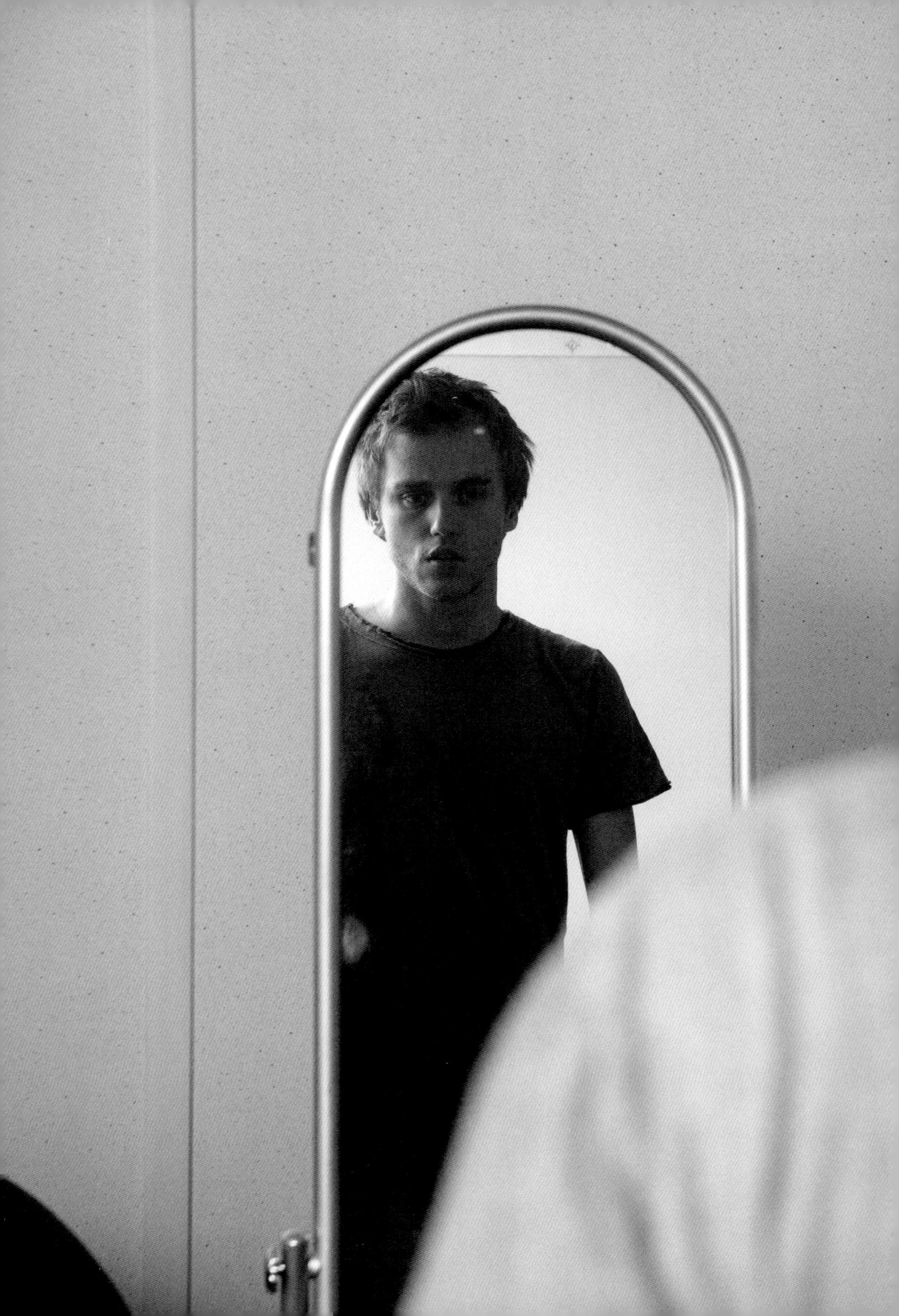

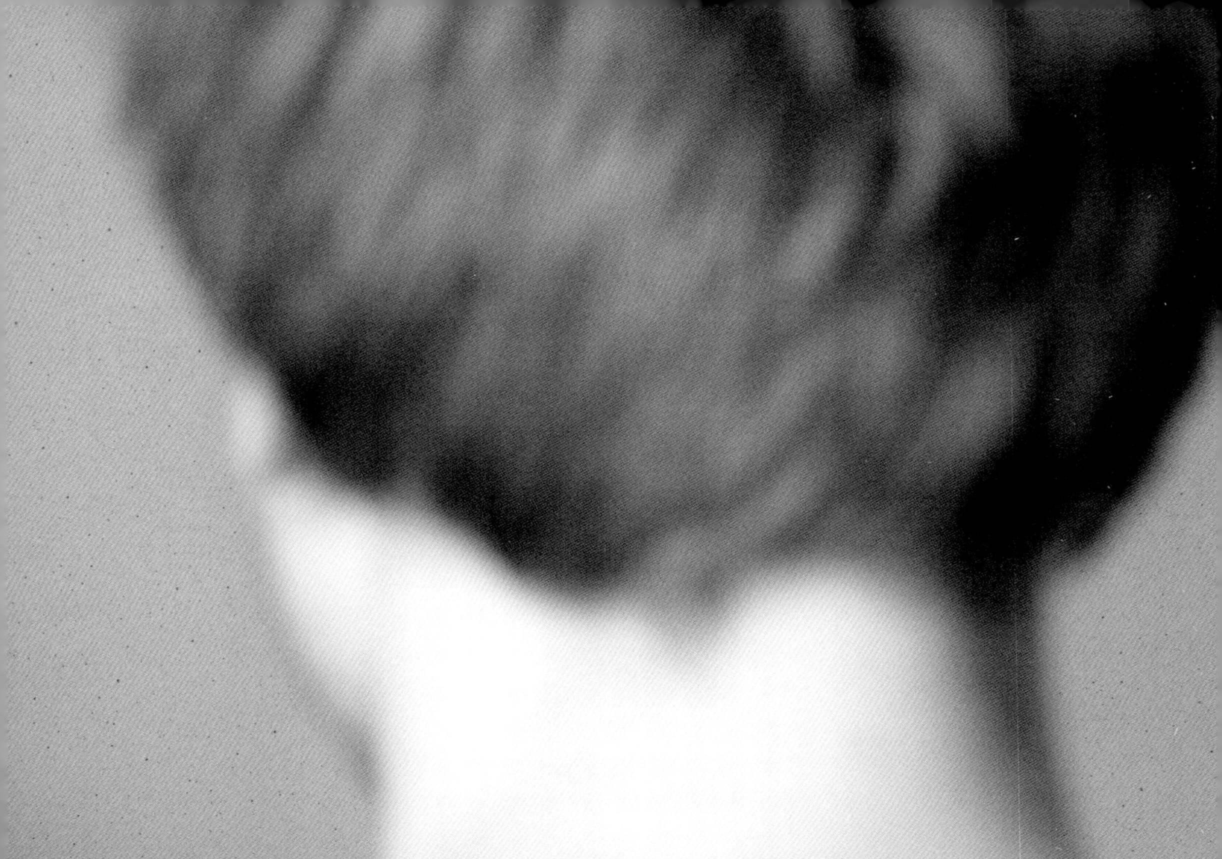

FÜR MEINE MUSIK

Ich hoffe, etwas mitzunehmen ... egal wo, bei jeder Begegnung, jedem Gespräch, bei jeder Stille, eine kleine Stimmung, ein Surren, ein Gefühl für später ... für meine Musik. Ich ringe nach Luft, wenn ich aufwache ... nach neuen Ideen, bin auf der ständigen Suche nach »dem Song« – mit der Lust des Suchen und Findens.

Ich hoffe, etwas Neues zu gebären, bis das, was vorher noch Gedanke war, sei es auf der Gitarre oder mit einer ganzen Band, zum ersten Mal funktioniert. Denn das ist für mich der Augenblick, wo ich mir denke, dass mir das, diesen Song, keiner mehr nehmen kann, die Welt da draußen sich ab heute damit auseinandersetzen muss.

Natürlich hab ich dabei auch Ängste, zum Beispiel die Angst, dass irgendwer kommt und sagt: »Ach, ist doch alles nur Hokuspokus, ein billiger Trick.« Und alle sagen: »Jaaa, stimmt, jetzt wo du es sagst.«

Oder noch schlimmer, dass ich genau dasselbe denken könnte: Ja, stimmt, jetzt wo du's sagst. Denn gerade ist mir alles so ernst, so echt und wichtig. Deswegen versuch ich, alle Gedanken und Sehnsüchte zu einem Thema, alle Gefühlswelten und Vorstellungen, die ich damit in Verbindung bringen kann, hineinzutreiben in diesen Splitter, dieses Stückchen aus mir ... in eine Welt, eine Substanz, in der man eine Weile baden kann.

(Zugfahrt nach Hamburg ... auf der »So sehr dabei«-Pressereise)

WAS BLEIBT

Meine Band und ich, wir sind nicht die Jungs, die sich in der Schule kennengelernt haben, zusammen groß geworden sind und seitdem zusammen Musik machen. Wir sind eine Band, die sich liebt, aber hauptsächlich auf Touren trifft oder dann im Studio, wenn wir ein Album aufnehmen. Wir wohnen alle verstreut. Und dennoch haben wir so viele private Momente erlebt.

Wie am Tag auf Rügen, dem Tourauftakt zur *Weit weg*-Tour 2006. Ich könnte heute nicht genau sagen, wo wir in all den Jahren alles gespielt haben und wie die Konzerte genau abliefen, welcher Club in welcher Stadt wie aussah, oder wie das Publikum drauf war. Aber an das Fußballspiel am Strand von Prora erinnere ich mich sofort.

Wir fingen entspannt an zu kicken, doch mit jeder Minute wurde das Spiel ernster. So ernst, dass wir gar nicht bemerkten, wie plötzlich Christoph und Philipp, unser Tasten- und unser Saitenmann, im Tor standen und jedem Ball im Sand hinterhechteten. – Als gäbe es keine Shows, keine noch zu spielende Tour, keine Finger. Ich weiß auch noch, dass die Mannschaft, in der ich gespielt habe, gewonnen hat, und wir fast alle mit verstauchtem Zeh oder umgeknicktem Fuß wieder zurück zum Club sind.

Es sind die privaten Momente, die zwischenmenschlichen, die am meisten hängen bleiben.

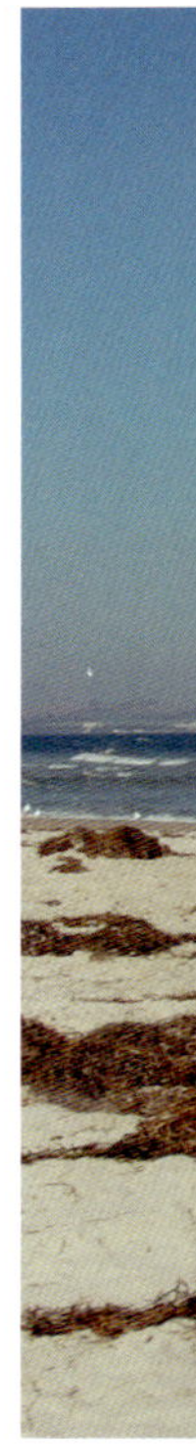

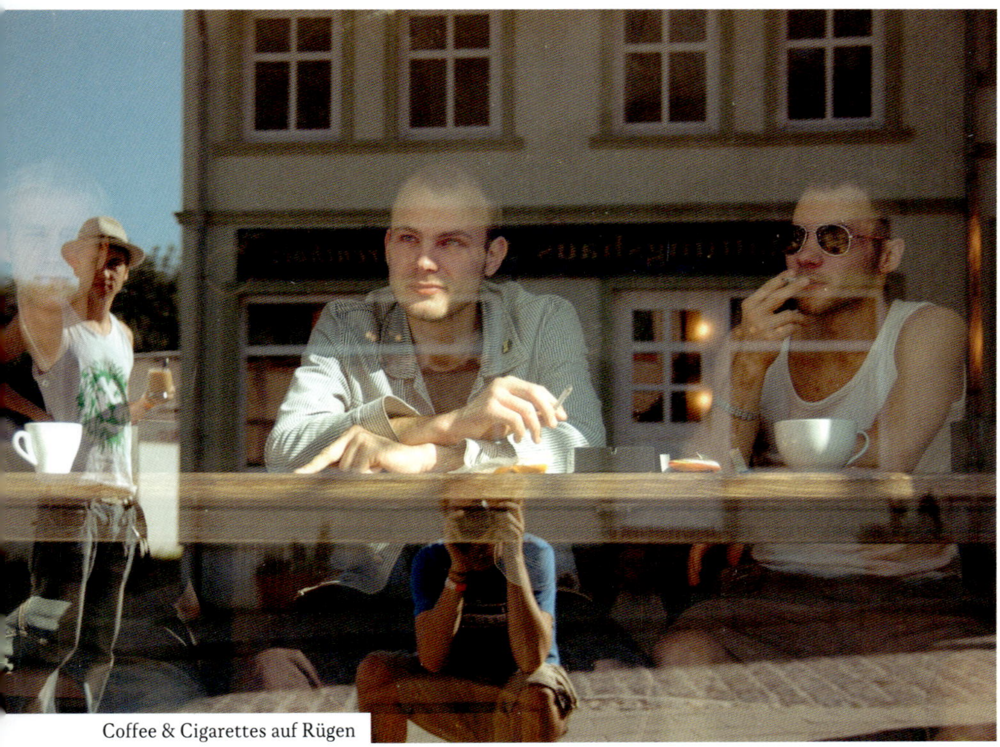

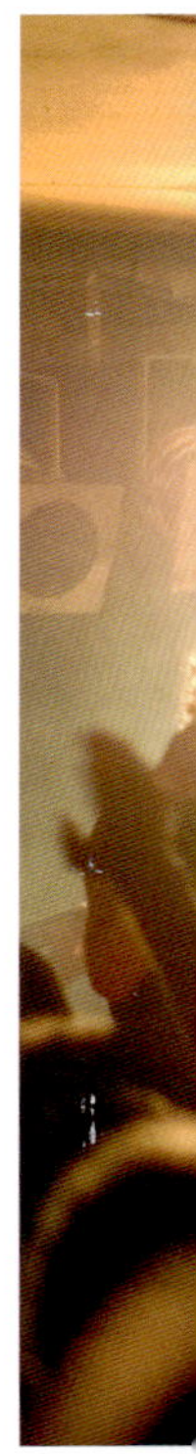

Coffee & Cigarettes auf Rügen

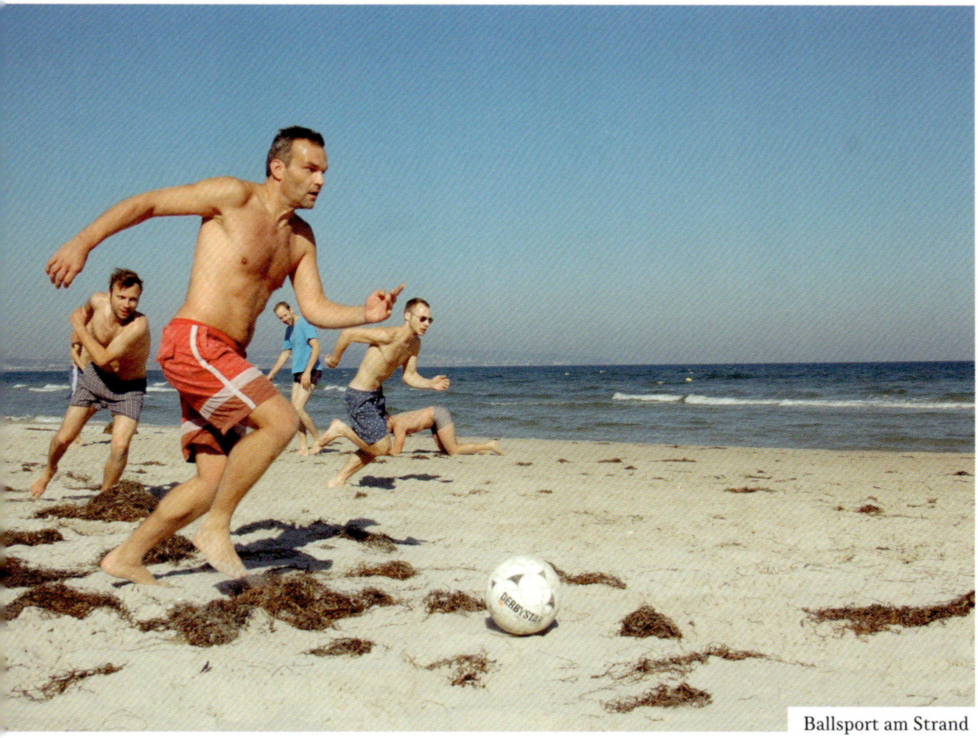

Ballsport am Strand

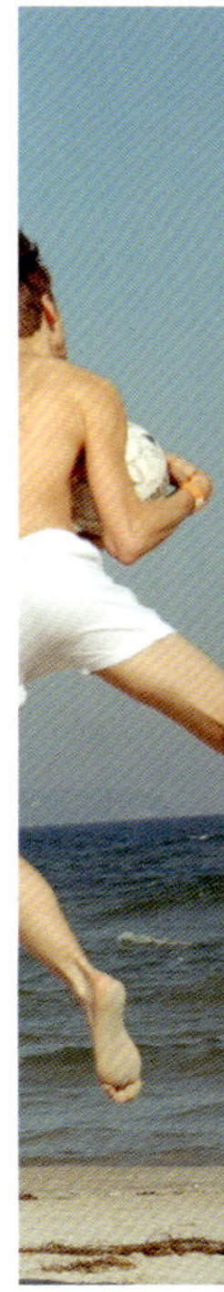

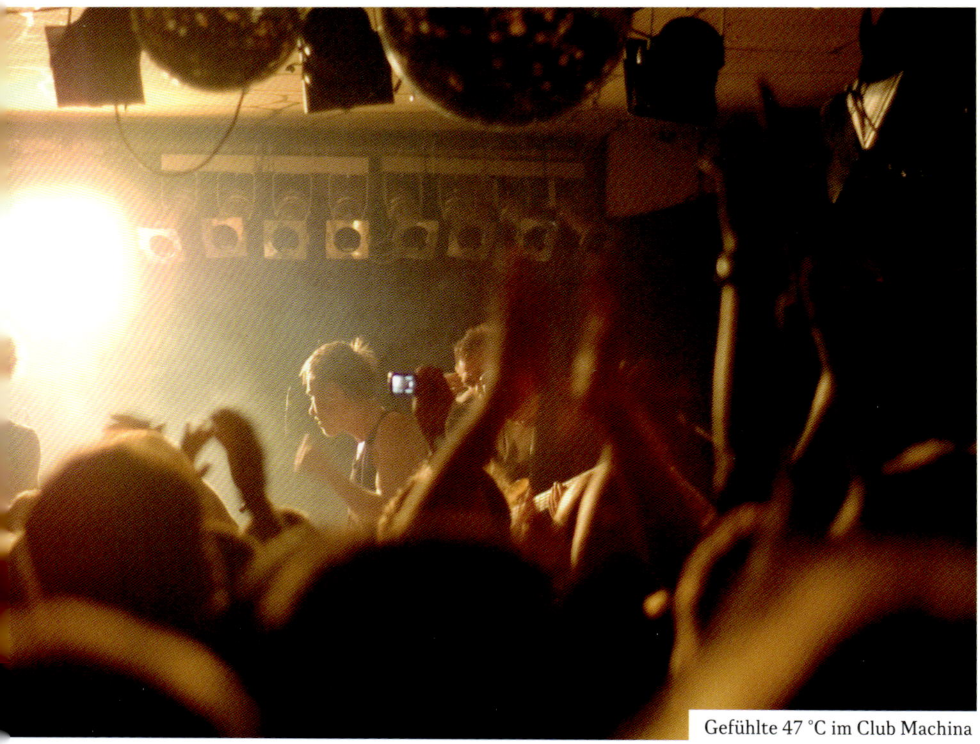

Gefühlte 47 °C im Club Machina

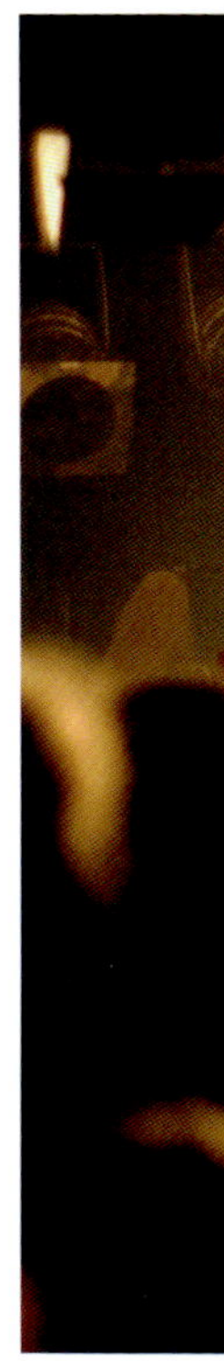

ZU SCHNELL VORBEI

In dem Zimmer, in dem ich schlief, überschnitt sich das Ticken von drei Uhren. Ein weißer Miniwecker auf einer silbernen Blechbüchse neben einem Rasierer, eine etwas größere Uhr in Herzform irgendwo hinter mir am Schrank und meine kleine gelbe Armbanduhr.

Ich schreibe einfach drauflos, das ist meine Art zu schreiben. Texte, Ideen, Gedichte, wer nicht anfängt, kommt hinter nichts.

Und heute tickt die Uhr.

Eigentlich wollte ich eine Strophe zu *Zu schnell vorbei* schreiben, ein Song, an dem ich gerade arbeite, aber jetzt schreibe ich diesen Text.

Es gibt, glaube ich, einen Begriff dafür, dass der Mensch sich gern eine Aufgabe sucht, um sich von der eigentlichen abzulenken.

»Prokrastination« – eine meiner Lieblingsbeschäftigungen. Ich habe diese Tätigkeit perfektioniert.

Prokrastination – ein hässliches Wort, aber ein fruchtbarer Moment.

Zu schnell vorbei – ein wundervolles Thema, allerdings habe ich bis jetzt nur den Refrain.

Und ich mag es nicht mehr so wie früher, in der Strophe das Thema des Refrains wiederzukäuen oder einfach sinnloses Zeugs zu singen, nur damit es eine Strophe gibt, weil ja der Chorus so der Hammer ist.

Das Letztere wird in der Popmusik leider sehr gern gemacht. Die Deutschen lieben Wörter wie Himmel, Sehnsucht, Traum, Satellit, Sternenstaub, Gold, Glas, wolkenweiß – funkelndes Herz aus Ewigkeit für immer zu zweit ... Einfach alles, was sie wegholt aus ihrem Alltag.

Deswegen funktionieren deutsche Bands wie ... (Platz für eigene Notiz) oder besser gesagt »Interpreten«, die sich an der Spitze der Charts tummeln und in atemberaubend hoher Frequenz austauschbare Sachen raushauen. Das Schlimme ist, die Macher wissen das und nutzen es schamlos aus. Single für Single, Song für Song, einfach zum Kotzen.

Aber nicht mit mir! Oder doch? Ich brauch diese verdammte Strophe!

Zu schnell vorbei ... hm, die Zeit rennt einem davon – so ist das halt.

Und doch, in seltenen Momenten ist sie in ihrer ganzen, wenn auch undefinierbaren Gestalt spürbar.

Ich habe in meinem Leben nie Uhren getragen, es gab einfach keine, die mir gefallen hat. Schon als Kind war das so. Aber nun habe ich dieses gelbe Teil auf einem Jazzfestival geschenkt bekommen. Und es gefällt mir ...

Ich habe das Gefühl, sämtliche Sachen, die ich besitze, finden mich ... nicht umkehrt. Mit ihnen ist es immer das Gleiche, sie bleiben, bis ich sie verbummle oder einfach die Zeit kommt und ich sie weghau. Denn Dinge wachsen mir nie so richtig ans Herz, jedenfalls materielle nicht ...

Bis auf diesen kleinen silbernen Ring aus Malaysia.

Es war Nacht und er ist einfach zerbrochen, direkt in dem Moment, als ich den winzigen Riss sah und ihn berührte. Plopp!

Ich blieb mitten auf der Straße, nur wenige Meter vor meiner Haustür, stehen und konnte es nicht fassen. Wieso jetzt? Nach so langer Zeit? Warum hier?

Ich inspizierte unter der nächsten Laterne die Einzelteile meines zerbrochenen Schatzes. Verschüttete das halbe Bier dabei.

Ein paar Meter neben der Laterne sah ich eine kleine Baugrube, zu der ich hinüberlief für eine spontane Beerdigung. Mit gerunzelter Stirn suchte ich in meinen Taschen, was sonst noch zu finden war – es konnte nicht mehr wert sein als mein treuer Begleiter. Ich fand ein Gitarrenblättchen, Jim Dunlop – USA – Nylon 1 mm, ein paar Centstücke, eine dunkle Fussel, wo die auch immer herkommen mag bei einer hellen Jeans, und ein völlig zersessenes verpacktes Kondom in der Arschtasche.

Ich warf sie zusammen mit den Ringstückchen in die Grube, schüttete den Rest Bier hinterher, samt Flasche, die natürlich zerbrach – Bam! – und sang spontan *Behind Blue Eyes* von The Who, das einzige Lied, was ich außer meinen eigenen Songs sonst noch kann.

Es muss völlig bescheuert ausgesehn haben, wie ich mit ausgebreiteten Armen vor dieser Baugrube stand und dieses Lied sang, aber ich versuchte, mich zu erinnern, auf wie vielen Bühnen ich den Ring getragen hatte, in wie vielen Ländern er dabei war.

Amerika, China, Türkei, Italien und Malaysia, wo ich ihn gekauft hatte. Auf wie vielen Fotos er wohl sein musste? – Auf unzähligen Tourbildern, ja sogar auf dem *Weit weg*-Cover innen, glaub ich.

Gleich fiel mir wieder die Goethe-Reise durch Malaysia ein und die abenteuerlichen zehn Tage Urlaub auf Tioman mit Norman. Bilder schossen mir durch den Kopf, während ich noch immer die erste Strophe sang. »To be fated to telling only lies.« Ich erinnerte mich einfach an alles – die ganze Zeit kam zurück. Norman und ich waren für das Goethe-Institut schon des Öfteren unterwegs gewesen. Als Fremdsprachenlehrer, wenn man so will, irrsinnig, wie das klingt. Ich würde auch eher sagen als Musiker für Schüler, die mal was Anderes machen wollten und deswegen Deutsch lernten.

In den Workshops, in denen Norman und ich ein eingespieltes Team waren, saßen manchmal bis zu fünfhundert Schüler und Lehrer, was streckenweise extrem anstrengend war. Dazu war der Zeitplan meist sehr eng gestrickt, das Anschauen der Länder kam immer zu kurz.

Also beschlossen wir, die nächste Reise nur anzutreten, wenn zusätzlich ein kleiner Urlaub drin war. Andie organisierte zehn Tage auf Tioman, einer Insel im Indischen Ozean, mit dem Flugzeug zu erreichen von Singapore.

Wir hatten unseren letzten Tag außerhalb von Kuala Lumpur und waren gedanklich schon auf der Insel und wahrscheinlich war das der Grund, dass wir beim letzten großen Abschlussworkshop in einer der Schulen auf dem Land diesen Lachkrampf nicht unterdrücken konnten.

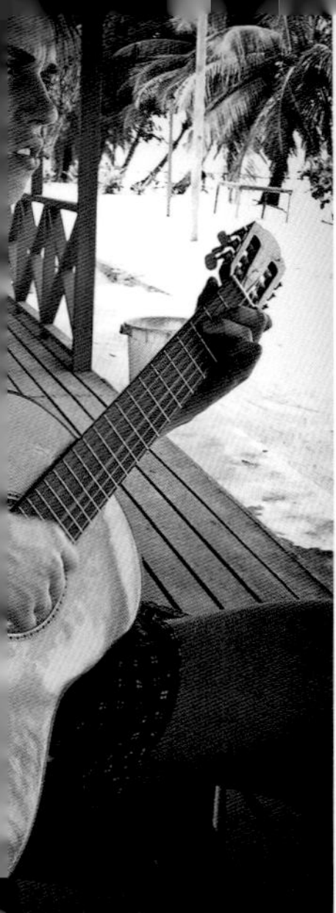
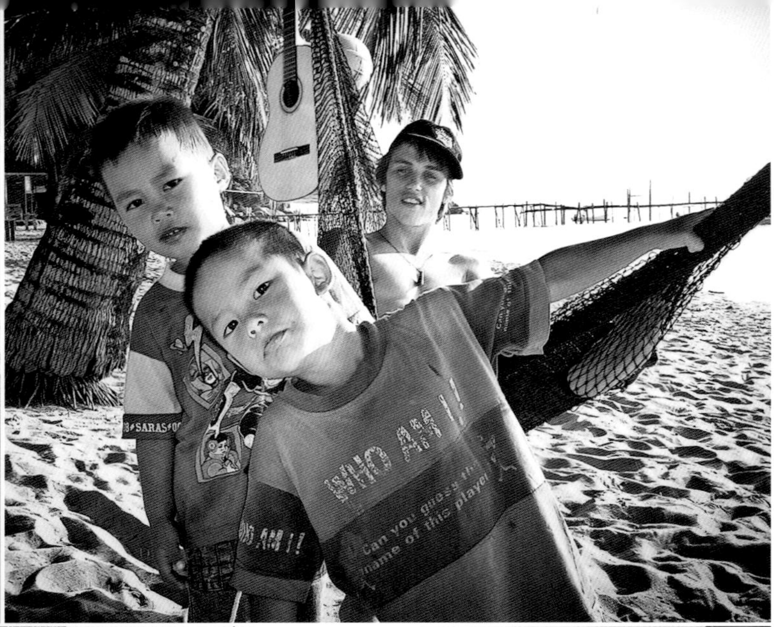
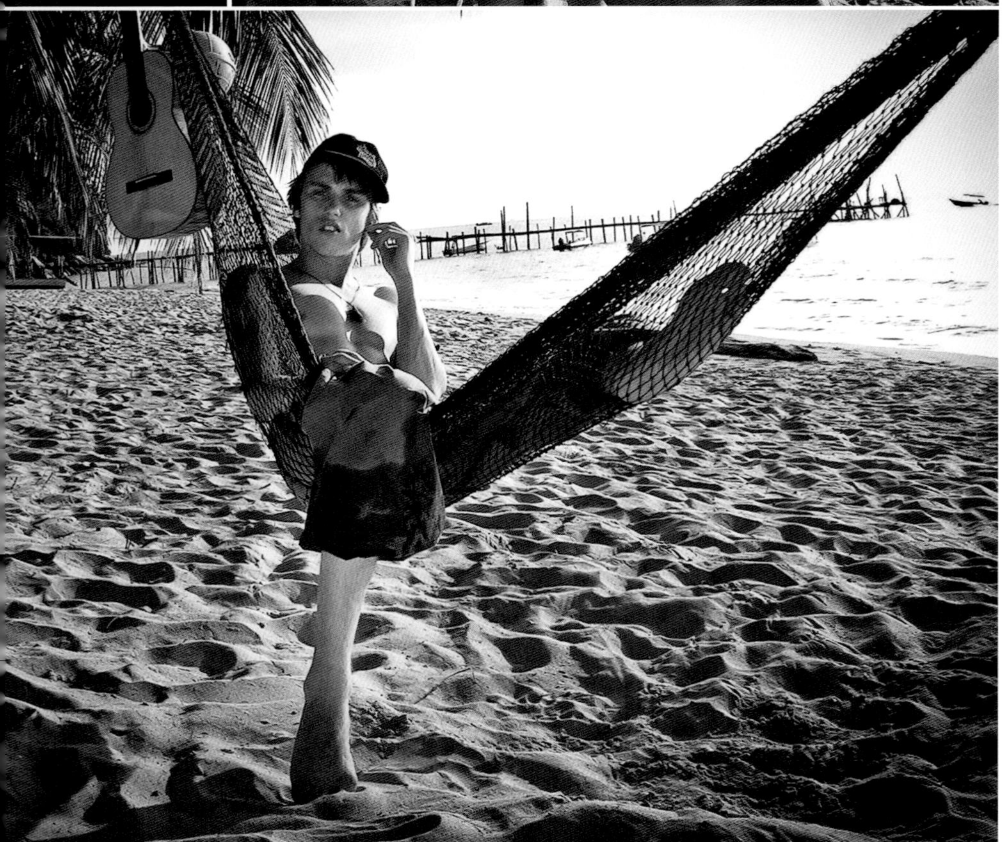
Tioman Island, Malaysia, April 2005
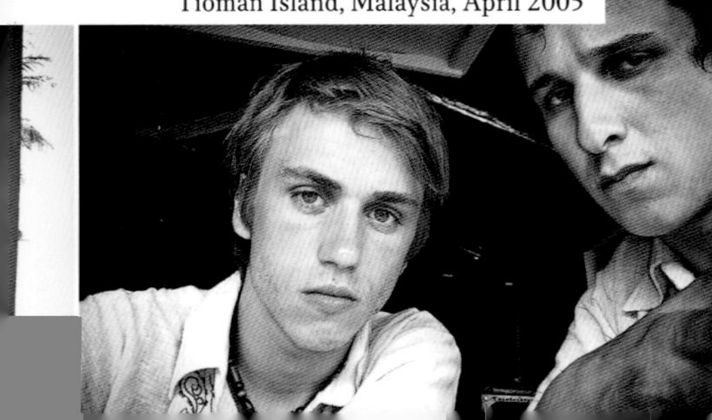
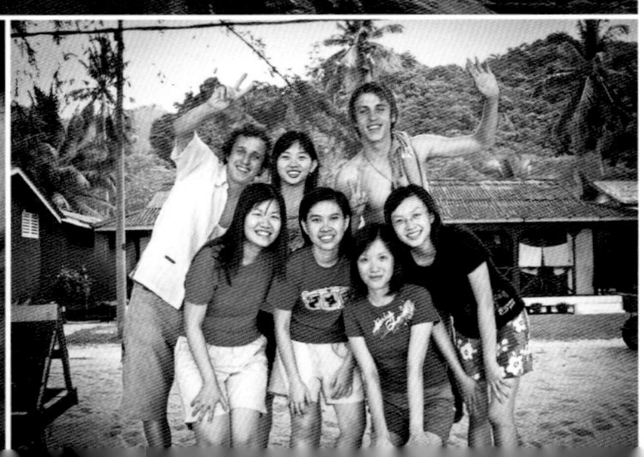
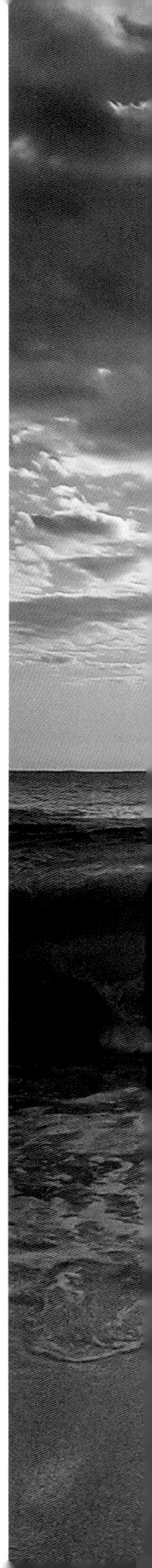

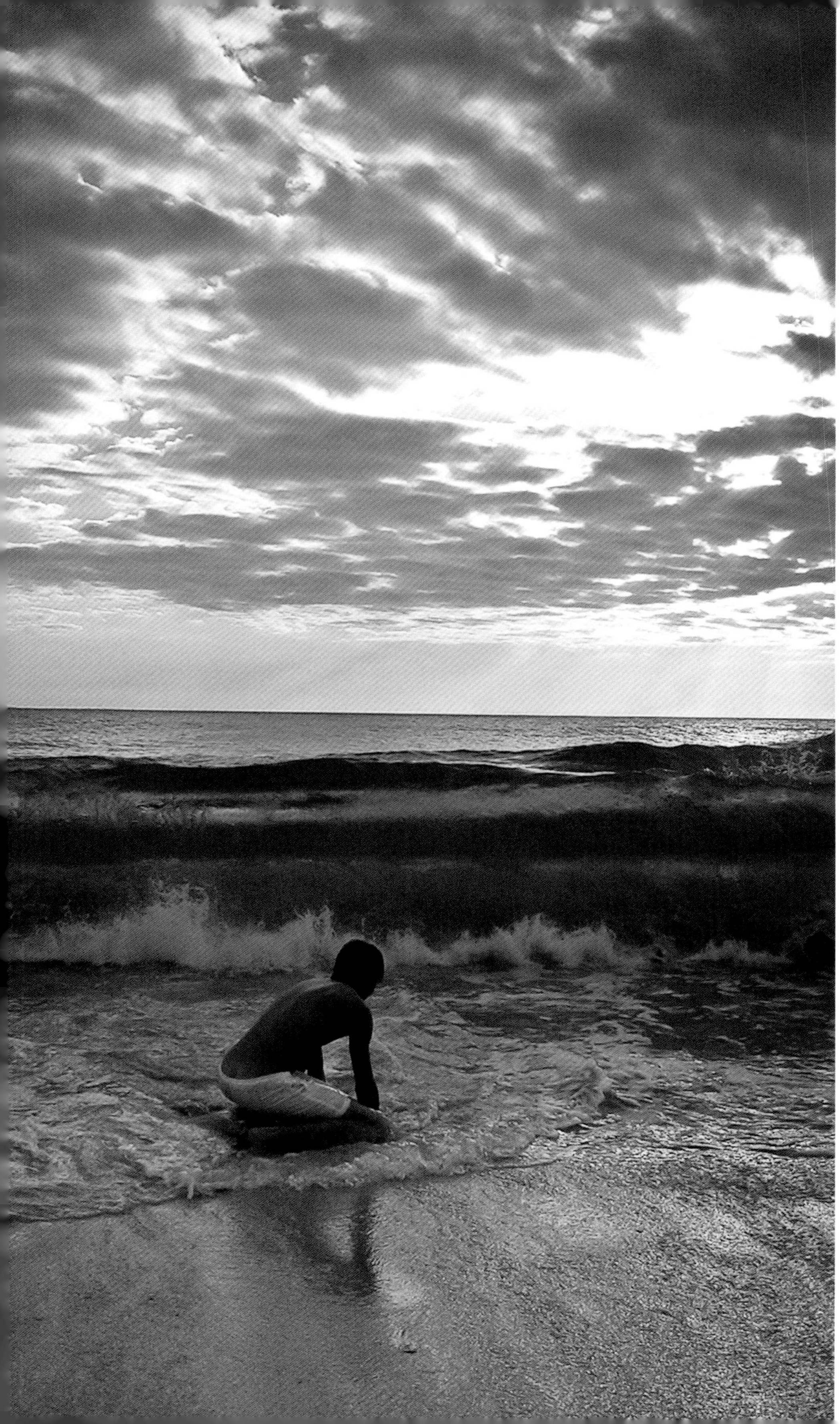

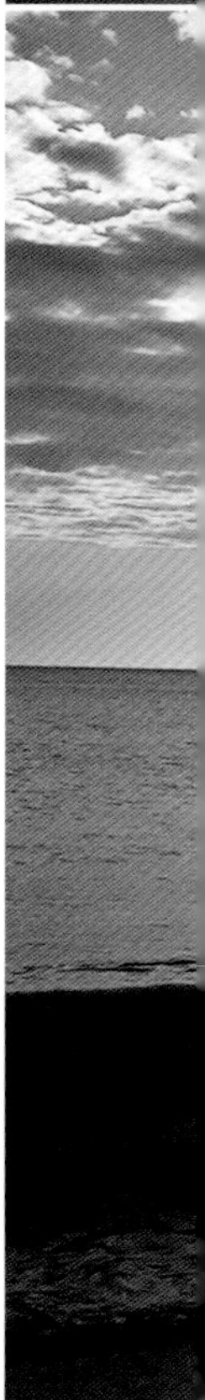
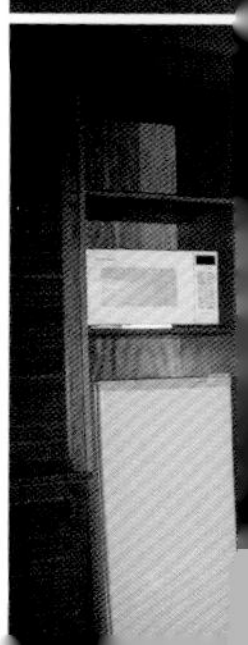

Es passierte um acht Uhr morgens, als eine Gruppe komplett vermummter Mädchen für uns zur Begrüßung *Die Gedanken sind frei* sang.

Wir saßen zum Glück ganz vorn, bei mir fing es mit vereinzelten Luftstößen durch die Nase an, Norman, der um diese Uhrzeit schon lange putzmunter war, saß neben mir und steigerte sich mit halblautem Knuspern durch die Nasennebenhöhlen rein – hinter uns die ganze Schule samt Lehrer, was weiß ich, Bürgermeister, Polizeipräsident, König von diesem Ort, Jungs und Mädchen natürlich getrennt.

Ich weiß nicht, wer von uns beiden dann wirklich mit dem Lachen angefangen hat, aber Norman und ich waren so eingespielt, auch was unseren Humor betraf, dass wir kein einziges Wort brauchten, um zu wissen, was in der Birne des anderen vor sich ging.

An Aufhören war jedenfalls nicht zu denken, an Rausgehen leider auch nicht, denn dann hätte einer von uns an allen vorbeilaufen müssen, und das hätte er ohne zu brüllen niemals im Leben geschafft.

Mir schossen allmählich die Tränen ins Gesicht und sämtliche *Southpark*-Folgen durch den Kopf. Die Mädchen in Zweierreihe sangen Strophe für Strophe nur durch einen schmalen Schlitz im Kopftuch schauend *Die Gedanken sind frei*. Dabei wippten sie hin und her, während die hintere Reihe genau in die entgegengesetzte Richtung wippte. Es wurde immer absurder, einfach zum Totlachen.

Wir quietschten wie aufgeblasene Luftballons. Zwar hatte ich Angst, dass man uns am Ende vielleicht erschießen würde – als wir mit dem Jeep auf das Gelände gefahren waren, hatte ich Jugendliche mit Gewehren auf einem Platz Übungen machen sehen –, aber gerade wenn ich mich ein wenig beruhigt hatte, sah ich im Augenwinkel Normans zuckenden Lockenkopf und alles ging wieder von vorne los, was Norman wiederum antrieb, was mich wiederum ... na ja, man kennt das ja noch aus der Schule.

Als das Lied endlich vorbei war, und der Typ vom Goethe-Institut eine seiner langweiligen Reden hielt, hatten wir die Chance, uns ein wenig zu beruhigen. Aber Norman, der Sack, musste mich natürlich darauf hinweisen, dass auf dem lustigen Vorhang hinter dem Typen mit bunten Buchstaben »Welcome Jermany« stand – mit »J« geschrieben. Dieser Irrtum reichte völlig aus und schon waren wir wieder volle Kanne dabei, uns zu zerbasteln.

Die Direktorin und der kleine dicke Junge mit Seitenscheitel, dessen Rolle ich nicht ganz begriffen hatte, ließen es sich beim Essen etwas später nicht nehmen, mir zu zeigen, wie wenig sie das als Freudentränen oder Zeichen der Begeisterung aufgefasst hatten. Ich saß eingekeilt zwischen ihnen im Speisesaal, nur eine Teigbanane auf dem Teller, während jetzt die gesamte Schule vor mir saß und erst zu essen begann, als ich meine Banane anrührte – ich wagte es gar nicht erst, in Normans Richtung zu schauen.

Irgendwann war der Spaß dann vorbei und wir konnten endlich die Reise in unseren wohlverdienten Urlaub antreten.

»But my dreams they aren't as empty.«

Ein Fahrradfahrer fuhr an der Baugrube vorbei und hätte sich fast hingelegt. Ich schloss wieder die Augen.

Norman ist der liebenswürdigste Freak, den ich kenne, und eigentlich gar nicht so penibel, aber auf Tioman war er streckenweise ungenießbar.

Zum Beispiel hatte er etwas dagegen, dass ich sein Handtuch benutzte oder etwas auf seiner Seite des Koffers suchte, weil es dort ja absolut nicht sein konnte, da diese Seite ordentlich zusammengefaltet war im Gegensatz zu meiner ...

Da stimmt doch was nicht, dachte ich kurz.

Tioman selbst war ein Abenteuer ... alles fing damit an, dass wir dachten, der Flug dorthin wäre von Deutschland aus bezahlt und wir natürlich viel zu wenig Geld dabeihatten.

Die Frau am Schalter schaute uns an und sagte: »Rrring ratter ratter riiing!« Das schrille Klingeln einer der Uhren riss mich zurück in die Realität.

Ah stimmt, da war ja noch was erledigen ... *Zu schnell vorbei*!

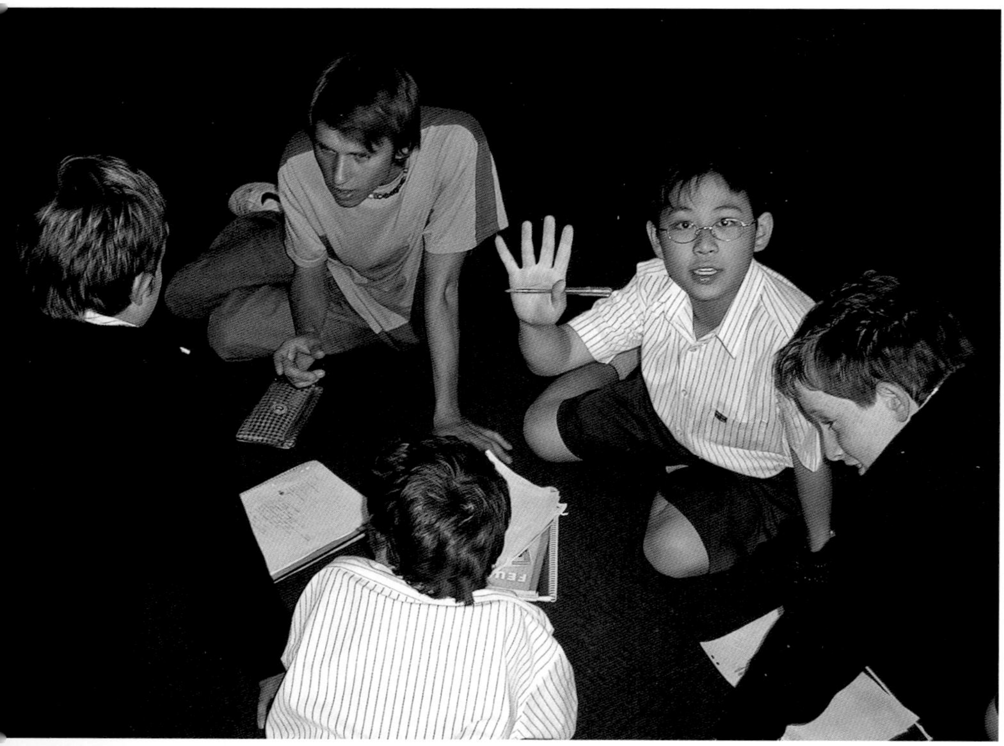

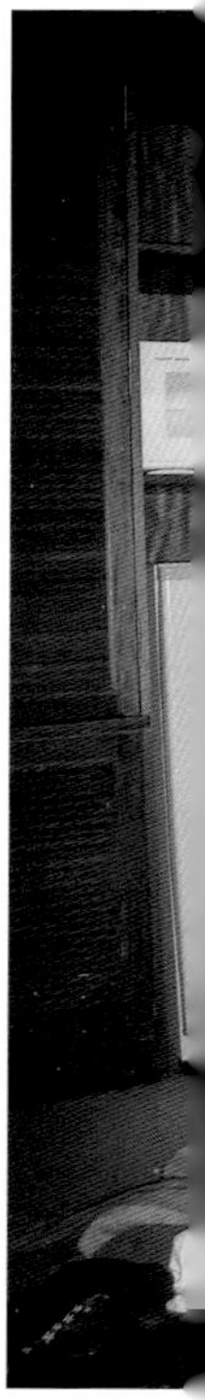

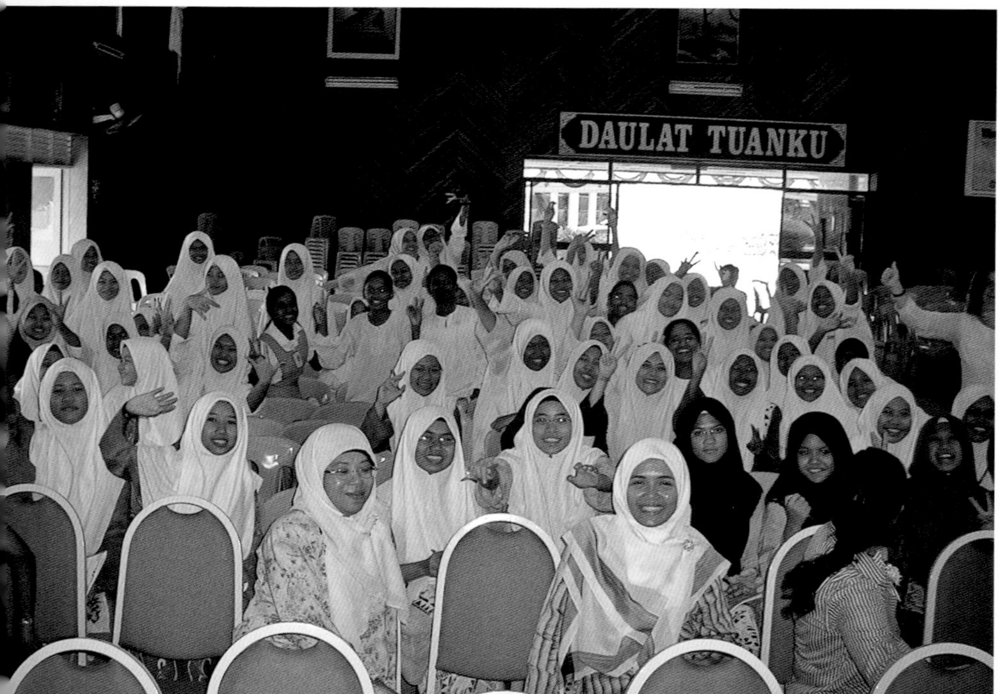

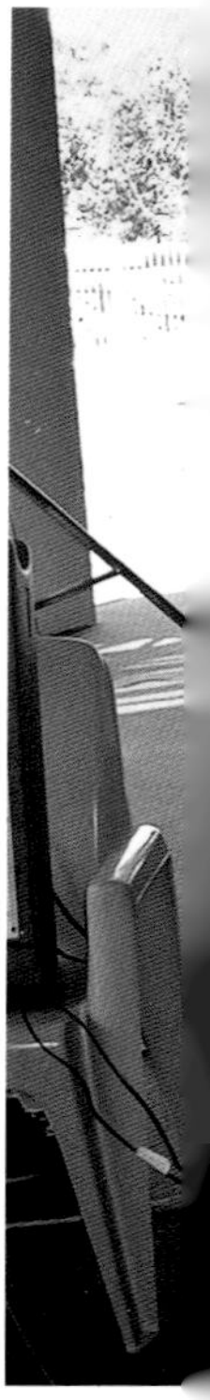

Mit dem Goethe-Institut unterwegs in Malaysia, April 2005

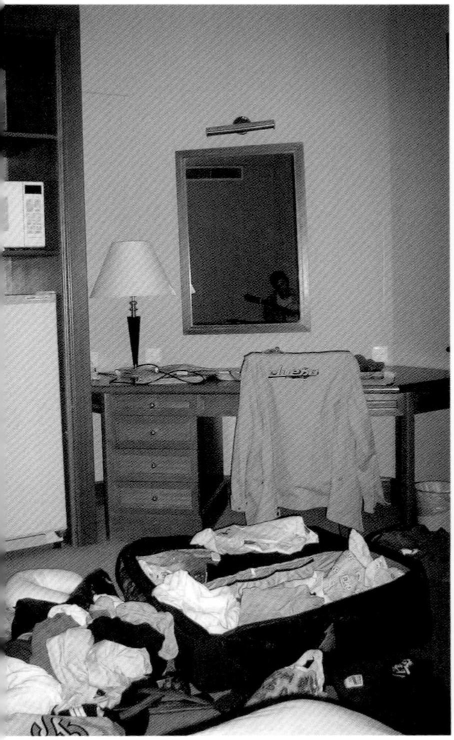
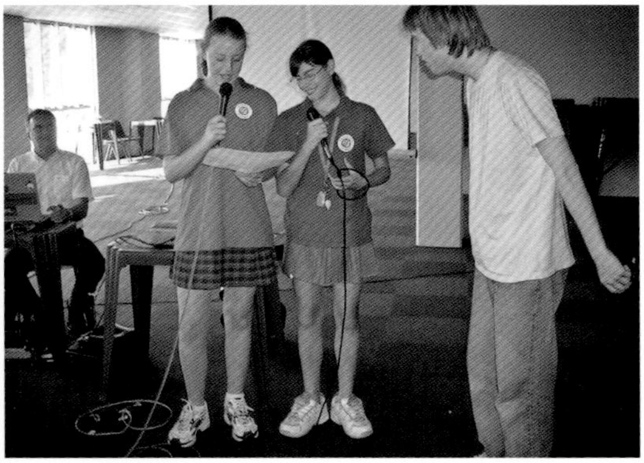
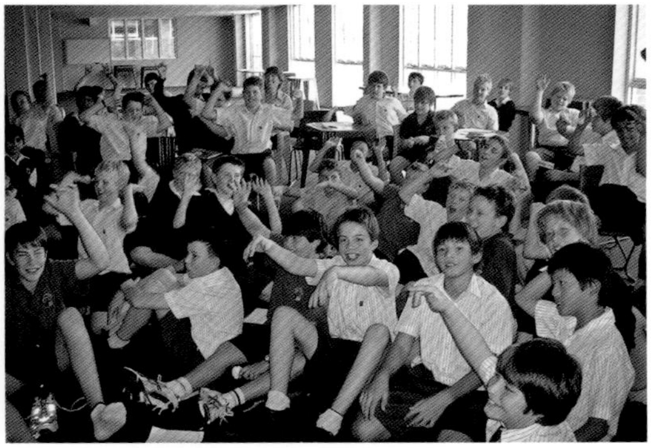
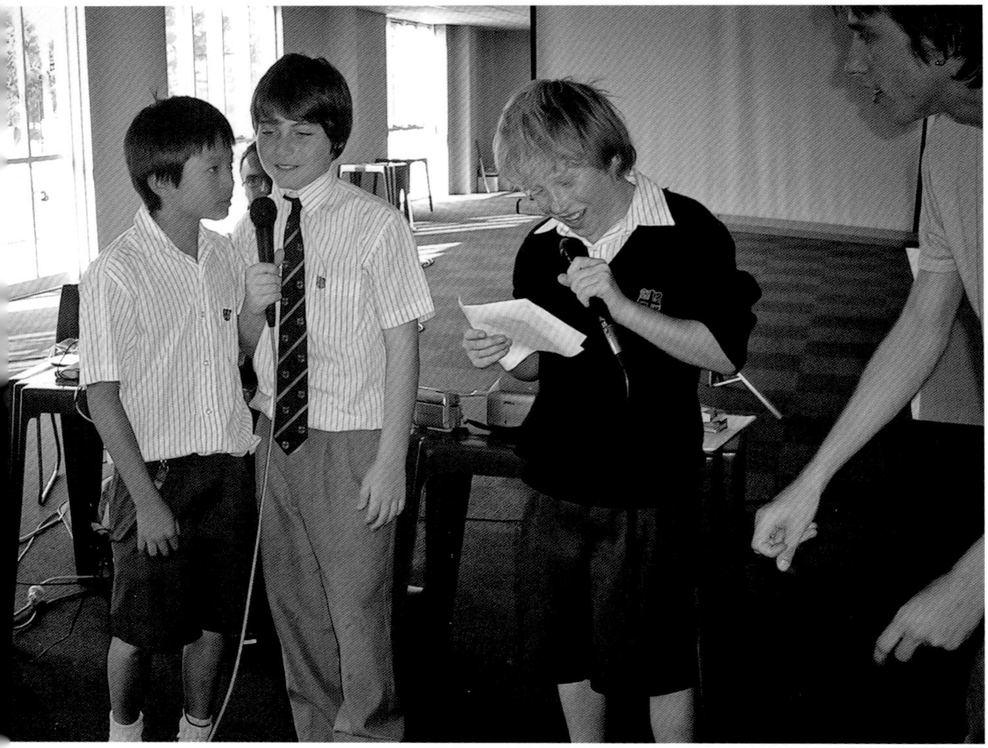
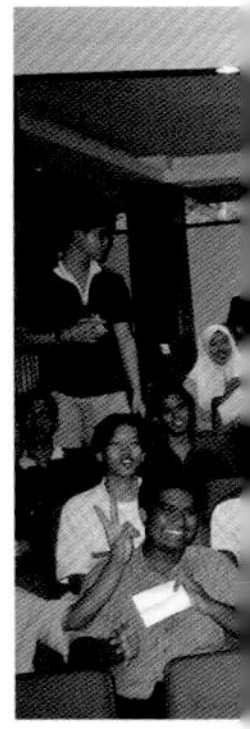
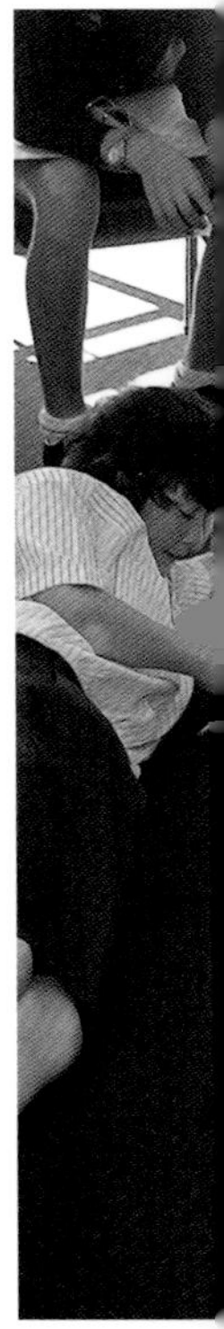
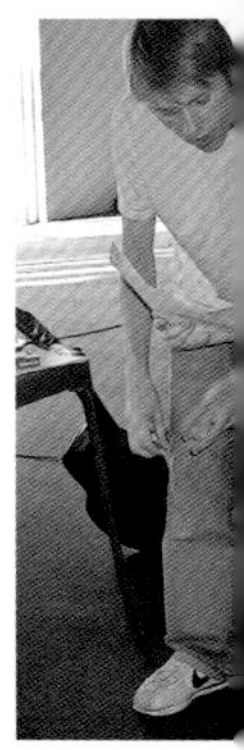

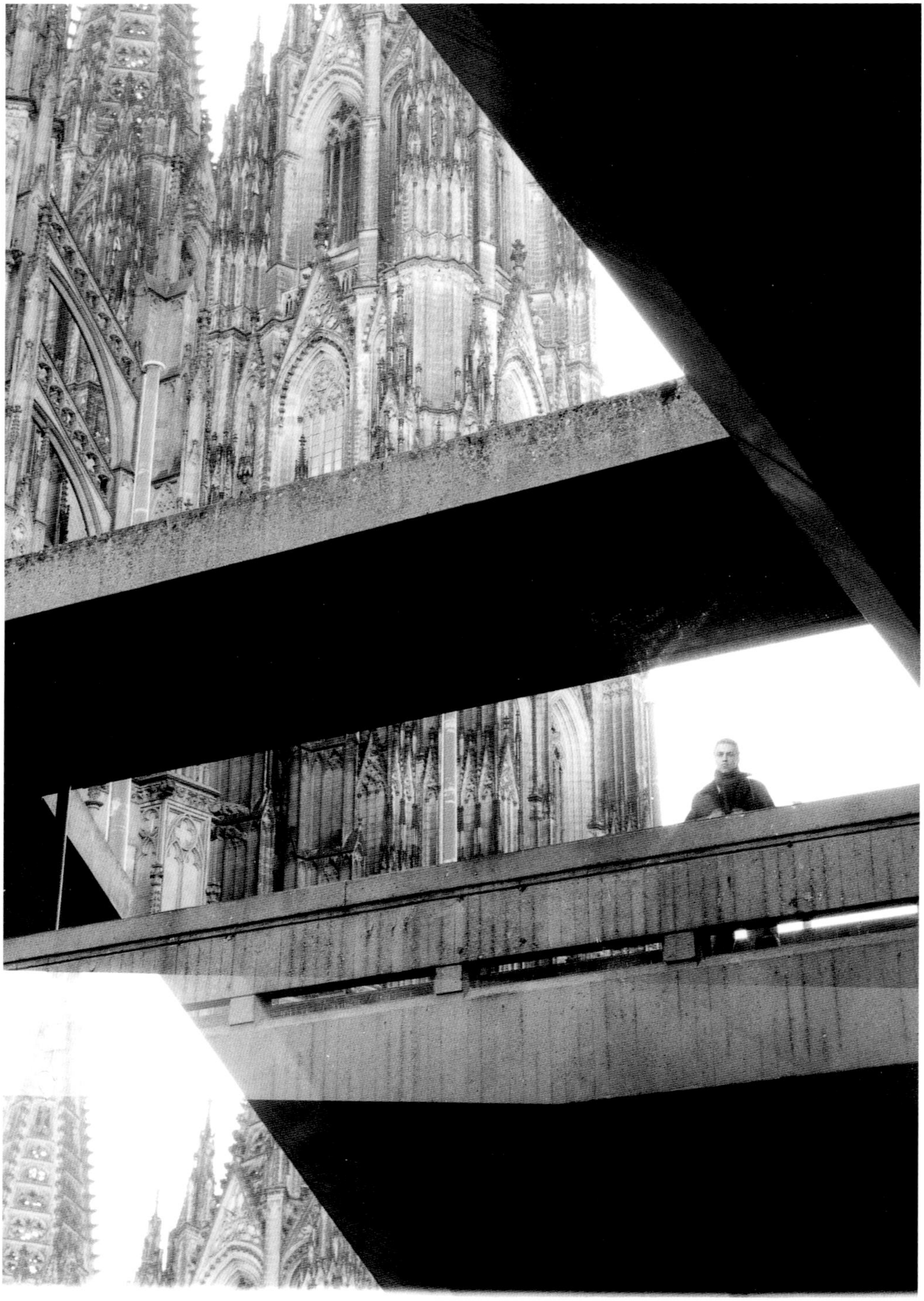

Die drei Jahre Köln waren für mich eine wundervolle Zeit, ich habe viele Freunde gefunden, aber es war auch immer ein bisschen wie ein verlängertes Partywochenende, bei dem man weiß, dass man bald wieder heim muss.

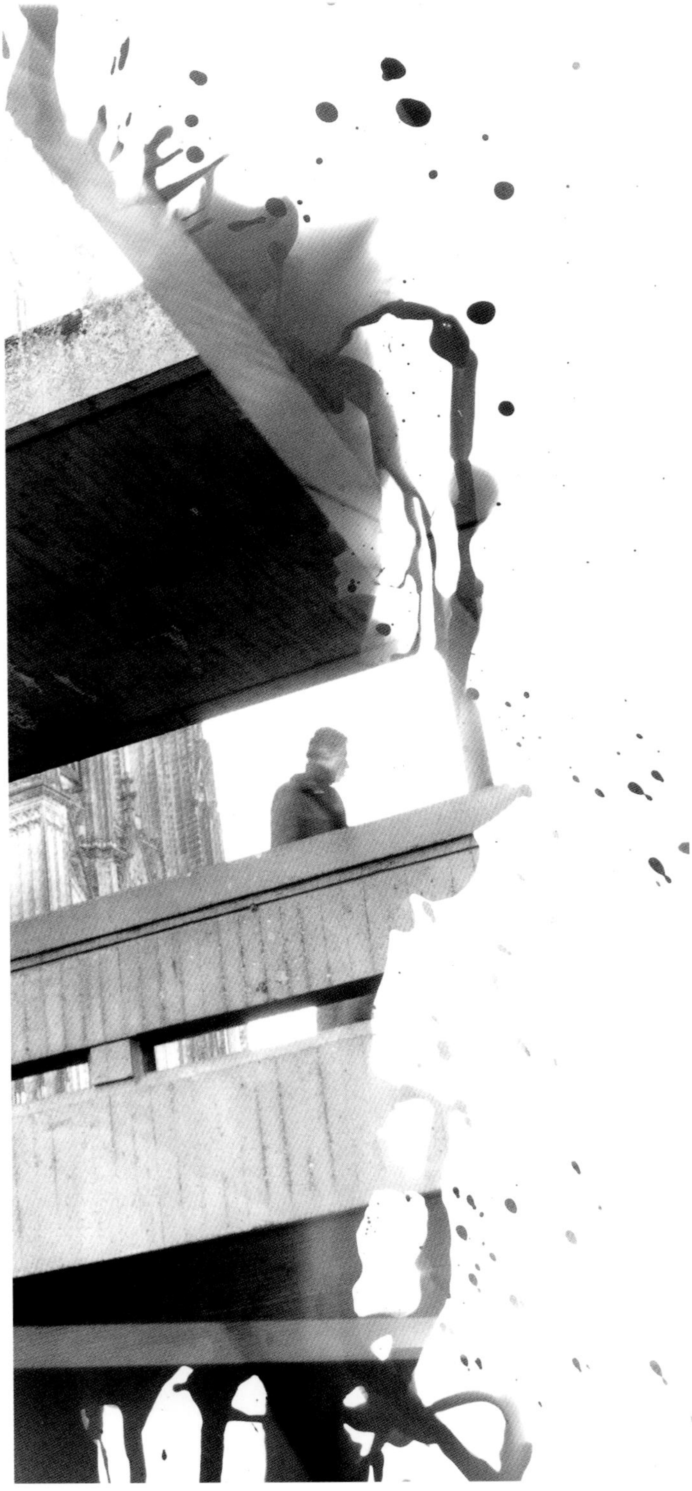

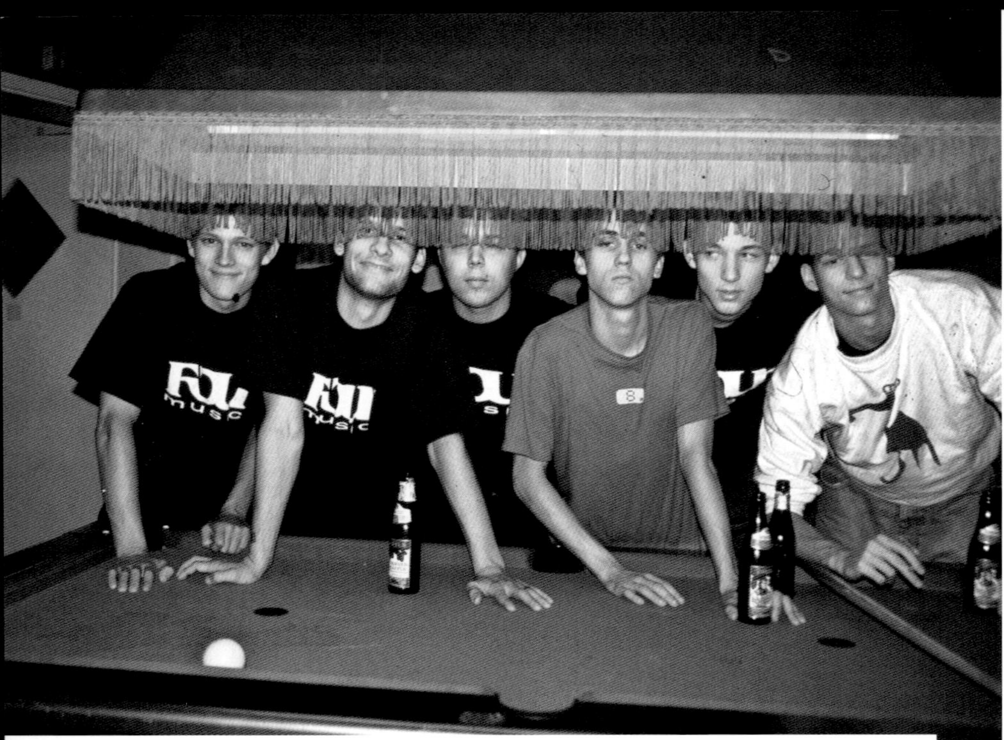

Clueso mit seiner ersten Band Curfew in Fulda: Lionel, Pascal, Marcel, Clueso, Daniel, Max, 2001

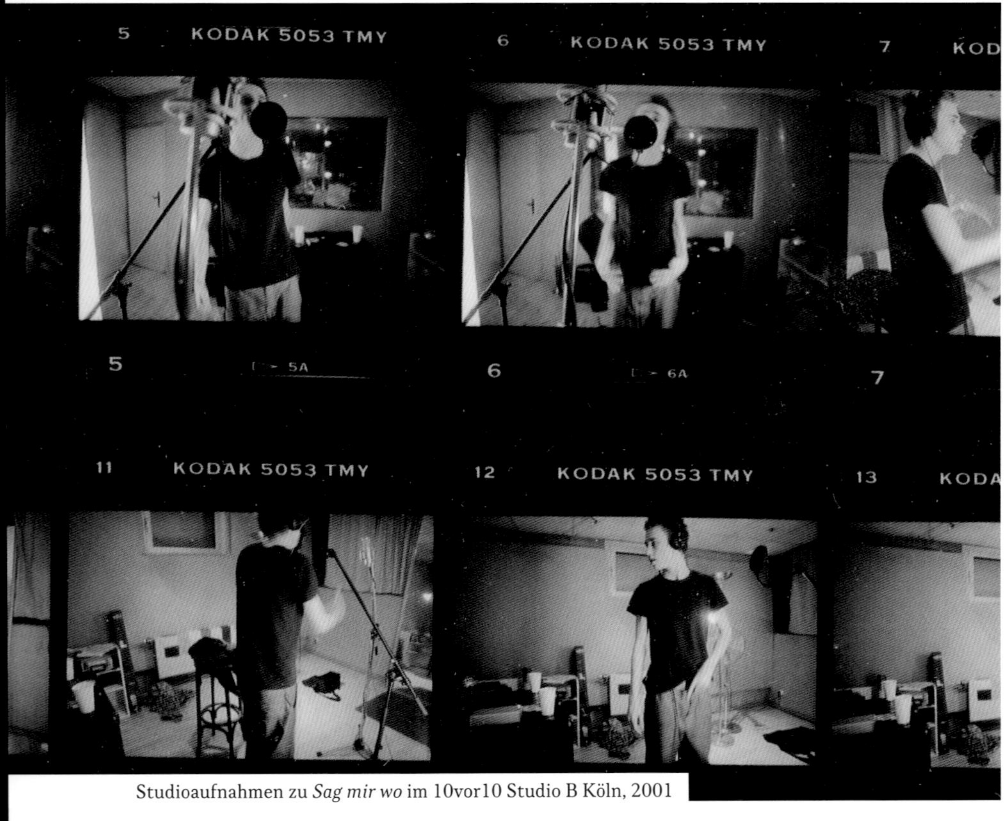

Studioaufnahmen zu *Sag mir wo* im 10vor10 Studio B Köln, 2001

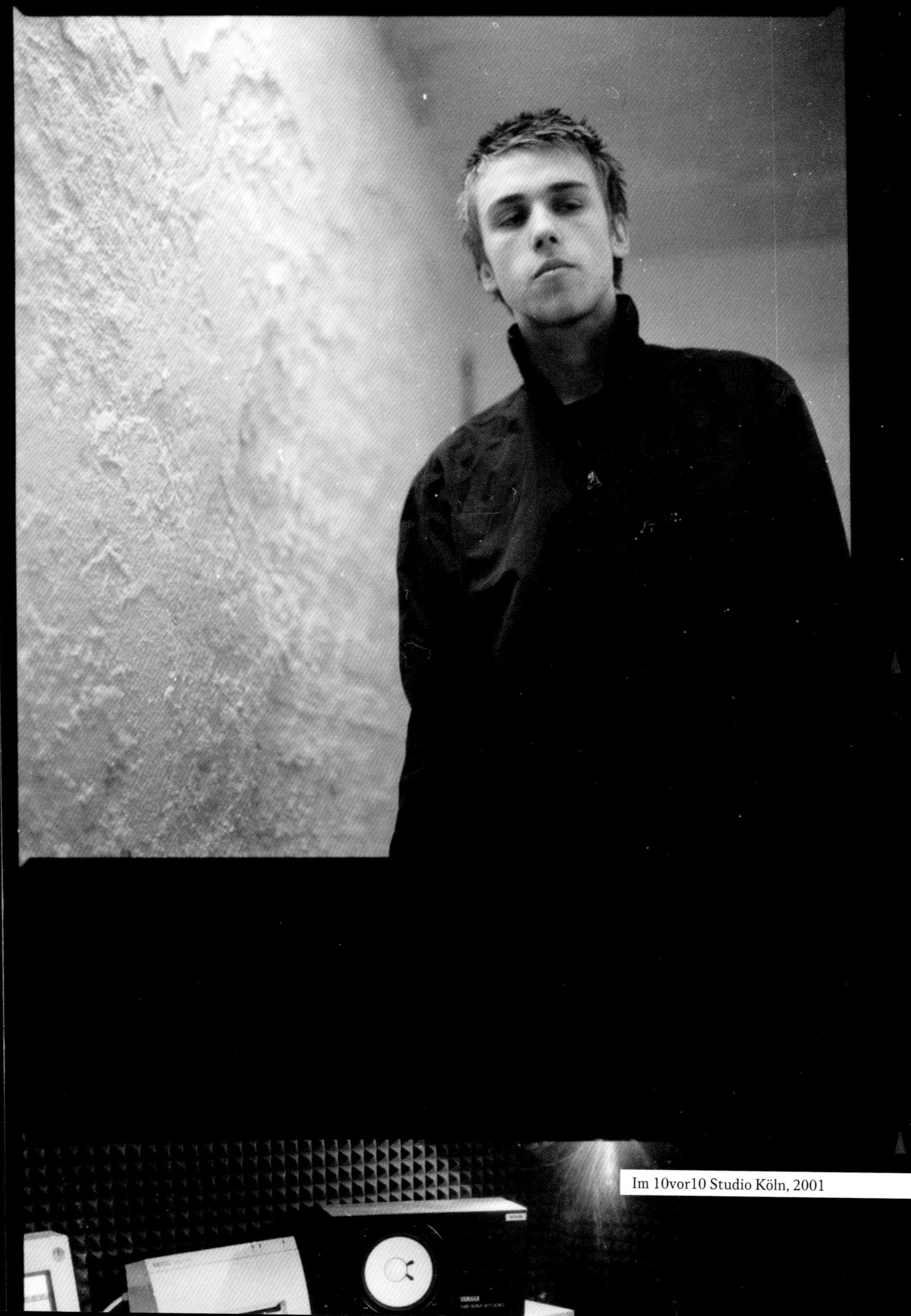

Im 10vor10 Studio Köln, 2001

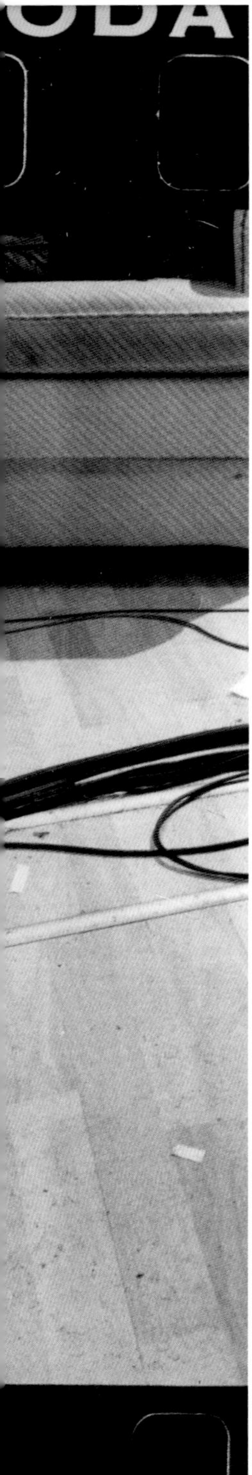

HALLO MISSGESCHICK

Hallo Missgeschick
wie gehts dir
du machst mal wieder dein Ding
alles mit so viel Gefühl

Hallo Missgeschick warum bleibst du nicht hier
zieh doch bei mir ein
vielleicht kann ich was lern'
deinen Humor

Du hast viele Namen
aber wenig Freunde
komm ich bau dir ein Zuhause
hier darfst du alles machen

Du ziehst mir den Boden unter den Füßen weg
ich geh einfach so lang an die Decke
wir sind ein gutes Team
du baust ein paar Wände und ich geh sie hoch

Hallo Missgeschick
in deiner Nähe fühlen sich alle so lebendig
mit dir macht man alles richtig ... falsch
ohne dich gäb es kein Richtig

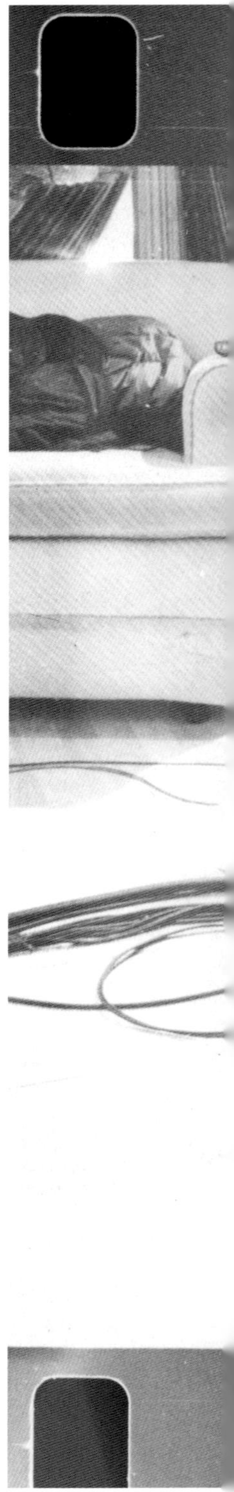

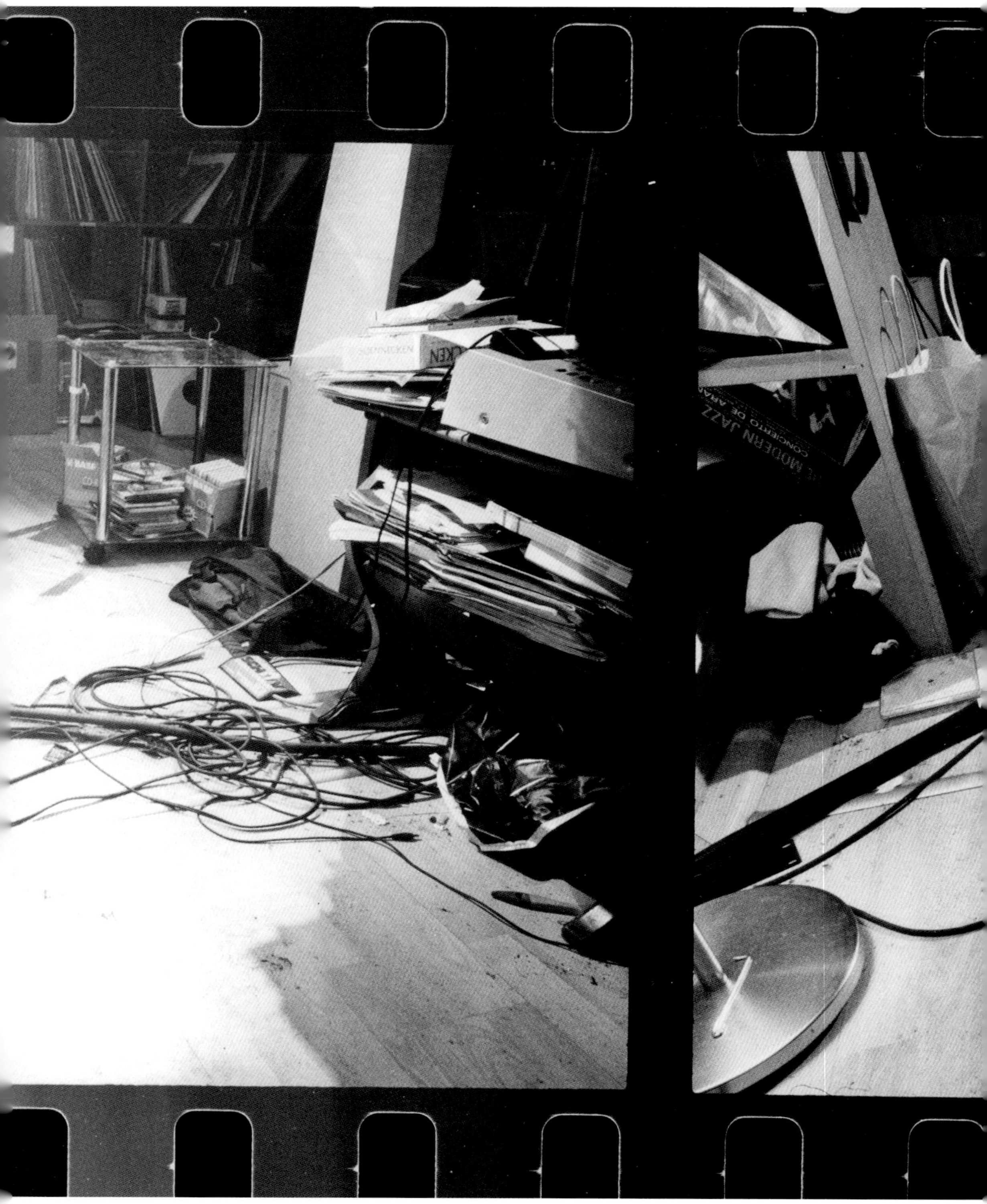
CONCIERTO
MODERN JAZZ

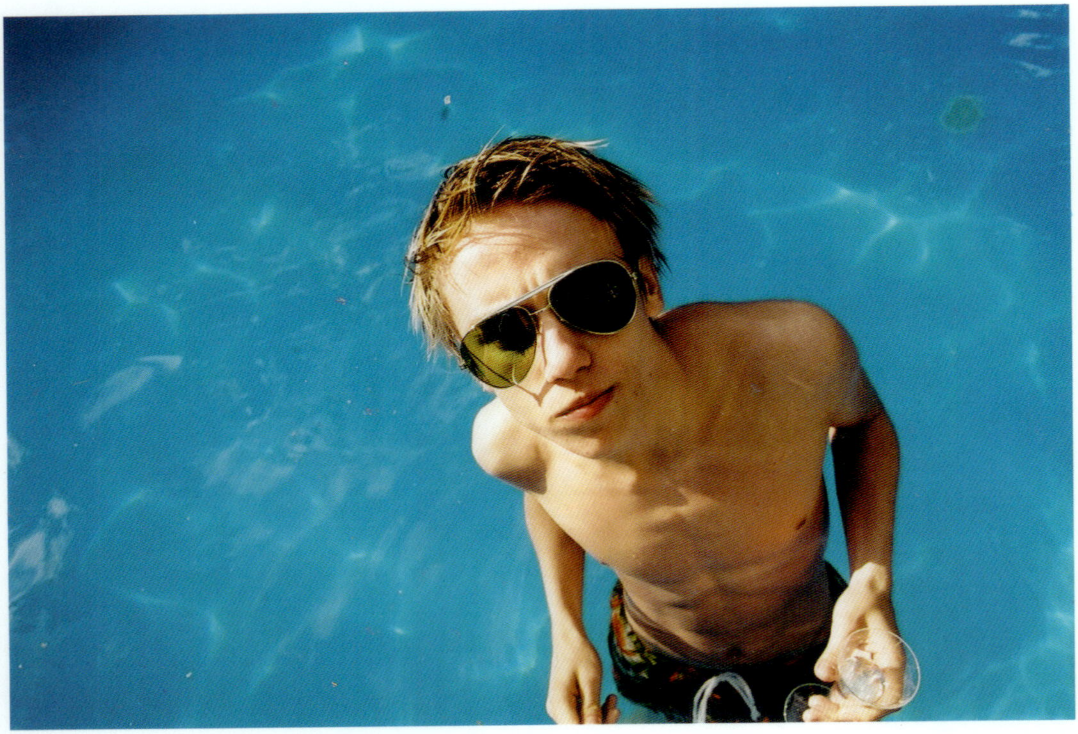

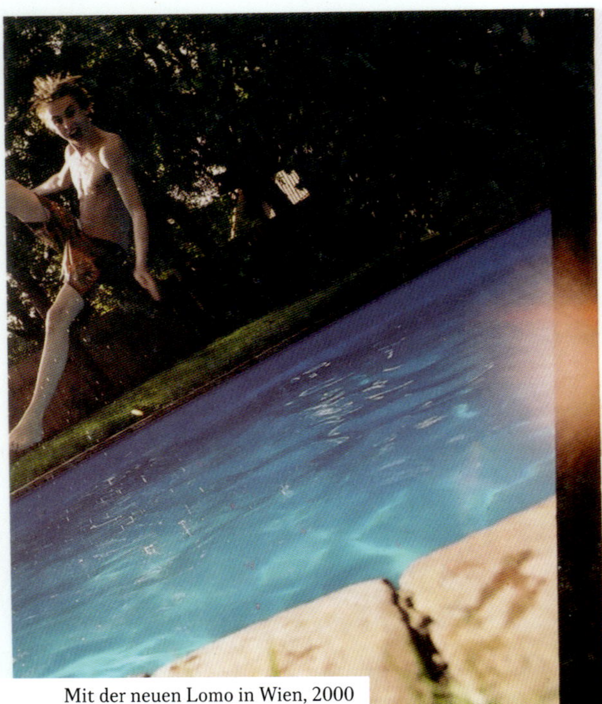

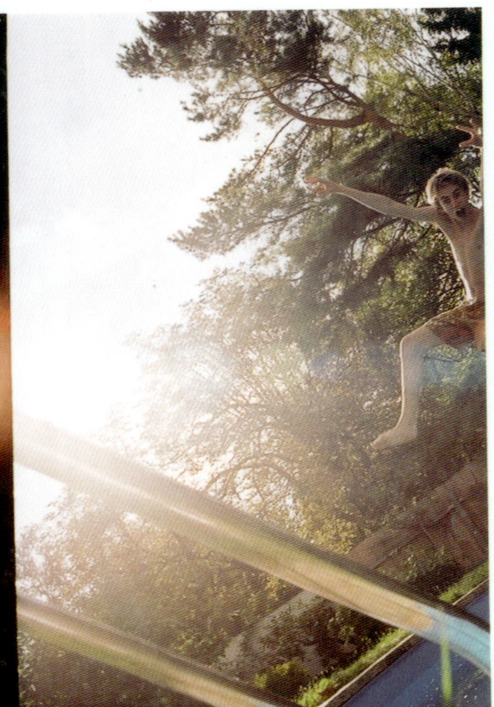

Mit der neuen Lomo in Wien, 2000

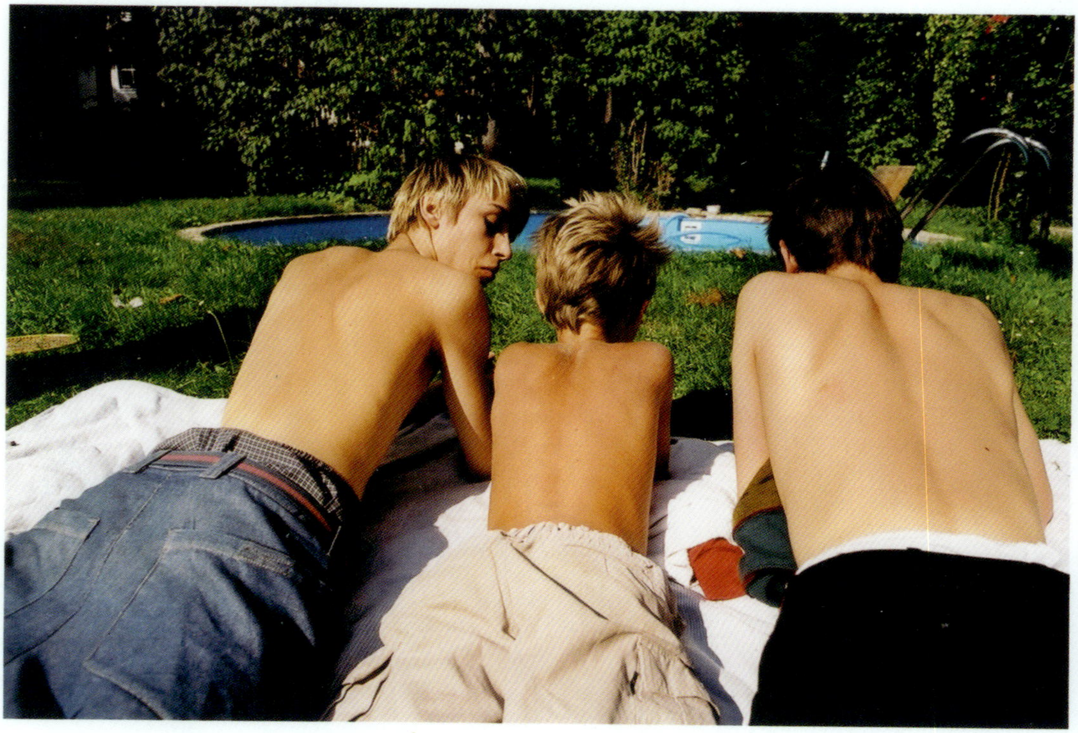

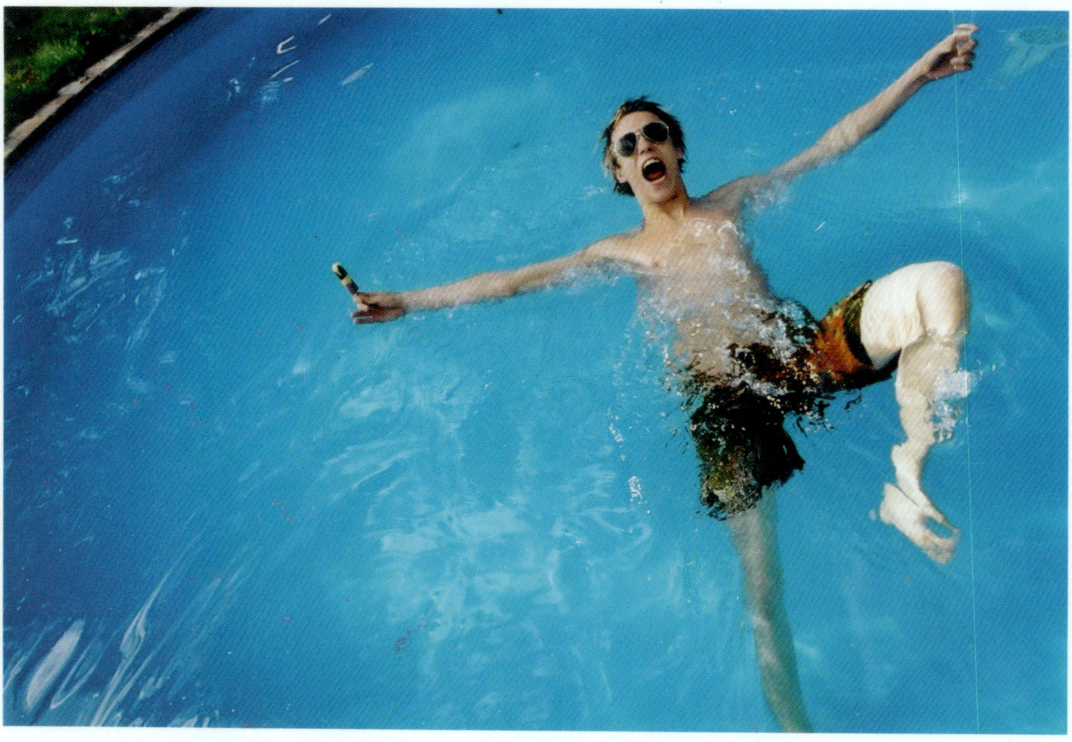

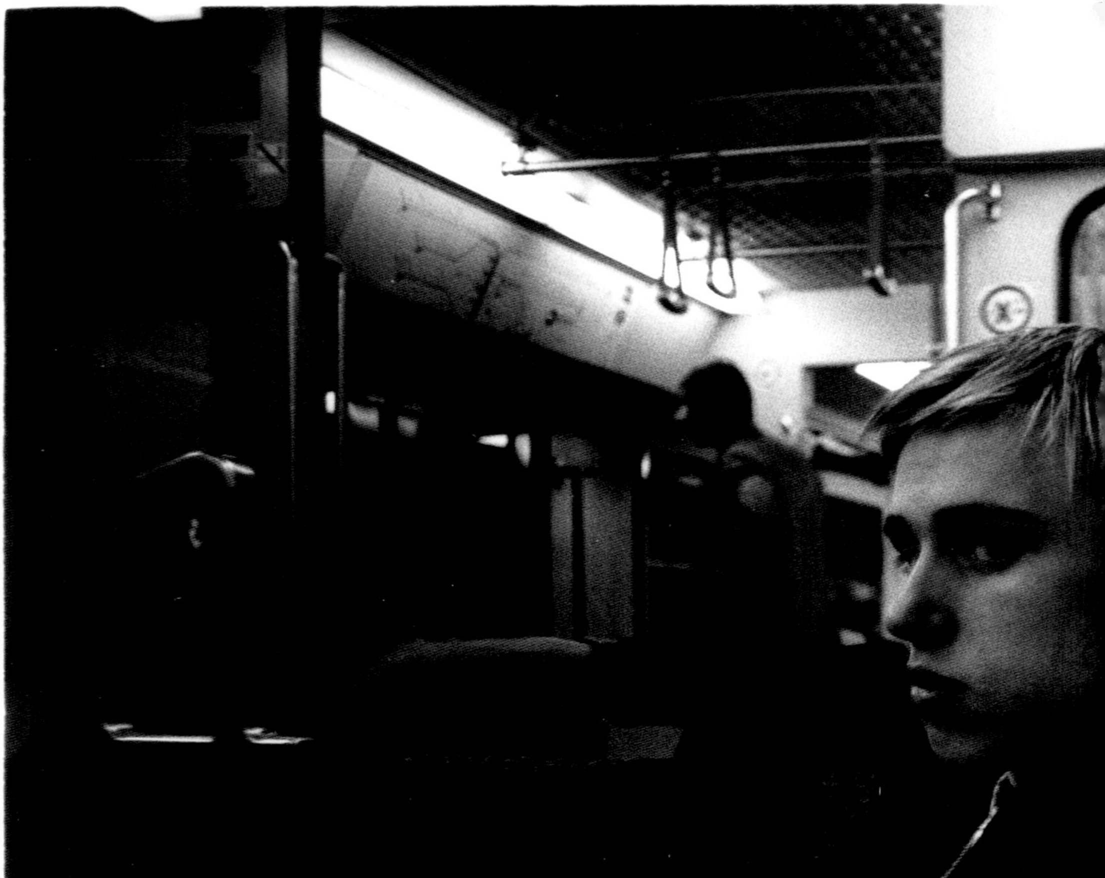

WIR FUHREN NACHTS

Wir fuhren nachts mit der Straßenbahn Richtung Studio.
Sie bog am Domplatz um die Ecke, und der Rummel zog
links an uns vorbei.
Es waren wenig Menschen zu sehen,
nur ein paar torkelten wie Matrosen in unsere Richtung.
Es sah aus wie so ein abgebrochenes Stück von einer Partyinsel,
das wie Packeis durch die Städte treibt.
Und die Überlebenden ernähren sich von Alkohol und Zucker –
ein bisschen wie mein Privatleben die letzten Wochen.
Ein dunkles Kapitel mit vielen Lichtern.

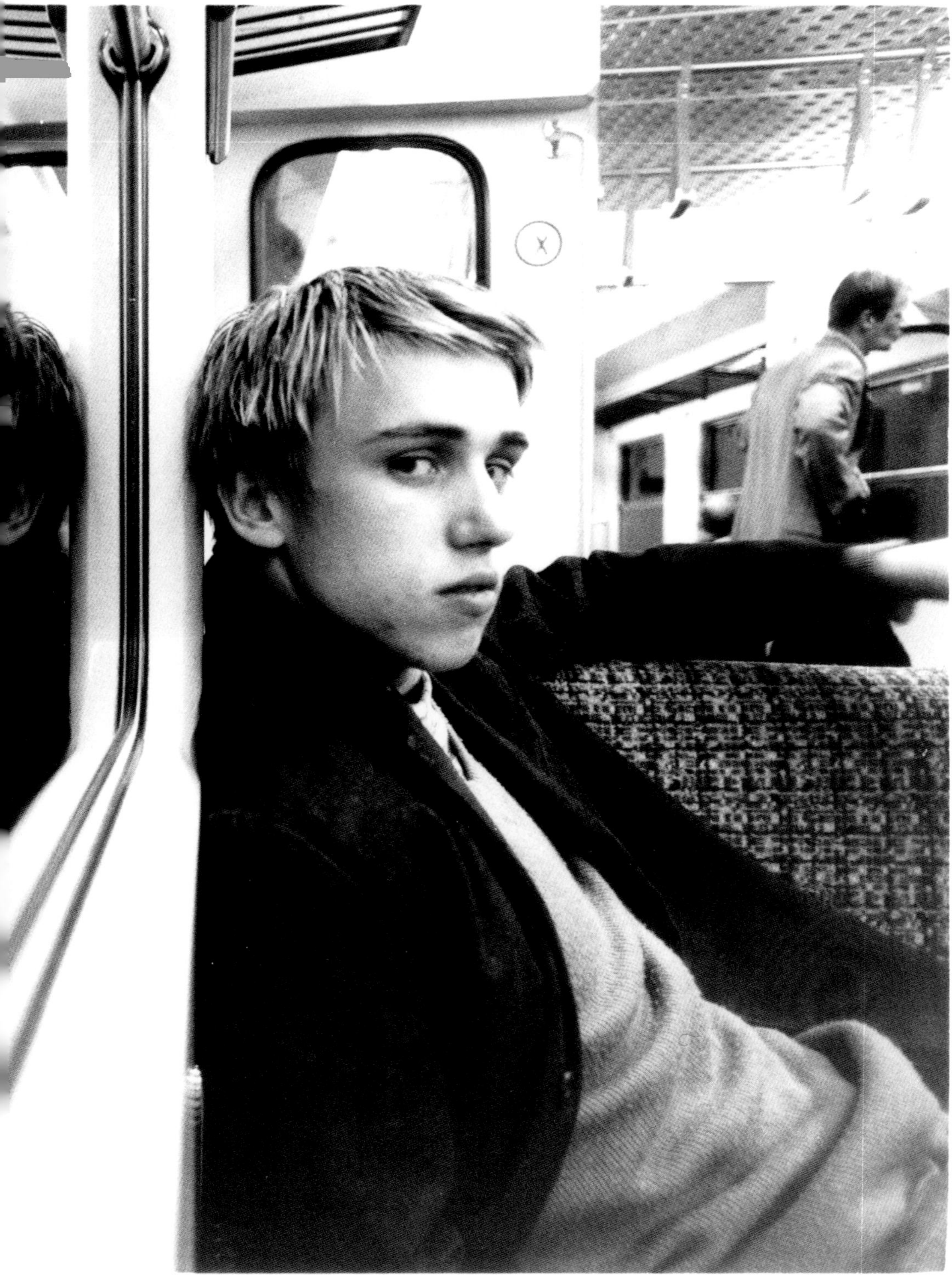

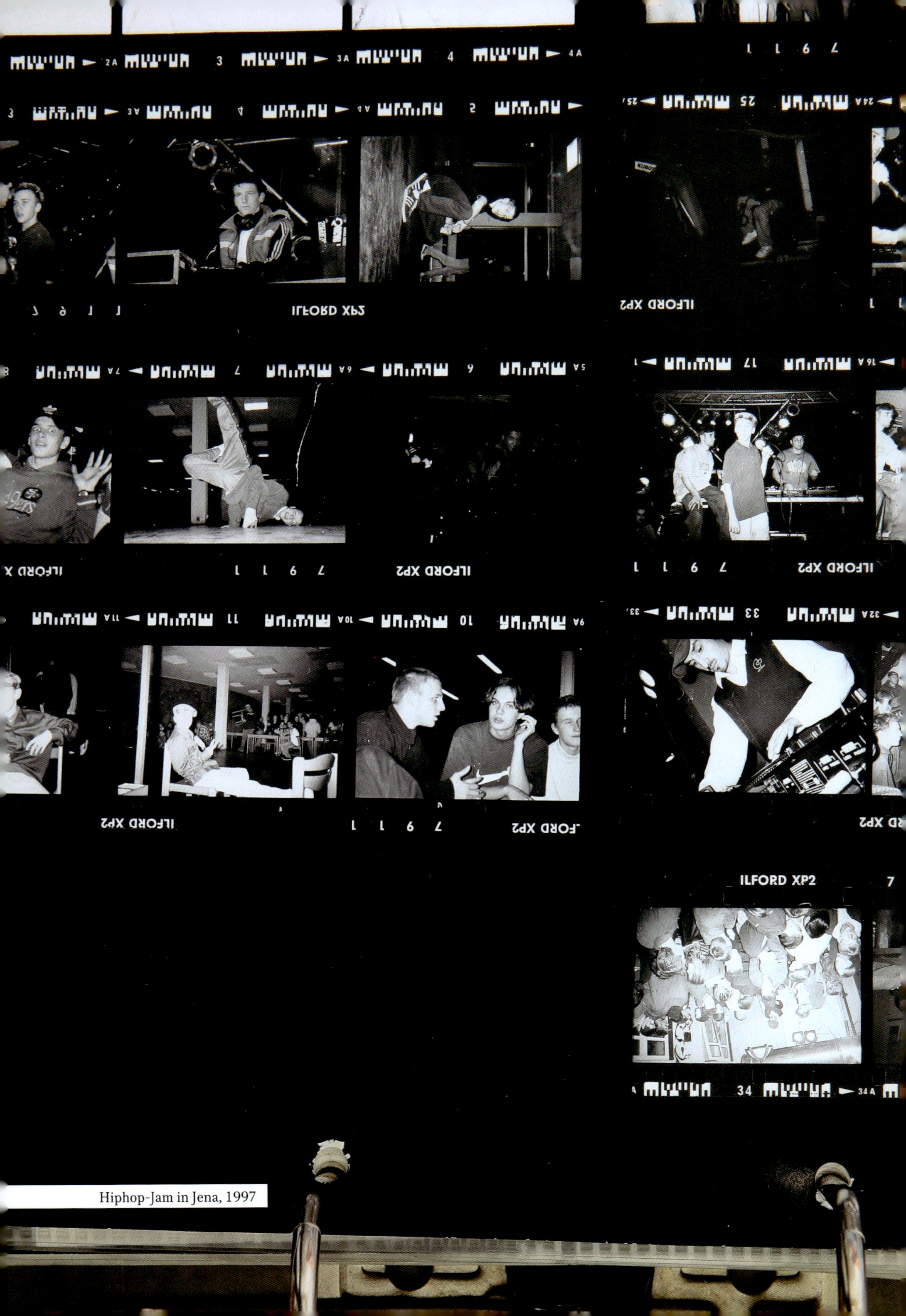

Hiphop-Jam in Jena, 1997

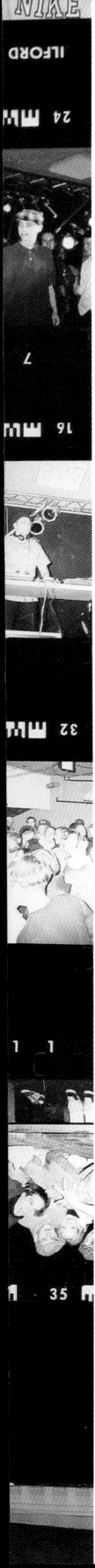

KREISLAUF

Die meiste Kraft zieh ich aus meiner ständigen Unruhe. Ich weiß nicht, von wem ich das habe.

Von meiner Mutter? Sie hat zwar so gut wie keine Hobbys, aber sie schafft sich ständig neue Aufgaben und erledigt sie so beiläufig, dass man denken könnte, sie würde überhaupt nix machen. Nur wenn sie sich kurz in ihren Sessel fallen lässt und eine raucht, bemerkt man, wo sie am Tag schon alles gewesen ist. Aus welchen Ecken im Haus – von der Leiter am Fenster, von der Treppe im Hausflur, von der Tür oder von der Badewanne aus – sie einen gebeten hat, den Fernseher etwas leiser zu machen oder nicht so laut zu lachen. Unruhig kam mir das nie so richtig vor ... eher zielstrebig.

Mein Vater hat die Augen eines Elefanten und macht die entsprechenden zeitlupenartigen Bewegungen. Selbst wenn er mal ausholte, was ziemlich selten vorkam, hatte man immer genug Zeit auszuweichen. Wenn wir spazieren gingen, verschränkte er meist beide Hände auf dem Rücken, schaute mit seinen dunklen Augen in eine Richtung und keiner verstand, was er da eigentlich sah.

Auf dem Heimweg kam dann der Entdecker in ihm durch, und er fuhr mit dem Auto über Feldwege, fremde Grundstücke oder durch Gartenanlagen, bis wir an eine Stelle kamen, von der aus es nicht mehr weiterging und wir den ganzen Scheißweg wieder zurück mussten. Meist kamen wir erst spät im Dunkeln nach Hause. Mein Vater stieg dann gelassen aus dem Auto, legte sich auf die Couch und sagte: »War doch schön.«

Von ihm konnte ich diese Unruhe also auch nicht haben. Von wem dann?

Wenn ich mit meiner sehr genügsamen Freundin im Urlaub war, die wie eine Katze oder Hündin nur einmal tief durchatmen musste, um selbst zwischen Felsen und spitzen Steinen einen weichen Platz zu finden, bereitete ich für unsere Gemütlichkeit so viel vor, dass eine Ewigkeit vergehen konnte. Oft verpasste ich dann den Sonnenuntergang, weil ich einen Windschutz baute oder Sand von der Decke strich, um dann aufzuspringen und zu rufen: »Los gehts!«

Und mich danach auf die Couch fallen zu lassen und zu sagen: »War doch schön.«

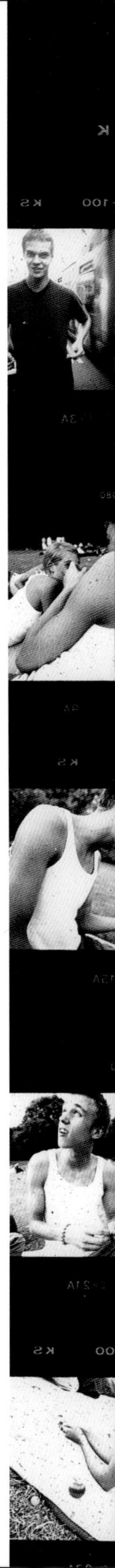

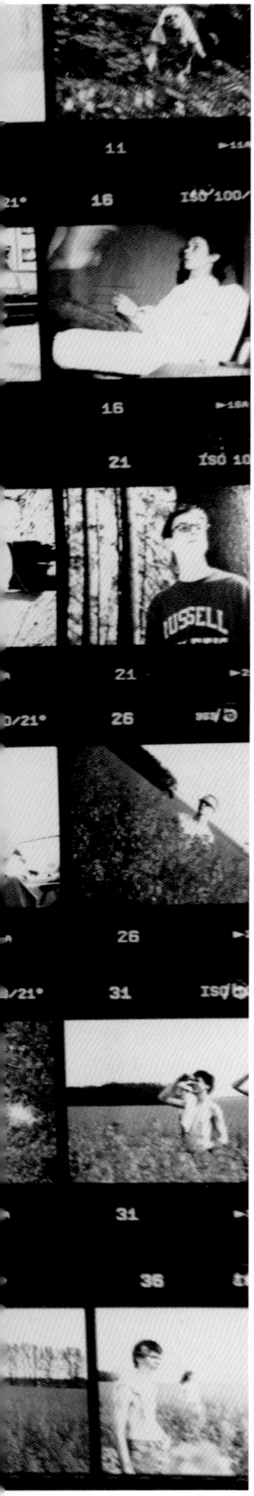

DENN WIR WUSSTEN NICHT, WAS WIR TUN

Ich hatte genauso wenig Bock darauf, Friseur zu werden, wie Dirk auf die Kochausbildung, und im Prinzip machten wir diese blöde Lehre nur für unsere Eltern. Es ist mir fast unerklärlich, aber heute – zehn Jahre später – kann ich darüber lachen.

Damals war es der reinste Albtraum. Manchmal bin ich heulend in die Mittagspause, natürlich heimlich.

Aus dem ersten Laden bin ich zum Glück nach zwei Jahren rausgeflogen. Mein Lehrmeister war eine Autorität – ich habe ihn lange nach der Lehre einmal auf der Straße getroffen und stramm gegrüßt, frag mich einer warum ... hätte er nicht nur genickt, sondern »Hallo, Herr Hübner« gebrüllt, hätte ich wahrscheinlich salutiert. So was bewirkt jahrelange Peinigung.

Ich glaube, dass er mich trotzdem gut leiden konnte, man sah es in seinen Augen und wahrscheinlich hat er mich deswegen so getriezt. Er hatte bestimmt etwas ganz Großes mit mir vor, aber vielleicht hatte er das auch bei jedem seiner Lehrlinge ...

Wenn er jemanden zur Sau machte, zitterte der ganze Laden – dafür brauchte er nicht zu schreien ... er tat das ganz ruhig. Aber wie er etwas sagte, gab einem das Gefühl, so klein zu sein, dass man streckenweise vergaß, dass es so etwas wie Stolz gab – und das war viel schlimmer.

Irgendwann hielt ich es nicht mehr aus, ich habe ihn mir – aus Notwehr sozusagen – dann einfach immer in Badehose vorgestellt. Wie er so meckernd dastand auf seinen gebräunten dünnen Beinchen, während seine Wohlstandswampe hin und her wackelte. Mecker, mecker.

Das half sehr und verunsicherte ihn ein wenig ... er konnte zwar nichts von meiner eigens kreierten Rettungsfantasie wissen, aber man konnte es wohl in meinem Gesicht lesen.

Nachdem ich den anderen Lehrlingen von meinem Trick erzählt hatte, standen wir oft wie die Chipmunks zu dritt grinsend vor ihm – was ihn nur noch wütender machte. Manchmal brach er mitten im Satz ab und suchte mit seinen Blicken verzweifelt die Zustimmung der Mitarbeiter. Ich glaub, eigentlich mochte ich ihn auch.

Aber nach einer Weile hatte er mich sozusagen aufgegeben.

Eines Morgens kam ich abgehetzt und mal wieder viel zu spät in den Laden. Irgendwas war anders als sonst, alle Mit-

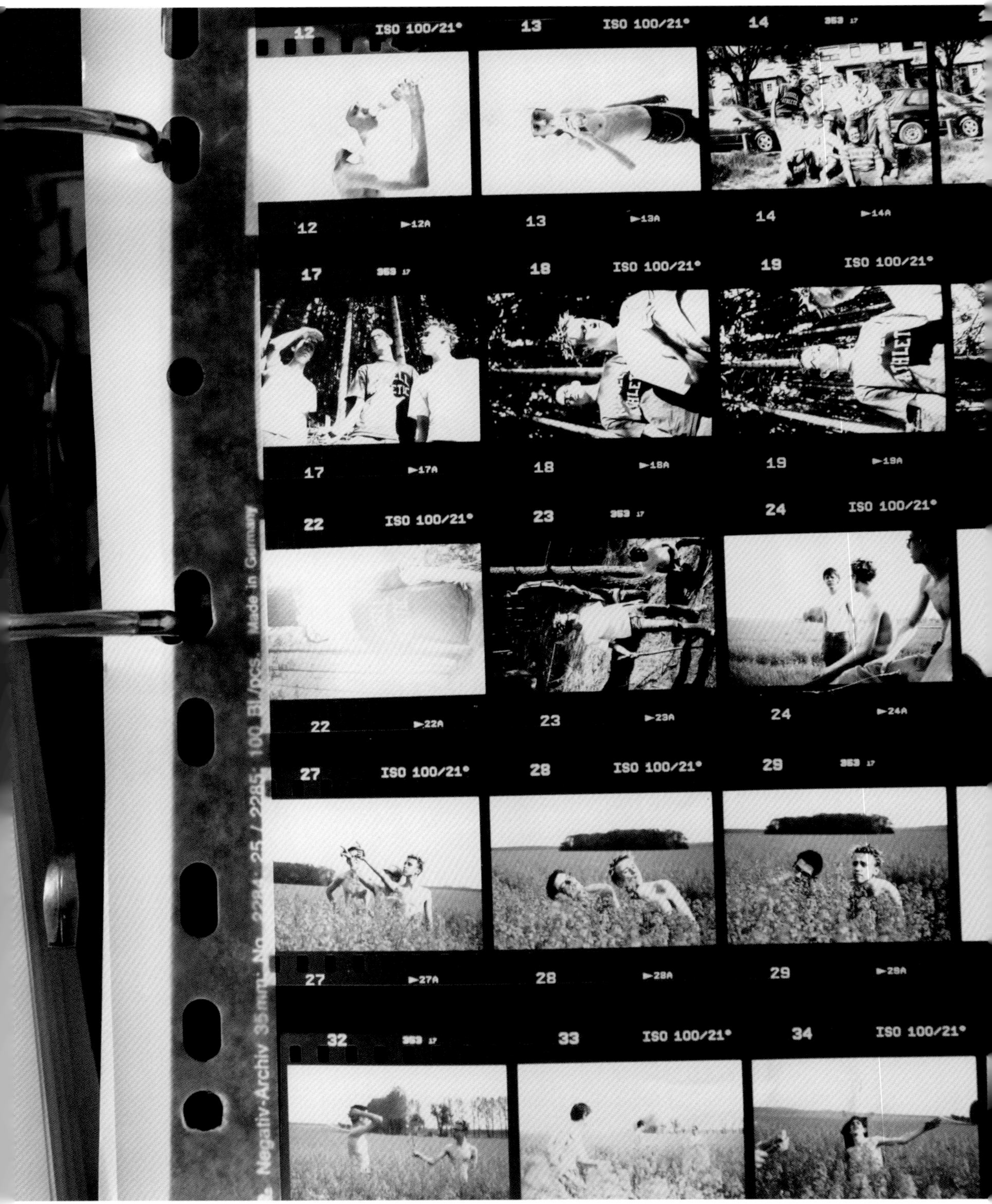
12 ISO 100/21°
13 ISO 100/21°
14
12 ▶12A
13 ▶13A
14 ▶14A
17
18 ISO 100/21°
19 ISO 100/21°
17 ▶17A
18 ▶18A
19 ▶19A
22 ISO 100/21°
23
24 ISO 100/21°
22 ▶22A
23 ▶23A
24 ▶24A
27 ISO 100/21°
28 ISO 100/21°
29
27 ▶27A
28 ▶28A
29 ▶29A
32
33 ISO 100/21°
34 ISO 100/21°
Negativ-Archiv 35mm: No. 2284; 25 / 2285; 100 Bl./pcs. Made in Germany

arbeiter schauten betroffen zu Boden, bis auf meinen Meister – der mich irgendwie schon erwartet hatte.

Er sagte nix, als ich reinkam, ich auch nicht – wie Erzfeinde in einem Western standen wir uns gegenüber ... eigentlich fehlte nur jeweils ein Fön in unsern Händen. Dafür hielt ich mein Fahrradschloss und er eine riesige Rewe-Tüte, aus der einer meiner für die Lehre gekauften Gesundheitsschuhe rausragte.

Ich wusste sofort, was los war, ging, ohne etwas zu sagen, auf die anderen Lehrlinge zu und verabschiedete mich.

»Hey, danke.« – »Viel Glück, halt durch!«

Danach ging ich zu ihm und nickte – irgendwie sah er auch traurig aus. Ich nahm die Tüte entgegen – und gab ihm seine Schere zurück ... wie ein Officer seine Polizeimarke. Das war's.

Den Weg in die Stadt werd ich nie vergessen – ich kam mir tierisch rebellisch vor. Die Sonne schien, und ich war überglücklich zu wissen, dass ich nie wieder an diesen schrecklichen Ort mit all den Angestellten in Kitteln und den wackeligen nach Dauerwelle riechenden Omis zurückkonnte – und somit auch nicht musste. Nur wie ich das meinen Eltern erklären sollte, wusste ich noch nicht.

Durch Gespräche mit einem Freund und etwas Glück war ich nur zwei Tage später in einem neuen Laden angestellt und konnte dort meine Lehre weitermachen.

Das letzte Jahr verging wie im Flug. Ich mochte meine neue Chefin und sie mich – ich lade sie noch heute auf jedes Konzert in Erfurt ein. Sie nahm mich so, wie ich war, und hatte anscheinend auch nix Großes mit mir vor. Die eine oder andere Geschichte aus dieser Zeit hat sogar überlebt, zum Beispiel die mit dem Wäschetrockner ...

Meine Chefin war ein Arbeitstier, für sie war jede Minute kostbar – ihre wie die der Angestellten. Das machte sie unberechenbar, es gab Tage, da sah sie einen überhaupt nicht, während man an anderen immer im Weg, zu langsam oder nicht genügend bei der Sache war.

An dem betreffenden Tag war ich zum Glück mal wieder unsichtbar.

Ich war todmüde, da ich die Nacht durchgemacht hatte, doch keiner wusste, dass ich morgens nicht aus meinem Bett, sondern direkt mit dem Zug aus München kam – wir hatten einen kleinen Auftritt auf einer Hiphop-Jam.

Ich hatte mir das gut überlegt und bis ich im Laden angekommen war, auch das Gefühl, dass alles super klappen würde. Pustekuchen!

Kaum stand ich, auf Kundschaft wartend, auf einer der beiden Ladenstufen, wurde ich so müde, dass ich nicht mehr klar denken konnte und mir nur mit Verzögerung zusammenreimen konnte, was jetzt die Aufgabenstellung war.

Thomaaas ... frische Handtücher ... denk, denk ... ach so!

Ich nahm den schweren Korb benutzter Handtücher und ging zu den Waschmaschinen in das Nachbarhaus. Ich schmiss die klitschnassen Teile auf den Boden und wollte eine Ladung neue aus dem Trockner holen.

Kaum hatte ich in das warme Stoffknäuel gerade getrockneter Handtücher gegriffen, bekam ich unweigerlich den Drang, mich nur mal ganz kurz in dieses Nest zu kuscheln ...

Ich erinnere mich nur noch, wie etwas später die dumpfe Stimme meiner Chefin irgendwo aus dem Off zu mir drang.

»Thomas, ich weiß zwar nicht, was du da immer machst ... aber ich werde es vermissen, wenn du mal nicht mehr da bist.«

Später erzählte sie mir, sie hätte eine geschlagene Stunde im Laden auf mich gewartet, und als sie in den Waschkeller kam und mich vornübergebeugt mit dem Kopf im Trockner sah, hätte sie am liebsten lachend die anderen geholt. Die Geschichte sprach sich sehr schnell herum und sorgte für ein Superklima, was mir wiederum den Arsch rettete.

Die Kundschaft und somit auch der Laden liebten mich für solche Storys, und sie erkundigten sich daraufhin regelmäßig, was ich in der Zwischenzeit wieder angestellt hatte. Da gab es immer etwas zu berichten, man brauchte mich nur zehn Minuten zu beobachten und kam aus dem Staunen nicht mehr heraus. Ich war ein Träumer, der seine Zeit loswerden wollte.

Wenn ich zum Beispiel rote Tönungen zusammenmixen sollte, konnte es passieren, dass ich die Farbe über meinen Arm verkippte, mir dabei vorstellte, ich hätte eine fiese Wunde und wie ein Schauspieler leise »Aua, ahhh« rief. Genau so lange, bis ich mitbekam, dass irgendwas nicht stimmte, da die Gespräche verstummt waren und mich alle besorgt, grinsend oder kopfschüttelnd ansahen. Genau genommen war das die restliche Zeit mein eigentlicher Job: zum Vergnügen aller Beteiligten einfach nur Thomas zu sein. Das kam mir sehr gelegen, denn ich führte ein Doppelleben.

Es war genau die Zeit, in der Dirk und ich entdeckten, was wir eigentlich machen wollten, und vor einer sehr wichtigen Entscheidung standen. Wir wollten das, was wir im Grunde für andere angefangen hatten, entgegen aller Argumente der besorgten Instanzen beenden und unsere Berufung zum Beruf machen. Kein leichter Entschluss, denn die Reaktionen waren abzusehen. Unsere Eltern flehten uns förmlich an, unsere Lehre zu beenden.

Aber wir zogen aus und brachen ab. »Mitschuldig« waren einige Argumente von Andie, den ich damals auf einer Hiphop-Jam in Jena kennengelernt hatte, er war der erste erwachsene Mensch, der mir genau das Gegenteil von dem erzählte, was man uns sonst ans Herz legte: »Wenn ihr sicher seid, dass ihr das nicht machen wollt, hört auf! Sammelt dort Erfahrungen, wo ihr euch seht ... fangt einfach damit an.« Er kannte genug Quereinsteiger ohne Ausbildung und wusste, wovon er sprach. Außerdem sah er Talente in uns, die wir noch gar nicht begriffen hatten, denn wir fühlten uns zwar streckenweise genial, aber auch immer wieder klein und unverstanden.

Dirk und ich wohnten zusammen in einer WG und während ich bis spät in die Nacht an meinen ersten Beats schraubte, gruselte er sich allein im stockdunklen Flur, wo er Fotos vom Wochenende entwickelte. Er sah sich als Fotograf, ich mich als großen Musiker, wir wohnten in einer brodelnden Kreativschmiede – unsere kleine Festung – und ständig kamen Leute zu Besuch, manchmal hingen bei uns zehn oder zwanzig Leute ab.

Antje* – die Dirk kennengelernt hatte, indem er ihr von der Stadt bis zur Kunstschule folgte und dann in die Klasse ging und »ich lebe« an die Tafel schrieb, war inzwischen Dauergast bei uns.

Sie kam mit ihren Freundinnen und brachte immer teuren Käse mit, den sie im Supermarkt gegenüber klaute. Wir machten Frühstück aus dem, was da war, und klauten ihr nachmittags als Dankeschön Bücher oder Zeichenblöcke.

Tino besorgte was zu rauchen, mein Bruder Videos und Gorke**, der Einzige mit Auto, fuhr uns ohne zu zögern überallhin und hörte dabei, selbst wenn er alleine fuhr, in voller Lautstärke meine ersten Songs. Ich war stolz, wenn ich ihn schon von Weitem hörte, oder blieb, wenn er fuhr, am Fenster stehen, um zu lauschen, ob ich ihn noch bis zum zweiten Chorus hören könnte.

Wir hatten alle so gut wie nix, aber zu unseren Eltern wären wir schon aus Stolz nie gegangen, und es ist erstaunlich, wie gut man mit wenig Geld leben kann, wenn alle zusammenlegen.

Und so tranken wir bis spät in die Nacht billigen Wein, hörten aus alten Radios vom Sperrmüll Jazz, während ein paar von uns zeichneten, Dirk irgendjemanden zur Aktfotografie überredete und ich einen Song vorspielte.

Wir kamen uns vor wie damals bei Andy Warhol in der »Fabrik« – nur eben auf fünfzig Quadratmeter. Und so wurde aus jedem Motiv eine Fotosession und aus jedem Erlebnis ein Song.

* *Antje aka Minki Warhol, Freundin und Bandmitglied von KATZE*

** *Gorke ist ein langjähriger Freund und Unterstützer von Clueso*

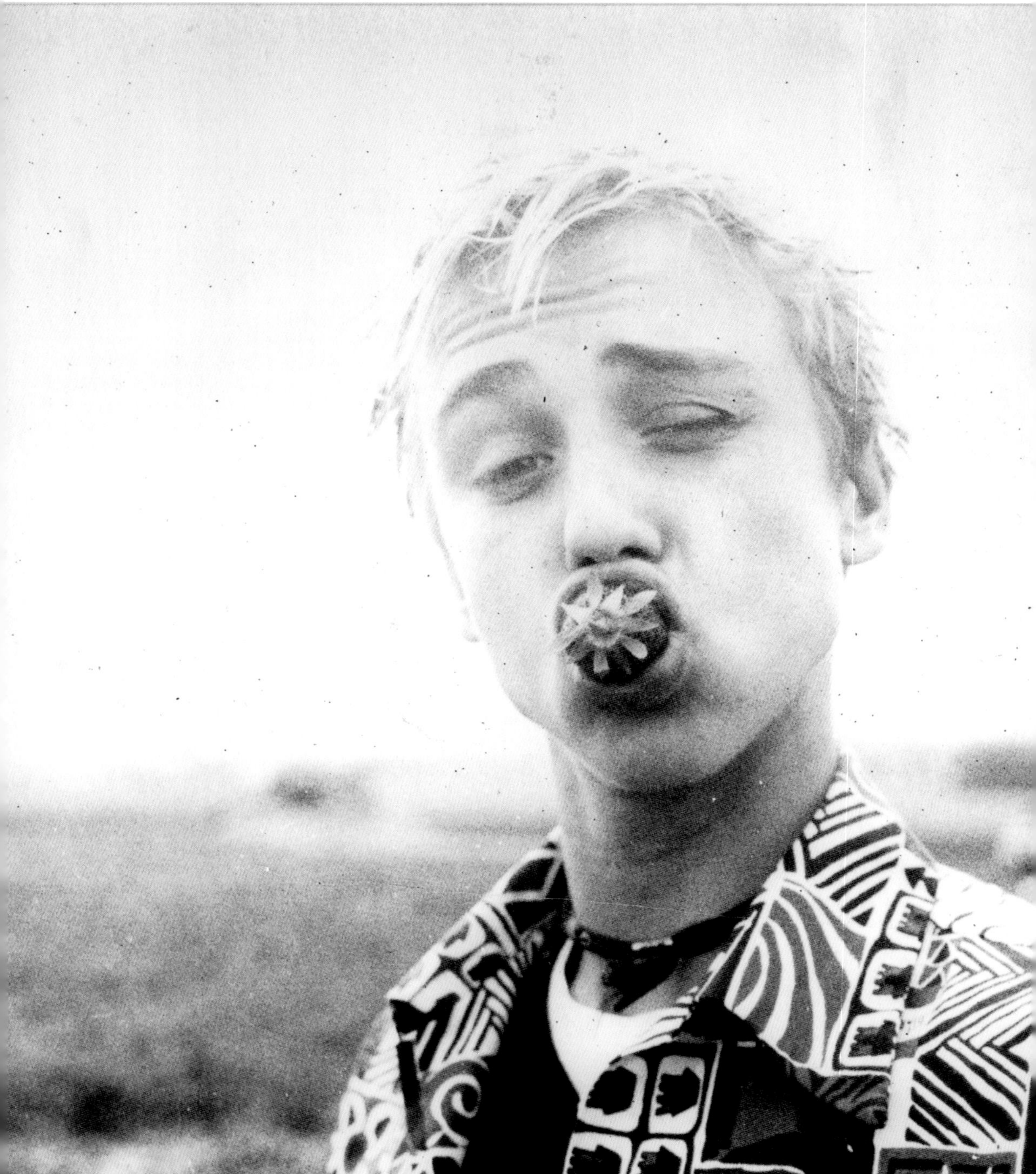

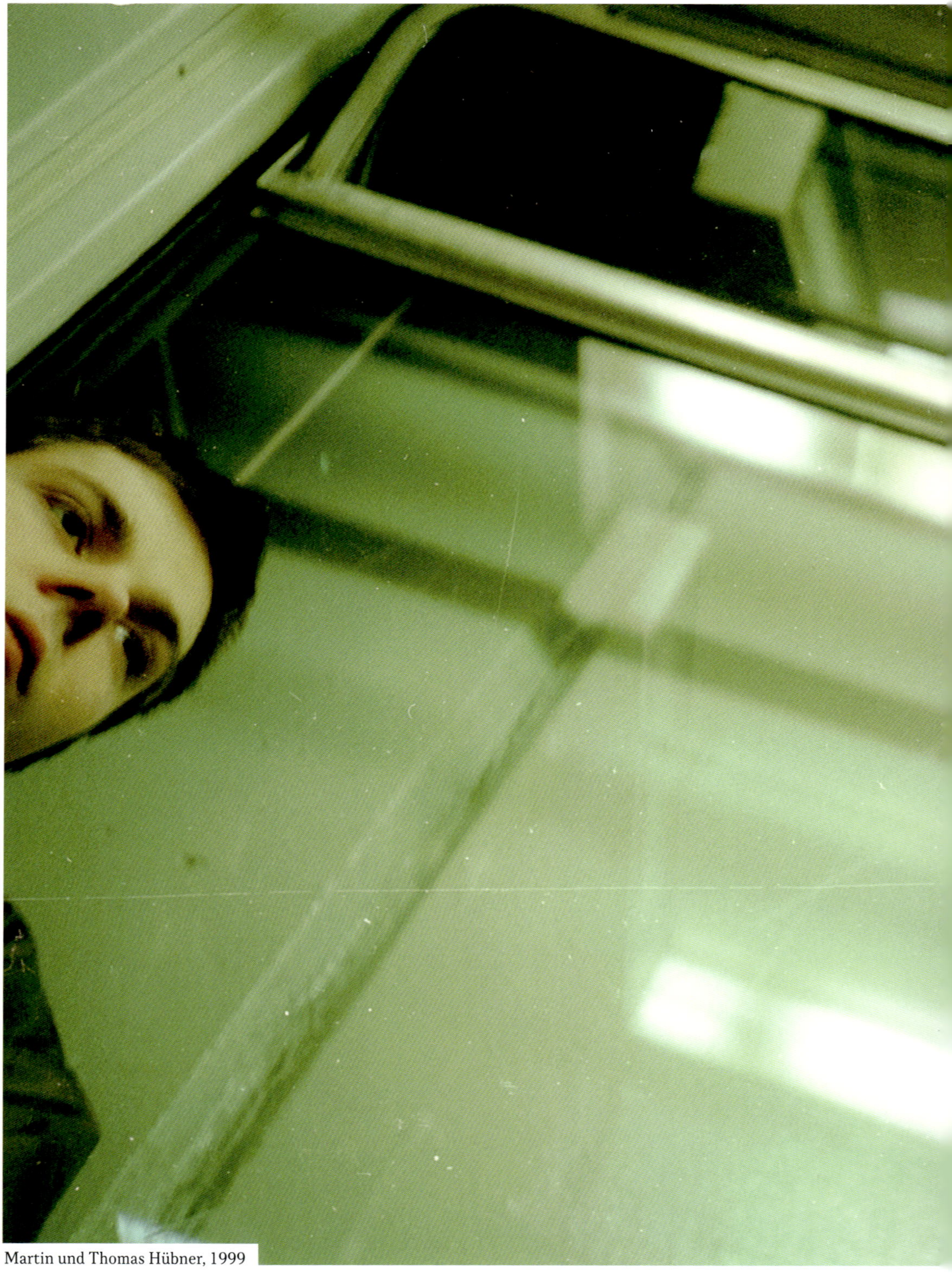

Martin und Thomas Hübner, 1999

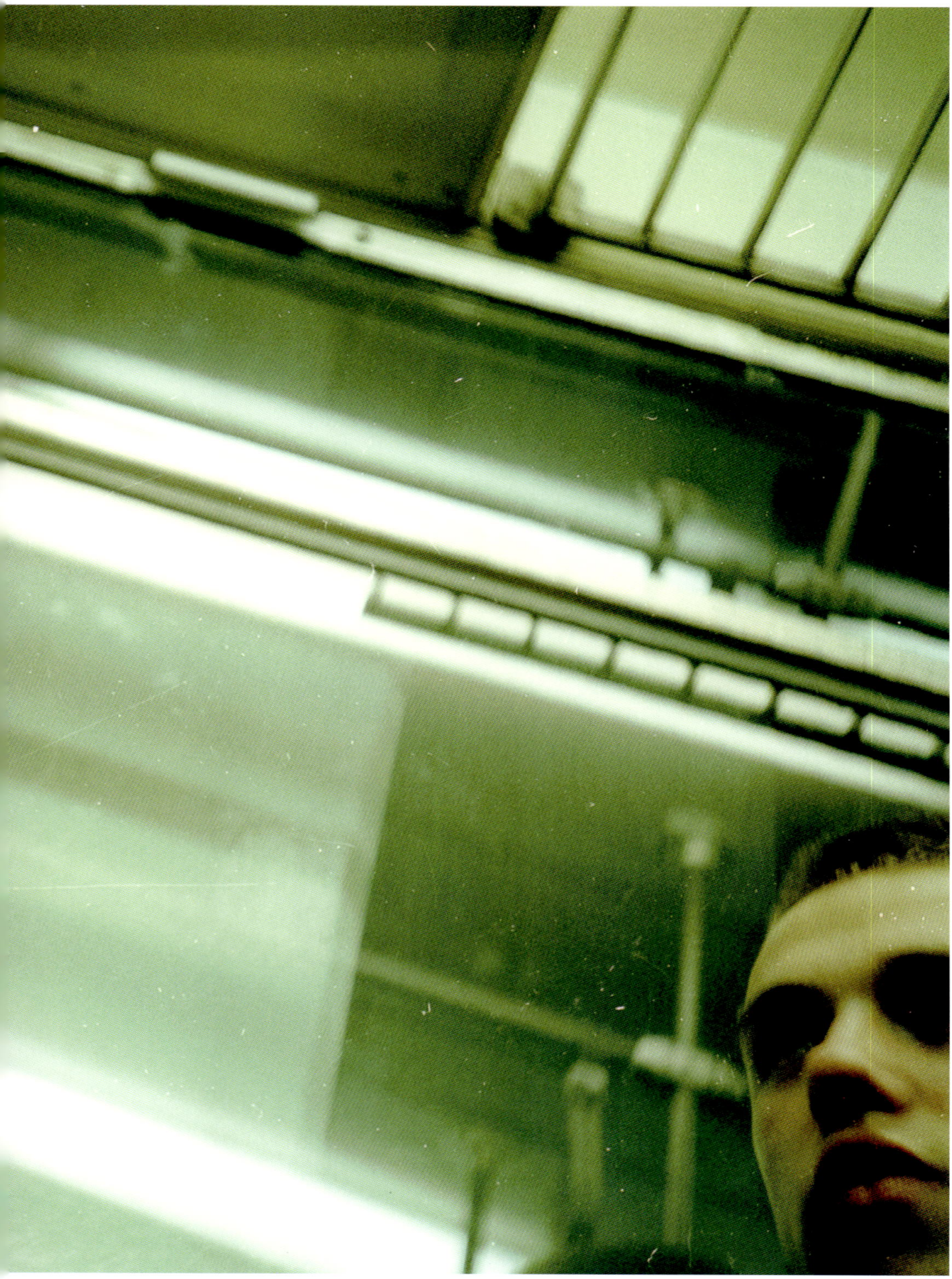

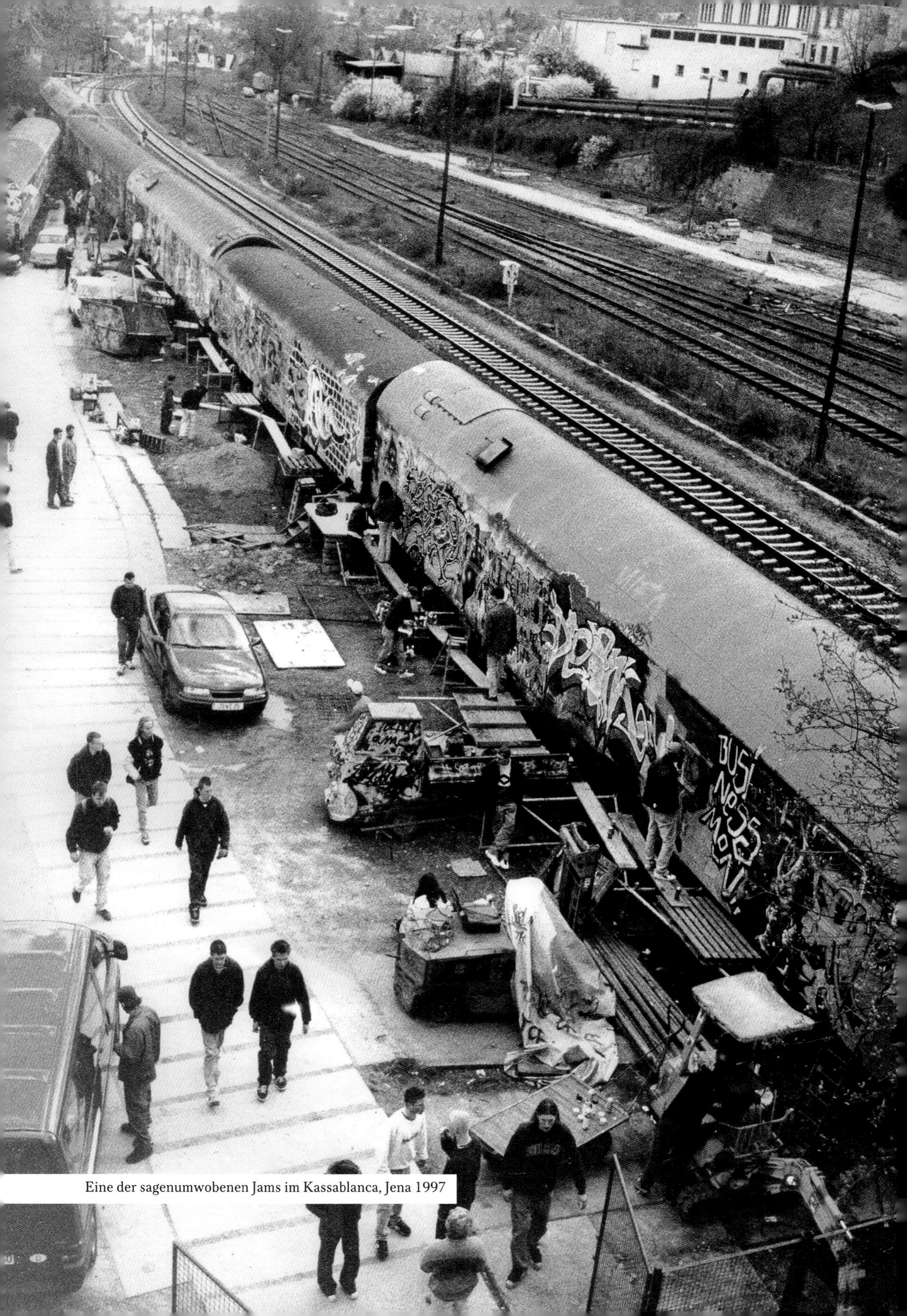

Eine der sagenumwobenen Jams im Kassablanca, Jena 1997

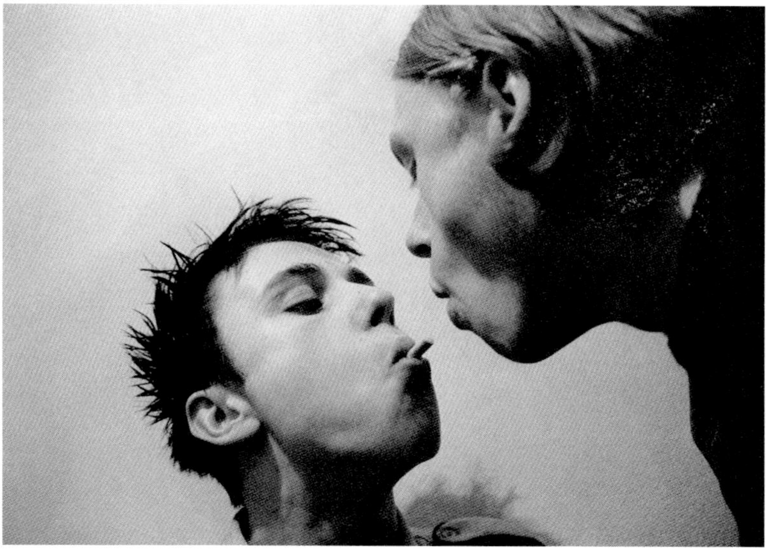

AS TIMES GOES BY

Das Kassablanca ist ein alter Bahnhof, so ähnlich wie der Zughafen, nur eben in Jena. Und vielleicht haben wir es auch aufgrund unserer Geschichte mit dem Kassa später in Erfurt gleich so schön gefunden.

Der Club ist ein Lichtblick für die Thüringer Jugend- und Kulturszene, die besten Veranstaltungen finden dort statt. Wir waren damals mit unserer ganzen Hiphop-Gemeinde auf unzähligen Hiphop-Jams im Kassa, auf denen wir – dank Danny Engel* – unsere erste Bühnenerfahrung vor größeren Rapgruppen und Szenepublikum sammeln konnten.

Beim Sortieren alter Fotos von Dirk für dieses Buch sind wir auf ein geschichtsträchtiges Bild gestoßen. Man sieht Andie, meinen Manager, in der Mitte des Bildes vor seinem Auto stehen. Kurz darauf wird er das erste Freundeskreis-Album vom Beifahrersitz holen und mir nur wenige Minuten später vor dem Kassa schenken. Das war unser Kennenlernen, und hier gründete sich symbolisch gesehen der Zughafen und es begann eine lange Freundschaft, die uns noch immer verbindet – und auf tiefes Vertrauen gebaut ist.

Andie und ich haben bis heute keinen Vertrag miteinander – obwohl er mein Manager ist und all meine Finanzen verwaltet. Manchmal schwierig, wenn wir im Musikbusiness Partnern erklären: *Keine Verträge sind die besten Verträge!*

* *Danny Engel, damals im Kassablanca aktiv, ist heute so etwas wie der Manager von Wir sind Helden. Er ist wie wir oft unterwegs, wesshalb sich unsere Wege zum Glück immer wieder kreuzen.*

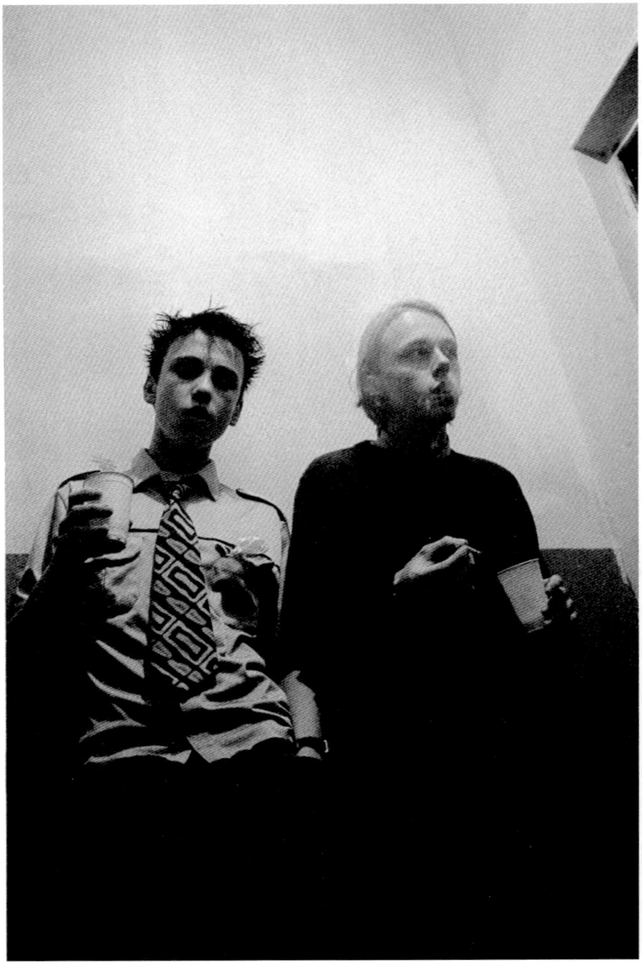

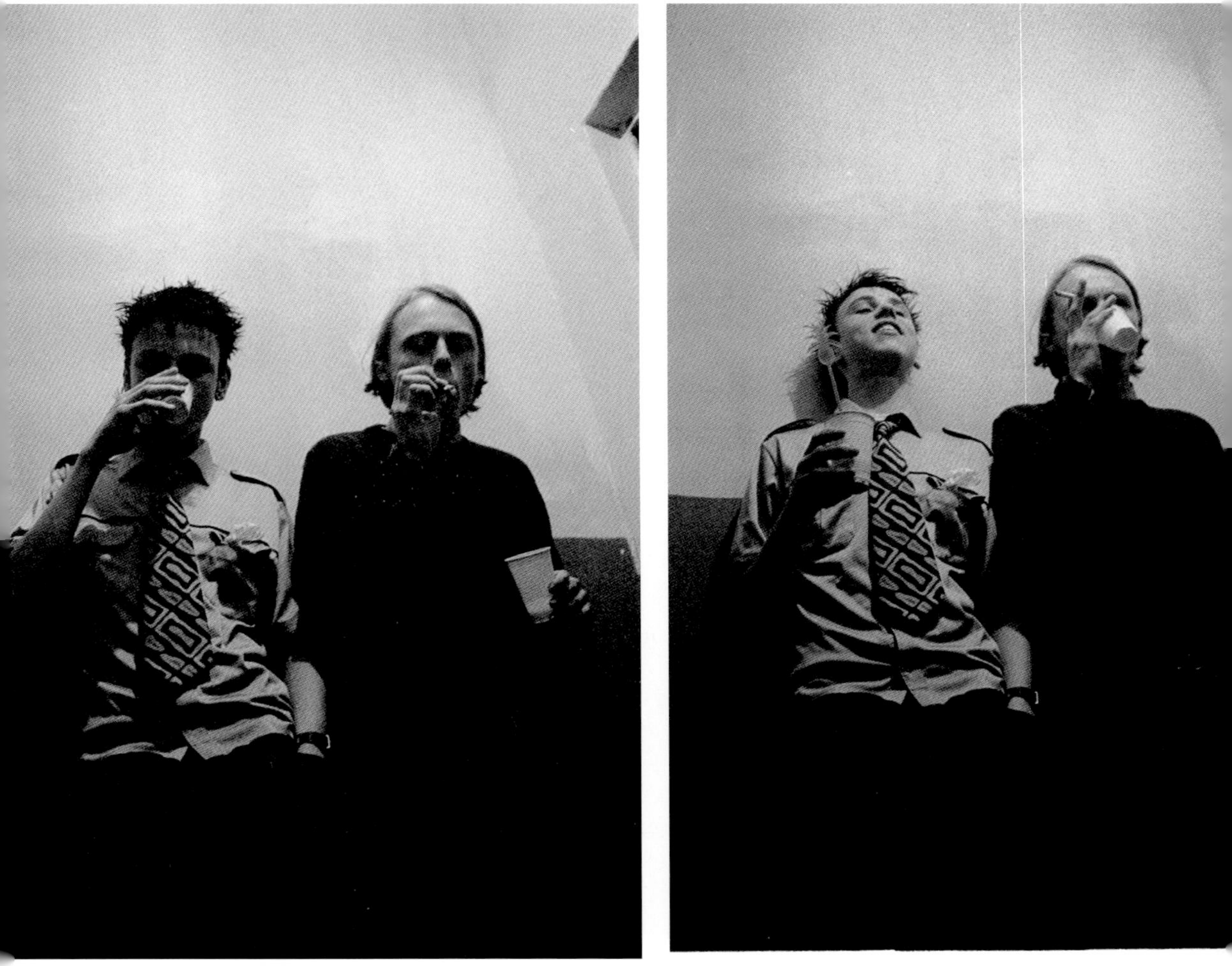

Clueso mit Wendelin, der jetzt als Metaboman elektronische Musik macht, Jena 1998

KLEINE FIESELEIEN

In der Schule konnten mich die meisten Mitschüler leiden. Ich war ein wilder, frecher Junge mit nicht zu bändigender Energie, ich hatte immer eine Idee, was wir alle als Nächstes machen könnten. Und sehr oft war das in den Augen der Erwachsenen nichts Gutes. Dennoch war ich kein Raufbold. Es gab aber auch Schüler, die mich anscheinend nicht mochten.

Zum Beispiel Agneta Freimersdorfer (Name geändert, verdreht oder erfunden). Der Name allein schon – ich glaube, mit so einem Namen hat man gar keine andere Wahl, als sich von Anfang an auf die dunkle Seite der Macht zu schlagen und Streber zu werden. Ungeliebt von Mitmenschen wie mir, wird man später dann Politiker: »es allen mal so richtig zeigen«. Zumindest stell ich mir das so vor.

Manchmal denk ich mir, wär ich damals mit meinen Freunden Tino, Dirk oder Norman in einer Klasse gewesen, hätte unsere Lehrerin nach kurzer Zeit freiwillig das Handtuch geworfen.

Aus Vorsicht wurden die auffälligen Schüler auch von ihren Freunden getrennt und zum Pech beider Parteien neben andere, ruhige oder fiese Kollegen gesetzt – vom Denkansatz her gar nicht so schlecht. Ich hatte schnell meinen Ruf weg und saß ständig woanders. Ehrlich gesagt, fand ich es überall lustig – ich ging ja auch gern zur Schule, nur den Unterricht fand ich doof.

Doch einmal musste ich eine Weile neben Agneta sitzen. Agneta war fies, um nicht zu sagen ein Monster. Ein stilles Monster, das so wenig sprach, dass man immer wieder vergaß, wie gefährlich sie war. Ich erinnere mich, wie sie mich eines Tages anbrüllte, als ich zu einer Annäherung bereit war, und sie um einen lumpigen Stift gebeten hatte: »Bring dir deinen eigenen Stift mit, Hübner!« Na, warte!

Ich rächte mich kurze Zeit später, indem ich mitten in einer schriftlichen Leistungskontrolle aus heiterem Himmel schrie: »Ich weiß es doch auch nicht, Agneta!«, und mich dann angewidert wegdrehte. Wenn auch nur von der Seite sah ich ihr entsetztes Gesicht ... Tonnen von Gift, Hass und Rachegelüsten überschwemmten meine Hälfte der Bank. Der Lehrer glaubte natürlich, dass diese dreiste Person die Ergebnisse von mir wissen wollte, und es war für Agneta praktisch unmöglich, ihn vom Gegenteil zu überzeugen. Je verzweifelter sie versuchte, sich zu verteidigen, »Moment, aber der Thomas ... ich wollte doch gar nicht ...«, umso mehr störte sie die Arbeit und andere Mitschüler und ritt sich so immer tiefer in die Scheiße. Auf diese Art haben sich im Laufe meiner Schulzeit zwei Klassenstreber schon bis vor die Tür gestammelt. Kleine Fieseleien – aber grundlos würde ich so was nie machen.

Bis auf diese Sache mit der Nähmaschine in »Hauswirtschaft«. Wir hatten gerade »bügeln« gelernt und sollten nun kleine hübsche Muster in unser Werkstück nähen. Die ganze Klasse war hochkonzentriert, doch ich konnte einfach nicht anders. Es lief ab wie in Trance: Ich musste auf das Gaspedal meines Nachbarn treten. Es war furchtbar, ich war geschockt über mich selbst. Absoluter Kontrollverlust! Ich hatte ja keine Ahnung, was ihm dieses Stoffstückchen bedeutete ...

Knöpfe, die man nicht drücken darf ... Noch heute lauf ich an Feuermeldern vorbei und denke mir: Mit dem Ellenbogen gibt es keine Fingerabdrücke, und in der Panik wäre die Flucht sehr einfach.

Jedenfalls weiß ich noch ganz genau, wie ich damals zu meinem Banknachbarn meinte: »Es tut mir leid ... ich, äh ... das war nicht mit Absicht.« Natürlich völliger Blödsinn.

An die Situation kann ich mich noch exakt erinnern, aber an das Gesicht oder den Namen meines Nachbarn nicht mehr. Seltsam..

Es gibt so viele Statisten in meinem Leben, die manchmal aber doch eine bemerkenswerte Hauptrolle in meinen Erinnerungen spielen.

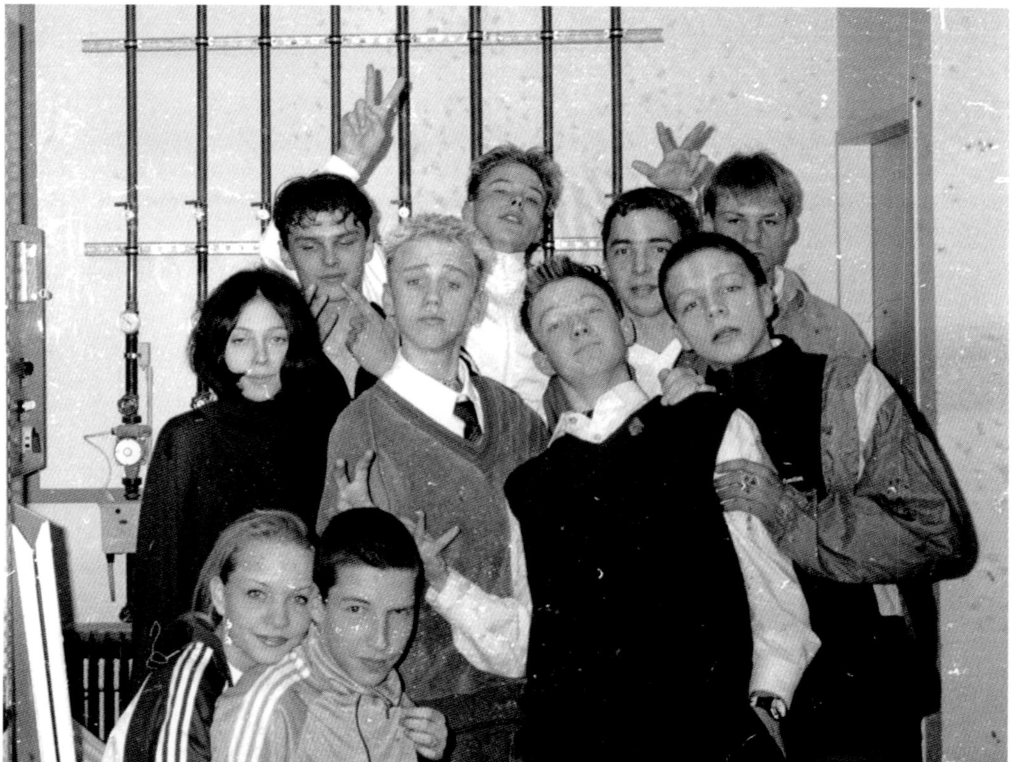

Breakdanceauftritt in der Tanzschule Traut, Erfurt 1996

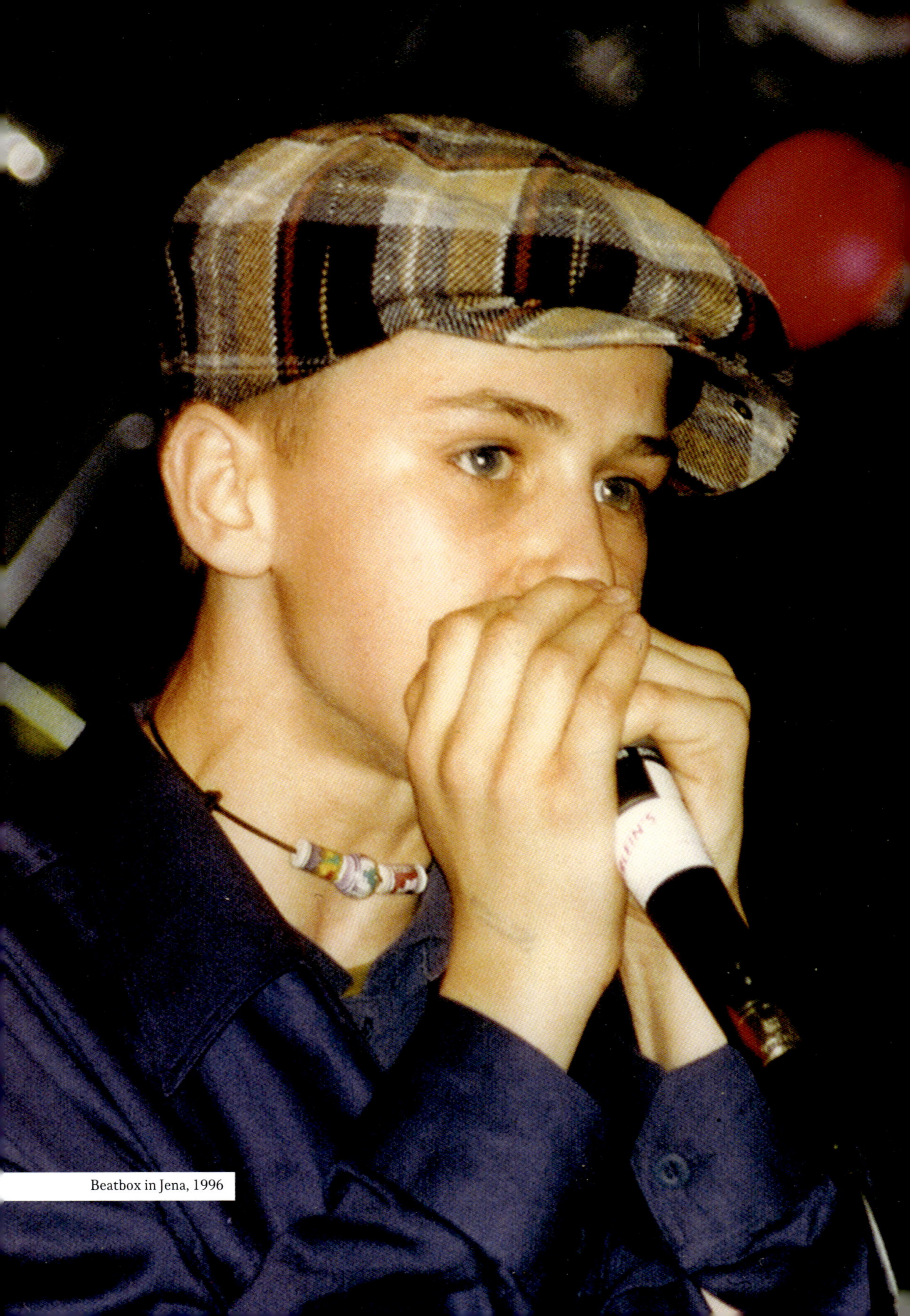

Beatbox in Jena, 1996

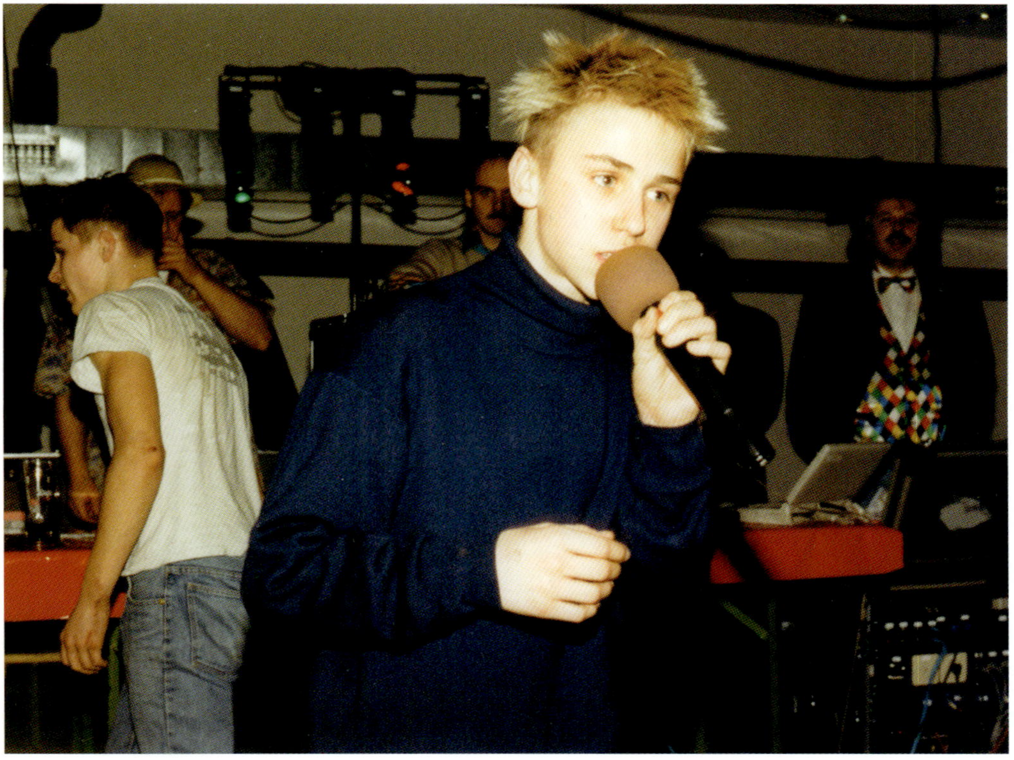

Freestyle auf der Faschingsfeier, 1997

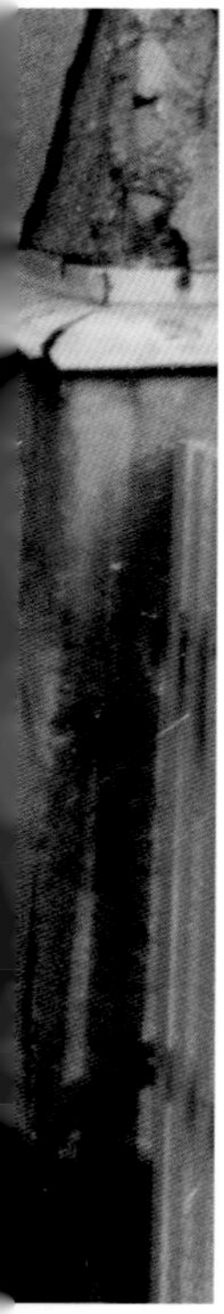

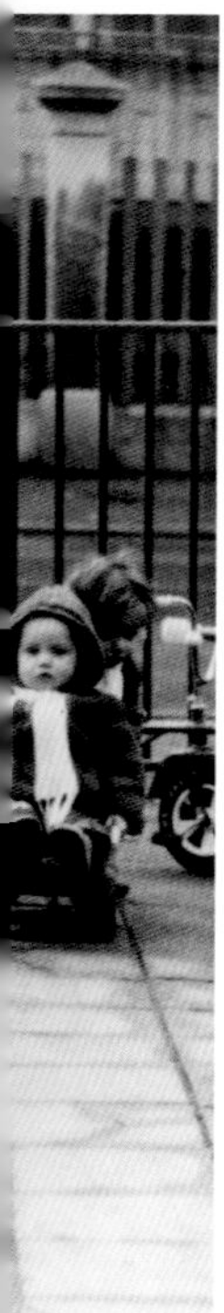

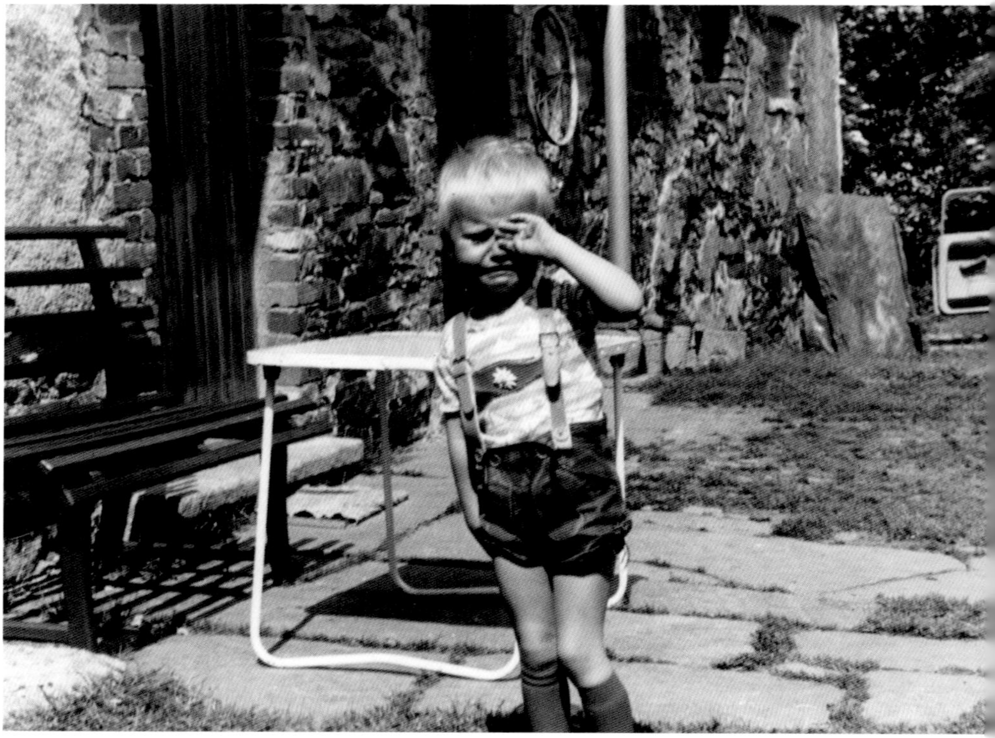

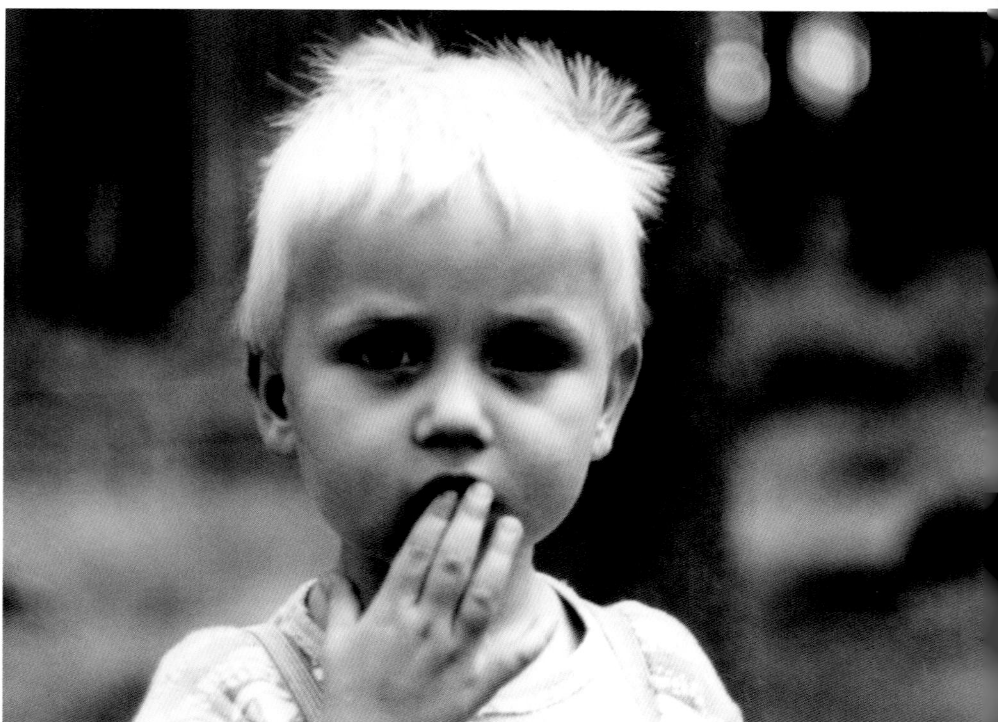

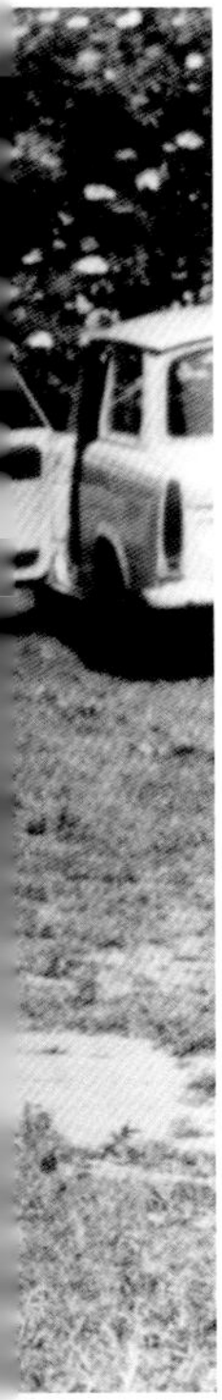

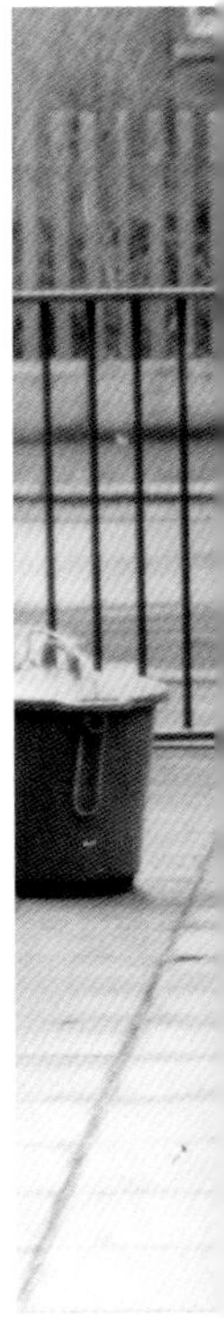

BERÜHMT SEIN

Berühmt zu sein ist komisch. Komisch im Sinne von seltsam, und es wird immer komisch bleiben. Man wird sich nie daran gewöhnen können, da bin ich mir sicher, und wenn man begriffen hat, was es wirklich bedeutet, und man anfängt, sich zu schützen, ist heutzutage der Rummel meist schon wieder vorbei.

Deshalb bin ich froh, dass wir schon immer den langsamen Weg gegangen sind. Besser als so arme Schweine wie die *Superstars* oder die ersten *Big Brother*-Teilnehmer, die plötzlich und auch oft völlig unbegründet Bekanntheit erlangten, mit dem ganzen Wahnsinn nicht klarkamen – sich einschließen, Paranoia schieben, nicht mehr vor die Tür gehen, dabei aber den Zeitpunkt verpassen, ab dem sich eh schon keiner mehr für sie interessiert.

Mein Umfeld und ich haben am Anfang mit dem Berühmtsein ein wenig zu kämpfen gehabt. Vielleicht sind wir zu anders für dieses Business ... zu normal. Einmal wurde es Wolfie*, einem meiner Freunde, zu viel, und er hatte sich einfach zu den Leuten, die länger in meine Richtung starrten, umgedreht, und ihnen entgegengebrüllt: »Er ist es nicht!« – Sehr hilfreich.

Wie es ist, bekannt zu sein, kann man keinem erklären.

Ich schlängle mich zum Beispiel in der Stadt durch eine entgegenkommende Schulklasse. Meine erster Gedanke ist: »Oh Gott, lass sie bitte alle Gothic-Fans sein.« Bin ich aber durch das Gewirr von Stimmen hindurch, wundere ich mich, dass in dem ganzen Gebrabbel nichts dabei war, was ich auf mich beziehen könnte. Schizophrenie?

Erkannt zu werden ist schön und beängstigend zugleich. Wer freut sich nicht, erkannt zu werden, irgendwo. Doch es ist schließlich etwas anderes, ob man die Leute kennt, die einen erkennen, oder nicht. Ich habe immer das Gefühl, »diese Fremden« sind mir ständig ein Stück voraus. Sie haben Momente mit mir erlebt, von denen ich nichts weiß, weil nur ein Teil von mir – meine Kunst – dabei war. Sie haben ein Bild von mir, aber eins, das der Realität oft ein wenig hinterherhinkt.

»Mediale Verzögerung«, hat dazu mal jemand gesagt, glaub ich.

Manchmal haben »die Fremden« aber auch schon längst begriffen, wo es mit mir hingeht, während ich vielleicht noch zu nah dran bin.

Das Komische ist ... den Leuten geht es ähnlich ... Sie denken, ich habe ihnen etwas voraus. Da ich ja praktisch jeden kenne. Oder weil ich in ihren Augen den ultimativen Backstage-Pass für eine Welt besitze, von der andere immer nur träumen. Bestimmt glauben viele, ich latsche den ganzen Tag wie Hugh Hefner im Bademantel durch die Gegend und veranstalte wilde Partys in einer meiner Liebeshöhlen. (Wer weiß?)

Und wahrscheinlich bekomm ich deswegen nicht selten Fragen gestellt wie: »Erzähl doch mal, wie isses ...«

»Wo, im Schlaraffenland?«

»Ja!«

»... ähm, weiß nicht, ... laut!«

Wenn diese beiden Vorstellungen aufeinanderprallen, entstehen die irrwitzigsten Gespräche und Situationen. Niemand will peinlich wirken – das Ergebnis kennt man ja aus der Liebe.

Einmal peinlich, bleibt es peinlich und wird deswegen immer peinlicher.

Vor gar nicht langer Zeit meinte die Bäckersfrau aus heiterem Himmel zu mir: »Na, wie isser?«

»Wer, der Kaffee? Geht so!«

»Nein, der Herbert.«

»Welcher Herbert?«

»Na, der Herr Grönemeyer ...«

»Ach so ... ja, nett ... hab ihn nur kurz getroffen.« (Pause)

»Mein Mann und ich haben Ihre CD!« (freudig-erwartungsvoller Blick)

»Oh, schön ... du kannst ruhig du sagen.«

»Die hab ich jetzt aber leider nicht dabei ...«

»Ja, blöd!« (Pause)

»Wann spielt ihr denn mal wieder hier in Thüringen?«

»Na ja, kann 'ne Weile dauern, wir ham ja gerade erst ...«

»Ach so. Und wann wieder?«

»Weiß nicht.« (Pause)

»Kommt ihr mal nach Wiesbaden?«

»Wieso Wiesbaden?«

»Da komm ich her.«

»Ach so!«

... und so weiter.

Solche Gespräche können sich manchmal bis zu zwanzig Minuten ziehen ... und man findet nie so richtig den Absprung. (Man will ja nicht unhöflich sein.)

Eine meiner unangenehmsten Situationen war, als Baris und ich in einem Erholungsbad zu Gast waren.

Wir hatten die meiste Zeit mit endlosen Gesprächen in der Sauna verbracht und entdeckten nach einer Runde Schwimmen auf dem Weg durchs Bad einen seltsamen Raum. Wir schauten kurz rein und sofort kam eine fröhliche Frau auf uns zugeflogen und bat uns mit greller Stimme einzutreten. In dem Raum waren eine junge hübsche und eine ältere, aber nicht hässliche, Frau.

Wir ließen uns im Nu eine Heilschlamm-Entspannungskur aufschwatzen. Das klang nach einer guten Idee, weniger gut war, dass man dafür komplett nackt sein musste.

Wir wurden mit erdigem Schlamm eingerieben: Baris von der jungen, ich natürlich von der älteren Frau. Ich war eigentlich schon ultraentspannt, wurde aber immer wieder zurückgeholt.

»... super heilsam ... das könnte jetzt vielleicht ein wenig jucken ... schön warm, oder? ... danach ist die Haut ganz zart ...«, endloses Getexte.

Am Ende gab es nur noch eine kreisrunde Stelle ohne Schlamm – mein Ding.

An sich schon peinlich genug, vor einer Frau so dazuliegen, komplett mit Matschepampe eingerieben unter einer hellen Lampe.

Doch mit einem Mal biss sie sich seitlich auf die Lippe und bekam diesen beängstigenden »Ich muss es fragen!«-Blick drauf ... mit leicht zugekniffenen Augen begann sie:

»Ich hab da mal 'ne Frage ...«

Baris fing augenblicklich an, loszubrüllen, denn er lag schließlich hinter der Trennwand genauso da, und wusste, was als Nächstes kommen würde. Und sie tat es ... etwas, was man in solchen Momenten einfach nicht tun sollte ...

»Sind Sie Cluesoooo?« ... Pause ... Unbewaffnet wie ich war, antwortete ich zähneknirschend und ganz leise: »Ja.«

Was soll man da auch sagen? Ja, gut ... ich hätte ihr ins Wort fallen können: »Ich bin es nicht!«

... Baris kriegte sich die ganze Fahrt darüber nicht ein und fuhr vor Lachen Schlängelkurven durch den Wald nach Hause. Ich fand das weniger lustig. Das Thema »Öffentliche Bäder und Saunen« war für mich an dieser Stelle erst mal gegessen.

Ist schon komisch, das Berühmt-Sein.

* *Thomas Wolf, Wolfi, ist einer der ganz frühen Begleiter von Clueso. Gemeinsam mit DJ Malik begannen die beiden Rapmusik zu machen und als Wostok MCs zu performen.*

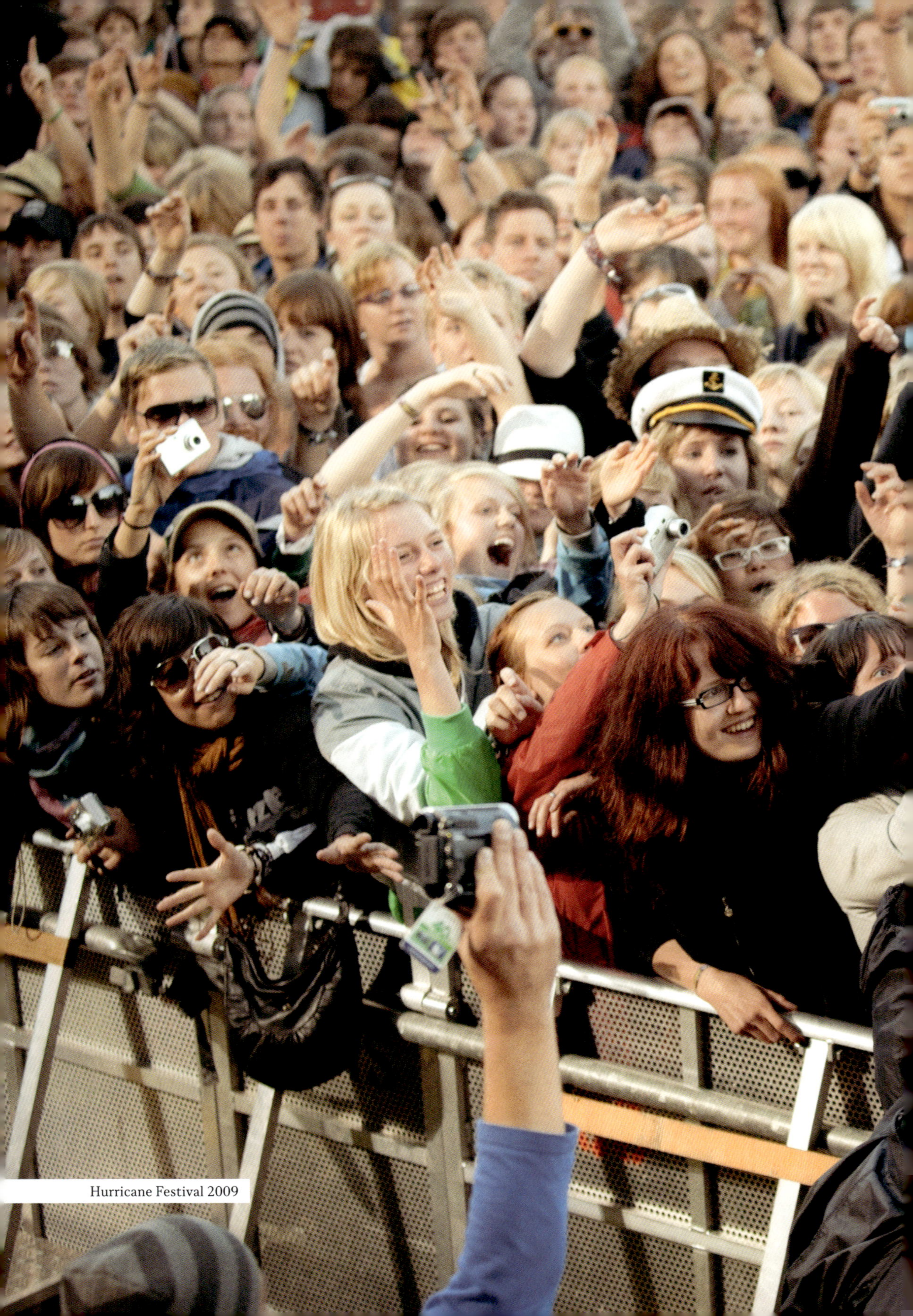

Hurricane Festival 2009

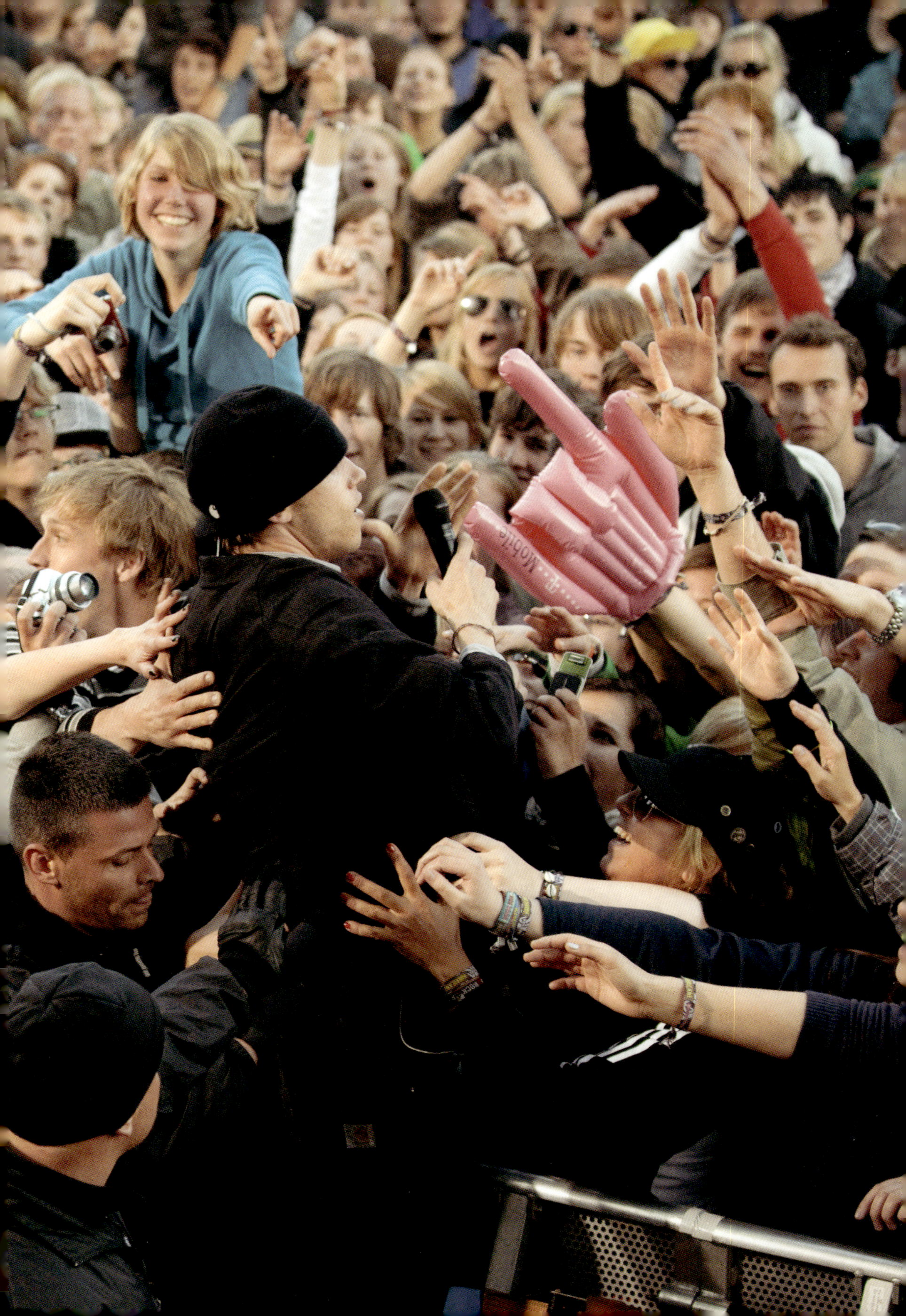
Mobile

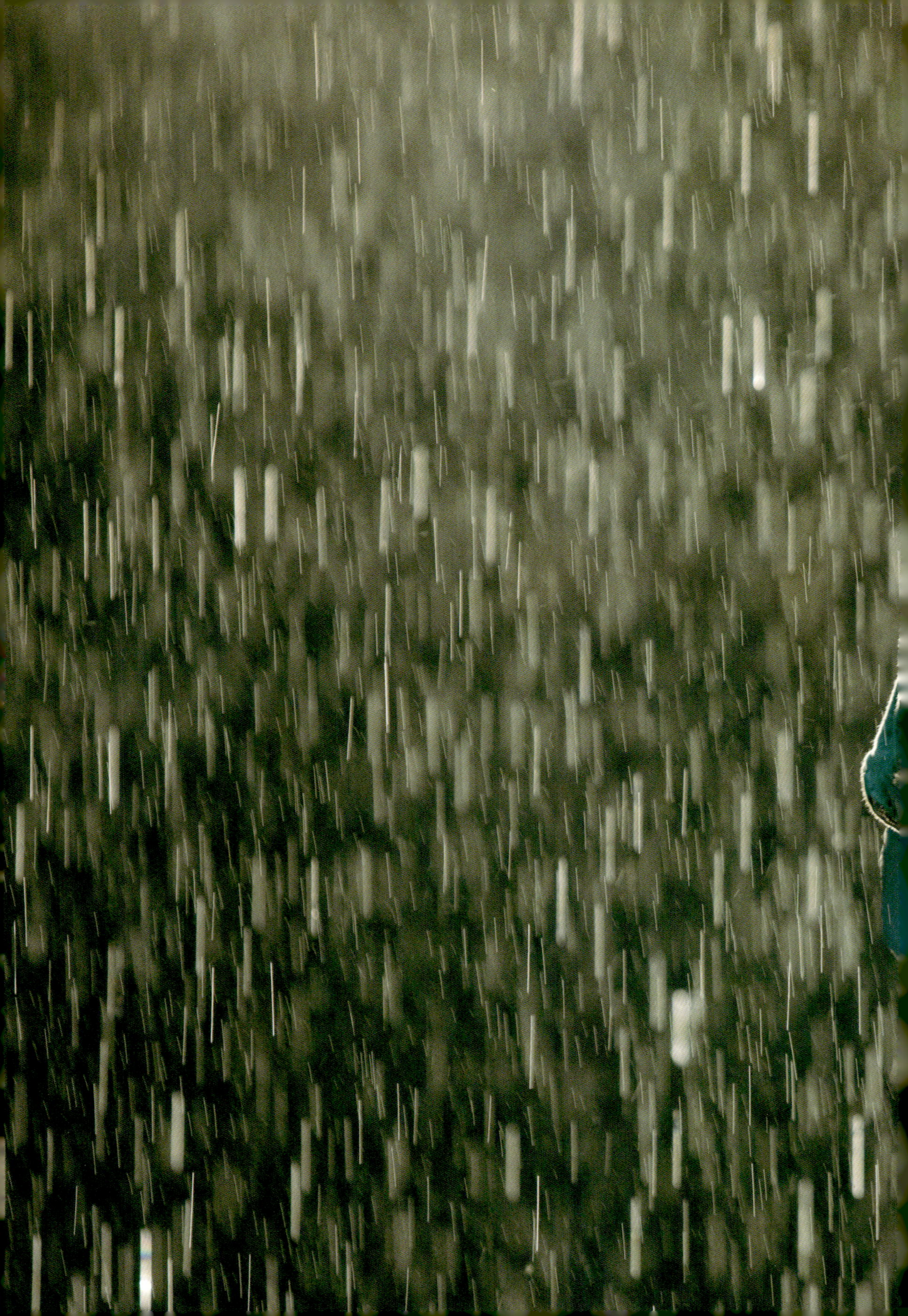

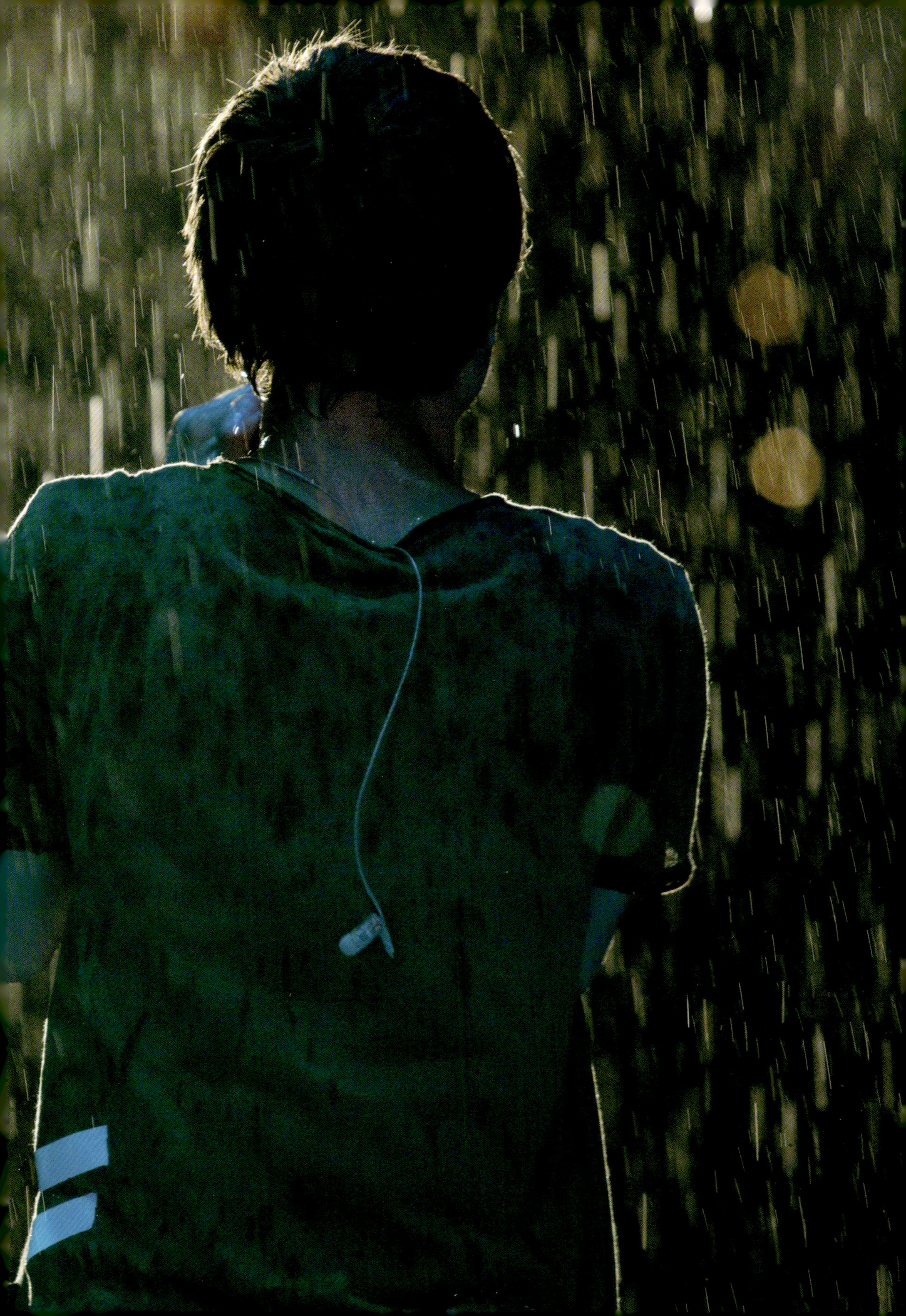

DANKSAGUNG

Die Idee zu diesem Buch ist schon ein paar Jahre alt. Sie stand immer eher unkonkret im Raum, denn wir wollten uns das Buch aufheben für eine Zeit, in der wir mal Zeit haben. Inzwischen waren wir viel unterwegs und haben seit 2008 auch fast immer einen Fotografen, Tino Sieland, mit dabei. In den letzten Jahren sind so unglaublich viele Bilder zusammengekommen, dass wir letztes Jahr beschlossen, nur für unsere Crew eine Art Jahrbuch herzustellen. Und genau dieses Jahrbuch und ein Abendbrot mit Oliver Schwarzkopf brachten den Stein für das Buchprojekt, wie es bei uns heißt, wieder ins Rollen.

Auf dieser Seite möchte ich mich bedanken bei allen, die mir auf meinem Weg geholfen haben, vor allem aber denen, die maßgeblich an diesem Buch mitgearbeitet haben. Und das geht so:

Gedankt sei allen Personen, die auf den Fotos zu sehen sind und erwähnt wurden. Natürlich auch denen, die eigentlich auch auf den Fotos sein sollten oder müssten, dies aber aus den verschiedensten Gründen nicht sind. Sie alle sind Teil meines Lebens.

Es ist einfach nicht möglich, hier allen Menschen zu danken, die mich in all den Jahren begleitet haben und damit ihren Anteil an meiner Musik, meinen Texten, diesem Buch haben. Bitte seid so frei und fühlt euch gedankt und verzeiht, dass ich nicht alle Namen nennen kann.

Ich danke den Fotografen, die mir und uns allen diese wunderbaren Bilder beschert haben, allen voran Tino Sieland, von dem die meisten Fotos stammen. Mein größter Dank gilt meinen beiden Kollegen von der Umsetzungsabteilung: Dirk Rauscher und Henrik Torkos.

Der liebste Dank geht an meine Eltern, meine Großeltern, meinen Bruder Martin.

Danke an Tino, Norman, Dirk, Jan, Leo – ich liebe unsere kleine Farm!

Danke an meine treue Band: Malik, Paul, Christoph, Koli, Daniel, Philipp und Martin Renius, der Soundmann. Die letzten Jahre waren der Wahnsinn! Ebenso vielen Dank an das Technik- und Tour-Team, das dahintersteht.

Danke Baris und Ralf für eure Inspiration, Geduld und Freundschaft.

Ein Dank geht auch an jeden meiner Musikerfreunde, die überall auf der Welt verstreut leben und genau wissen, dass sie gemeint sind.

Danke auch an meine erste Band in Köln, Marcel, Pascal, Lionel, Wharton, Max, Daniel und das 10vor10 Studio-Team.

Ich danke all den Menschen aus dem Zughafen und denen, die mitgefiebert und das Projekt unterstützt, aufgebaut und zu dem gemacht haben, was es jetzt ist.

Danke an Familie Wosch (Kuebler-Schmidt), ich fühl mich bei euch zu Hause. Danke an Familie Groh für die Idee mit dem Urlaub in Dreikirchen. Danke an Flavi und Oliv fürs MOMENSCH-Sein.

Ich danke Mark Löscher und dem gesamten Four Music Team für die letzten zehn Jahre Zusammenarbeit und ihren Glauben an das Gute (Musik). Danke auch an Four Artists mit Alex Richter an der Spitze.

Danke an Oliver Schwarzkopf für die Idee und Möglichkeit dieses Buches. Danke an Maren und das Verlagsteam.

Ganz besonders danke ich Andie, meinem Freund, Mentor, Begleiter und Manager. Ich musste beim Schreiben sehr viel an das denken, was du auf dieser Welt bewegt hast und vor allem in meiner :-)

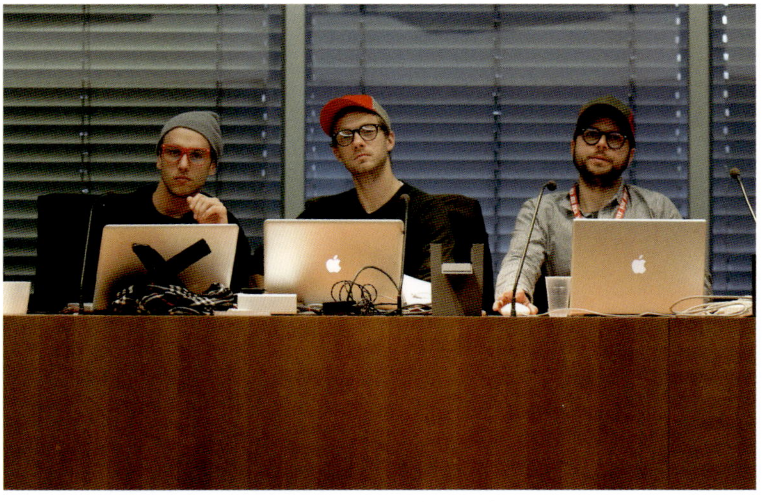

Buchbesprechung im Sitzungssaal des Finanzausschusses des Deutschen Bundestages im Paul-Löbe-Haus gleich neben dem Reichstagsgebäude, 3. Oktober 2010

BILDNACHWEIS

Tino Sieland: Titel, 4-7, 10-11, 14-19, 34-47, 50-53, 55 oben, 56-63, 86-87, 89, 93 rechts, 103 oben links, 110-111, 154-159 | Dirk Rauscher: 8-9, 13, 20-33, 54, 55 unten, 68-71, 74-77, 80-85, 98-99, 102 oben links, 122-147 | Christoph Köstlin: 2 | Jerry Heinrich: 108-109 | Nils Müller: 48-49, 78-79 | Adrian Leeder: 64-65, 67 | Jan Thomas: 88, 92, 100-101, 102-103, 112-113 | Henrik Torkos: 95, 96 oben, 107 | Clueso: 96 unten | Norman Sinn: 116-117, 120-121 | Marcel Aue: 105 | Privatarchiv Familie Hübner: 148-150 | Coverfotos S. 72 Claudia Neuhaus | Coverfotos S. 72 unten, S. 73 Ben Wolf | S. 66 aus dem Musikvideo zu Gewinner.

CLUESO: VON UND ÜBER
ISBN 978-3-89602-578-4

Lektorat: Maren Konrad | Redaktion: Henrik Torkos
Gestaltung: Dirk Rauscher (www.dirkrauscher.de)

1. Auflage: Dezember 2010
2. Auflage: Mai 2011

Wir senden Ihnen gern kostenlos unseren Katalog
Schwarzkopf & Schwarzkopf Verlag GmbH / Abt. Service
Kastanienallee 32 | 10435 Berlin
Telefon: 030 – 44 33 63 00 | Fax: 030 – 44 33 63 044
info@schwarzkopf-schwarzkopf.de

Der Verlag im Internet
www.schwarzkopf-schwarzkopf.de

Clueso im Internet
www.clueso.de

Zughafen im Internet
www.zughafen.de